Faranah
Kabala
Niger
GUINE
Province
1948 m
Lomaberge
Kissidougou
Sefadu
LEONE
Kailahun
Eastern
Province
Bo
Kenema
Segbwema
Sewa
Moa
Pujehun
LIBERIA
Monrovia

*Annette Rehrl*

# DIE DIAMANTENKINDER

*Annette Rehrl*

# Die Diamanten-kinder

Afrikas Kinder zwischen Sklaverei,
Gewalt und Hoffnung

* * *

PATTLOCH

Bibliografische Information der Deutschen Bibliothek
Die Deutsche Bibliothek verzeichnet diese Publikation in der Deutschen Nationalbibliografie; detaillierte bibliografische Daten sind im Internet über http://dnb.ddb.de abrufbar.

Mit freundlicher Unterstützung des Evangelischen Entwicklungsdienstes e.V. (eed) Bonn und SN-Brussels Airlines.




Umschlag: ZERO Werbeagentur, München
Umschlagbild: WORLD VISION
Satz und Gestaltung: Hartmut Czauderna, München
Reproduktion: Kaltener Media, Bobingen
Kartographie: Achim Norweg, München
Druck und Bindung: GGP Media GmbH, Pößneck
Printed in Germany

ISBN 3-629-02101-8

Bitte besuchen Sie uns im
Internet: www.droemer-knaur.de

2 4 5 3 1

# INHALT

# VORWORT

Der Hohe Flüchtlingskommissar der Vereinten Nationen, Ruud Lubbers, hat einmal gesagt: »Afrika befindet sich an einem Scheideweg. Während einerseits Millionen von Menschen in den Wirren der Kriege getötet wurden, gibt es andererseits auch Hoffnung, etwa in Ländern wie Sierra Leone.« Auf den Kindern dieser jüngsten Kriege, auf ihren jungen Schultern, ruht diese Hoffnung. Überall in Afrika sind schließlich sie es, von denen künftig der Frieden abhängen wird.

Afrika ist ein riesiger Kontinent. Seit langem wird er von einigen der schauerlichsten Konflikte heimgesucht, die die Welt je gesehen hat. Die dabei begangenen Gräueltaten haben Millionen Menschen ihres ursprünglichen Zuhauses beraubt, haben sie aus ihren Dörfern vertrieben und sie gezwungen, in weniger lebensbedrohliche Gebiete zu fliehen. Infolge der Massenfluchten, die sich dabei ereigneten, liegt das Augenmerk des UNHCR-Mandats auf Afrika.

Es ist unbestritten, dass die beständigen Turbulenzen in Afrika vom Rest der Welt oft gar nicht mehr wahrgenommen werden, obwohl die Dauer und Heftigkeit der Konflikte sowie das Ausmaß der Schwierigkeiten in diesem enorm großen Gebiet die vergleichsweise kleinen gegenwärtigen Konflikte, auf die sich die gesamte öffentliche Aufmerksamkeit konzentriert, bei weitem überschatten.

Obgleich sich das vorliegende Buch vor allem mit dem Schicksal von Kindern in Sierra Leone befasst, sollte der Leser bedenken, dass die Vorfälle in diesem Land nur einen ganz kleinen Ausschnitt der in Afrika bestehenden weit verbreiteten Probleme widerspiegeln. Einen der schrecklichsten Konflikte in der Geschichte Afrikas haben wir kürzlich im Kongo erlebt. Dieser Konflikt gipfelte in dem ungeheuren Ausmaß von drei Millionen Toten. Die Lage in Angola sieht auch nicht wesentlich besser aus. Hier wurde etwa eine Million Menschen in einem Bürgerkrieg ausgelöscht, der sich über nahezu drei Jahrzehnte hinzog – die genauen Gründe für diesen Krieg sind immer noch unklar. In Ruanda wurde die Welt in den 90er Jahren Zeuge der unbarmherzigen Gewalt im jüngsten Genozid der Weltgeschichte. Von einer ähnlichen Grausamkeit wurden auch der Sudan, Burundi, Eritrea, Äthiopien, West-Sahara, Liberia, Congo-Brazzaville, die Elfenbeinküste und die Zentralafrikanische Republik erschüttert.

Trotzdem scheint es am Ende dieses schier endlosen Tunnels menschlicher Misere einen Funken Licht zu geben. So betreute UNHCR im Jahr 1995 in Afrika noch sieben Millionen Flüchtlinge. Heute sind es weniger als die Hälfte. Überall in Afrika sind die Friedensverhandlungen auf dem Vormarsch und der Genesungsprozess kommt allmählich in Gang. Dennoch ist die Verbesserung der Lage alles andere als einfach. Bittere Rückschläge erleben wir immer dann, wenn ein Fortschritt, an dem jahrzehntelang gearbeitet wurde, über Nacht komplett zerstört wird.

In diesem Buch werden die unvermeidlichen Stolpersteine und die vereinzelten Höhepunkte auf diesem steinigen Weg aus der Sicht von Kindern beschrieben. Die spürbare innere Stärke dieser jungen Menschen, deren Geschichte hier erzählt wird, zeichnet ein Bild, das beispielhaft für die Menschheit sein sollte. Ihre erstaunliche Bereitschaft, zu verzeihen und nicht aufzugeben, sowie der unbeugsame Mut, den sie aufbringen, lassen uns Hoffnung für den afrikanischen Kontinent hegen – zumal die heutigen Kinder die Erwachsenen von morgen sein werden.

*Machiel Salomons*
*Stellvertretender Leiter*
*UNHCR Deutschland*

# EIN PAAR WORTE VORAB

Ohne zu wissen, was mich tatsächlich erwarten würde, bin ich auf Anregung des Flüchtlingswerks der Vereinten Nationen (UNHCR) im Januar 2004 für knapp zwei Monate nach Sierra Leone gereist. Ursprünglich hatte ich nur vor, ehemalige Kindersoldaten zu interviewen. Dann jedoch begegneten mir schon am zweiten Tag meines Aufenthalts ein paar Einheimische, die mich dazu anregten, nicht nur die ehemaligen jugendlichen Kämpfer ins Visier zu nehmen. Ihr Vertrauen und ihr Interesse an meinem Buchprojekt ermöglichten es mir, ungeahnte Blicke in den harten Alltag der Sierra-Leoner zu werfen. Sie stellten mich ihren Freunden und Kollegen vor, führten mich an Orte, die eigentlich nur für Einheimische zugänglich sind, gaben mir unzählige wertvolle Hinweise und luden mich ein, mit ihnen zu leben. Ihnen allen gebührt mein außerordentlicher Dank für ihr Vertrauen.

Was dann kam, ist mir in über 20 Jahren journalistischer Praxis so noch nicht begegnet. Die Menschen hörten, dass eine Frau aus Europa unter ihnen lebt, und kamen von selbst, um mir – ungefragt – ihre Geschichten zu erzählen. Sie haben freiwillig erzählt. Manche von ihnen sprachen zum ersten Mal über ihr Schicksal, andere wünschten sich einfach, dass man ihnen zuhört und ihre Erlebnisse aufschreibt.

Ich möchte in dem vorliegenden Buch daher nicht nur über sie berichten, sondern sie selbst zu Wort kommen lassen. Denn es ist ihr Leben, ihre Geschichte, um die es hier geht. Wenn ein Zeitzeuge spricht, gibt er in seinen Worten immer einen Teil seines innersten Wesens preis. Dieser Vertrauensbeweis bedarf des

Respekts. Darum habe ich die Berichte der Kinder und Jugendlichen genau so, wie sie mir erzählt wurden, übernommen.

Die Kinder, die ich auf meiner Reise durch Sierra Leone traf, sind eigentlich keine Kinder mehr, sondern junge Erwachsene. Die Jugendlichen schienen mir manchmal sogar schon sehr alte Erwachsene zu sein. Und das, obwohl sie noch unter 18 Jahren waren. Aber eine Zahl, die ein Alter bezeichnet, ist, wie die gesamten Lebensumstände in Kriegs- und Krisengebieten, nichts weiter als relativ.

Während ich ihnen täglich stundenlang zuhörte, war ich bald über den sinnlosen Kreislauf betrübt, der sich in erschreckender Weise abzeichnete: Wer heute in Afrika noch ein Einheimischer ist, ist morgen ein Vertriebener, übermorgen ein Flüchtling und danach, wenn er Glück hat, ein Rückkehrer. Nahezu jeder durchläuft im Laufe seines Lebens all diese Stadien, um dann, oft genug, mit eben diesem Kreislauf wieder von vorn zu beginnen. Mir wurde aber auch klar, dass nahezu jeder Täter und Opfer zugleich ist. Die Grenzen sind längst verwischt. Die alten Kategorien von Gut und Böse gelten nicht mehr, es müssen neue gefunden werden, die die Menschen in ihrem gesamten leidvollen Wesen würdigen.

Die Menschen in Sierra Leone sind allesamt schwer traumatisiert. Das hat zur Folge, dass in ihren Erzählungen große Erinnerungslücken auftreten. Außerdem haben alle ein ungewisses Zeitgefühl. Manchen Leser mag es vielleicht auch verwundern, dass junge Menschen so reflektiert sprechen und sich, obwohl sie keine höhere Schule besucht haben, so besonnen und differenziert ausdrücken. Doch das gehört zu ihrem früh erzwungenen Reifungsprozess dazu. Dennoch haben mich alle, denen ich auf dieser Reise begegnet bin, mit ihrer ungeheuren Lebensfreude, ihrer Zuversicht und Dankbarkeit tief berührt.

Ich habe den Kindern und Erwachsenen versprochen, ihre Geschichten an die Öffentlichkeit zu bringen. Diese Vorstellung hat manche von ihnen nachhaltig getröstet und beruhigt. Auf ihren Wunsch hin und zu ihrem Schutz habe ich die Namen geändert.

*Annette Rehrl*

# EINFÜHRUNG

## *In memoriam*

Ein verblichenes Foto. Mit einem Reißnagel windschief an die Wand geklemmt. Darauf, schwach zu erkennen, ein paar lachende Menschen in festlicher Sonntagskleidung. Ein Baby auf dem Arm. Das Foto hat die gnadenlose Intensität der Tropensonne und pünktlich wiederkehrende Regenzeiten hinter sich. Es hat einen Bürgerkrieg überlebt, zerknittert in einer Hemdtasche. Über die Jahre hinweg hat es eine Patina angelegt, die die Menschen auf dem Bild in ein unwirkliches Pink taucht. Es wird nicht mehr lange dauern und die letzten Umrisse der Gestalten auf dem Foto werden verschwunden sein. Eins geworden mit dem billigen Papier.

Das Foto hängt in einem kargen, blau gestrichenen Raum, der außer diesem schwachen Abglanz einer Erinnerung noch einen Tisch, zwei Stühle, ein Bett und ein Regal zu bieten hat. Auf dem Regal befinden sich ein verstaubtes Plüschtier, ein stehen gebliebener Wecker, ein unverhältnismäßig großer Kalender mit Kitschmotiven und stapelweise lose beschriebenes Papier. Daneben liegen, fein säuberlich in eine pinkfarbene Plastikhülle gepackt, die Reste eines Lebens: Übergangspapiere, Notausweise, Briefe, Notizbücher, Glückwunschkarten. An einem Rohr, das schräg aus der Wand ragt, hängen ein paar Hemden und Hosen, darüber Christus am Kreuz. Es riecht nach Moder. Die Luft ist feucht und alles klebt. Der Wasserhahn am Waschbecken ist mit unbezwingbarem

Rost überzogen. Daneben steht ein großer Plastikbottich mit frischem Wasser und einer kleinen Schale, die darauf schwimmt. Strom hat man nur stundenweise in dieser Notbehausung. Den Rest der Zeit müssen Kerzen genügen.

Der Bewohner dieses Zimmers kommt aus Sierra Leone. Er ist gerade 17 Jahre alt geworden und wird im Fachjargon der internationalen Hilfsorganisationen als eine *displaced person* bezeichnet, als ein Binnenvertriebener. Korrekter übersetzt, als ein sich nicht mehr an seinem ursprünglichen Platz befindender Mensch. Ein Jemand, der in seiner eigenen Heimat keinen Ort mehr hat, an den er zurückkehren kann, denn das Dorf, aus dem er kommt, gibt es nicht mehr. Wie es auch die Menschen auf dem Foto nicht mehr gibt.

***

Szenenwechsel – Ein verrotteter Lastwagen mit einer Ladung Halbwüchsiger auf der Ladefläche donnert laut hupend eine Landstraße entlang, wobei er gigantische ockerrote Staubwolken hinterlässt. Wer ein Taschentuch besitzt, hält es sich vor Augen und Mund. Wer kann, springt in Deckung. Hinein ins Gebüsch, das hier mittlerweile nicht mehr grün ist, sondern grau-rot: jedes Blatt von einer zentimeterdicken Staubschicht erstickt. Es dauert lange, bis sich die rote Wolke setzt und gleichmäßig auf die Umgebung legt. Kinder husten. Umrisse von Lehmhütten werden sichtbar. Aus der Wolke hervor kommt ein hoch gewachsener Mann in einem dunkelgrün-weiß gestreiften Kaftan mit einer weißen Pilgermütze auf dem Kopf. Auch er mit einer pinkfarbenen Plastikhülle unter dem Arm, freundlich winkend. Die Hülle trägt er wie einen wertvollen Schatz. Er führt mich zu einem schattigen Platz und breitet feierlich seine Kostbarkeiten vor mir aus: eine Berechtigungskarte für die monatliche Lebensmittelration, seinen Flüchtlingsausweis und einen nagelneuen Koran. Den habe er hier im Flüchtlingslager bekommen, sagt er feierlich. Sein eigener sei verbrannt, zusammen mit seiner Frau, seinen Kindern und seiner

Hütte – letztes Jahr, im benachbarten Liberia. Er habe sein Leben nur deshalb retten können, weil er sich, als die Milizen sein Dorf überfielen, auf dem Nachhauseweg von seiner Moschee befand. Er ist Imam. Er hatte gerade noch Zeit, sich im Busch zu verstecken. Dort blieb er dann drei Monate lang, bis er auf einen Flüchtlingskonvoi traf, der ihn nach Sierra Leone in Sicherheit brachte. Hier wartet er nun auf eine friedvolle Zukunft, der einstige Familienvater.

Die Papiere und der Koran wandern wieder in die Hülle zurück. »Und jetzt?«, frage ich. »Alle tot«, sagt er leise. Seine Augen schimmern feucht. Was seine liebste Stelle im Koran sei, frage ich ihn noch: »Gott ist barmherzig.«

## *Oh Salone!*

Begegnungen in Afrika sind immer Konfrontationen mit einer anderen Wirklichkeit und werfen einen folglich auf sich selbst zurück. Sie sind Konfrontationen mit grassierender Armut, die zu Beginn des 21. Jahrhunderts nur noch Unmut auslösen kann, mit unbarmherzigen Lebensbedingungen, die die Menschen täglich vor neue Herausforderungen stellen: eine Mahlzeit aufzutreiben, eine erschwingliche Unterkunft zu finden, stundenlange Wegstrecken auf zerstörten Straßen zurückzulegen. Arbeit zu suchen, ohne Hoffnung auf Erfolg, Mittel zusammenzukratzen, um einen Arzt zu bezahlen oder um Zugang zu lebensrettenden Medikamenten zu bekommen, dem Kind Hefte, Stifte und eine Schuluniform zu kaufen, einen reicheren Bekannten zu finden, der ein Telefon besitzt und es einem ausleiht, tagelang auf Strom zu warten.

Bei Reisen in ehemalige Kriegs- und Krisengebiete erahnt der Besucher noch das Ausmaß der Gewalt und des Unglücks, das meist wie eine Naturkatastrophe über die Menschen hereingebrochen war. Der Schrecken steht ihnen noch ins Gesicht geschrieben. Das Grauen liegt immer noch spürbar in der Luft. Und selbst wer sich gut ausgerüstet und vorbereitet in eine dieser – zahlreichen – Gegenden unserer Welt begibt, wird zunächst einmal gezwungen, einen Schritt zurückzutreten, innezuhalten, Vorstellungen abzulegen, die Kluft zwischen vermeintlichem Wissen und unmittelbarem Erleben zu überbrücken.

Der Tod schmeckt nicht süß und Armut ist alles andere als romantisch. Auch wenn es gerade diese Vorstellung ist, die zahlreiche Menschen aus der so genannten zivilisierten Welt dazu bewegt, auszubrechen und sich in einer der mittlerweile unzähligen Hilfsorganisationen zu engagieren. Die unmittelbare Realität ist stets eine andere als erwartet.

So finden sich in Afrika auch ungeheuer viel Lebensfreude und Aufbruchstimmung inmitten der Verwüstung, obwohl oder gerade weil die Menschen Katastrophen überlebten. Es findet sich Geduld, die manchmal freilich in Lethargie übergeht. Und es findet sich überall die Hoffnung, eines Tages diesem scheinbar ewig wiederkehrenden Kreislauf von Krieg, Hunger und Not entkommen zu können. Man begegnet Kindern, die vor Wissensdurst sprühen, und jungen Erwachsenen, die sich nicht nur für sich, sondern vor allem für den Rest der Welt interessieren und voller Tatendrang stecken. Dem westlichen Besucher, der sich mit den Menschen auf der Straße unterhält, dürfte auch deren tiefe Dankbarkeit auffallen, der sie in nahezu jedem Gespräch Ausdruck verleihen: Ich bin dankbar, dass ich überlebt habe; dankbar, dass mir geholfen wurde; dankbar, dass man uns aufgenommen hat; dankbar, dass der Schrecken vorbei ist und das Leben endlich wieder weitergeht. Kritiker mögen darin einen Erfolg der zahlreichen religiösen Prediger aller Glaubensrichtungen sehen, die durchaus regen Zulauf haben. Doch das Leben in Afrika wird tatsächlich hoch geschätzt. Ausgerechnet in einem Kontinent, in dem ein Menschenleben heutzutage überhaupt nichts mehr wert ist.

Auf solchen Reisen werden weder letzte Wahrheiten entdeckt noch gültige Antworten gefunden. Stattdessen tauchen ständig neue Fragen und Widersprüche auf. Die vielfältigen Begegnungen in jener anderen Wirklichkeit fügen sich schließlich zu einem Kaleidoskop der Schicksale zusammen: alltäglicher Schicksale von Kindern, Jugendlichen und Erwachsenen. Ihre Lebensbilder sind miteinander verwoben, haben oft eine Linie, einen Moment, eine Erfahrung gemeinsam. Meist sind es schmerzliche Erfahrungen, erlebt im Bürgerkrieg, auf der Flucht, in Übergangsbehausungen, an neuen Wohnorten. Doch es gibt auch freudvolle Momente, immer dann, wenn das Leben den Tod überlistet.

Und dennoch geht durch alle Bilder ein Riss. Ein Riss, der sich letztlich durch den ganzen Kontinent zieht. Wirft man willkürlich Schlaglichter auf das heutige Afrika südlich der Sahara, so findet sich überall ein ähnlich verstörendes Szenario: ob in Angola oder Mosambik, Somalia oder jüngst im Sudan, ob in Eritrea oder Uganda, der Demokratischen Republik Kongo oder ganz erschreckend in Ruanda. Das Ausmaß des kollektiven Wahnsinns ist unbegreiflich. Die Liste der Kriege ist lang, die der beteiligten Machthaber und ihrer Interessen austauschbar, die der Opfer unzählbar.

Der Riss zieht sich auch durch Westafrika, genauer gesagt, durch Sierra Leone. Durch ein Land, in dem sich die Menschen ohne ersichtlichen Grund zehn Jahre lang bekriegt haben. In dieser 72 000 km$^2$ kleinen, an der Westküste Afrikas gelegenen Republik, kann man lange nach den Motiven für den unbändigen Hass suchen, der sich hier zwischen 1991 und 2002 ausgetobt hat – man findet sie nicht.

Die in Westafrika bekannten ethnischen Streitigkeiten gab es in Sierra Leone nicht. Seit jeher wurden in der ehemals britischen Kronkolonie die Unterschiede zwischen den rund 20 Volksgruppen toleriert. Die Menschen respektierten sie und vermieden Konfrontationen, indem sie unter sich blieben. Bis ins ausgehende 20. Jahrhundert hinein heirateten sich deshalb vorwiegend Mitglieder ein und desselben Stammes, vor allem wenn sie sich ihrer Unterschiede so bewusst waren wie die beiden größten Stämme, die Mende und die Temne. Die Dorfältesten wollten es so. Auch die in der Hauptstadt Freetown lebenden Kreolen, Nachfahren der seit 1787 hier ansässigen befreiten Sklaven aus Nordamerika und einst die intellektuelle Oberschicht des Landes, blieben lieber unter sich. Große Liebe für die jeweils anderen lässt sich den unterschiedlichen Volksgruppen zwar nicht nachsagen, aber Auslöser für den Krieg waren Stammesdifferenzen nicht.

Auch mit religiösem Konfliktpotenzial kann Sierra Leone nicht aufwarten. Bis heute ist es den Leuten einerlei, ob jemand der christlichen Minderheit oder der muslimischen Mehrheit in ihrem Land angehört.

Und selbst auf der politischen Ebene lieferten sich die beiden großen Parteien, die *All People's Congress Party* (APC) und die regierende *Sierra Leonean People's Party* (SLPP) allenfalls Macht-, aber keine grundlegenden ideologischen Grabenkämpfe.

Schlimmer noch, fragt man die Menschen heute, warum sie sich jahrelang gegenseitig niedergemetzelt haben, lautet ihre Antwort: »Wir wissen es nicht.« Trotzdem haben offiziellen Schätzungen zufolge an die 75 000 Menschen in diesem Krieg ihr Leben verloren. Zeitweise waren eine Million Menschen im Inland vertrieben und mehreren tausend Menschen, darunter auch vielen Kindern, wurden mit Buschmessern die Gliedmaßen abgehackt. Manchmal als Strafe oder zur Warnung, manchmal aus Unmut oder schierer Lust.

Der Riss zieht sich auch durch Liberia, Sierra Leones südöstlichen Nachbarn. Hier herrschte von 1989 bis 2004 der Ausnahmezustand, auch hier in Form eines grausamen Bürgerkriegs. In Liberia war es den Krieg führenden Parteien über die Jahre hinweg gelungen, vorher nur latent vorhandene ethnische Rivalitäten anzustacheln und Hass zu schüren. Das sollte dem marodierenden Tod offenbar im Nachhinein seine Rechtfertigung geben. Schließlich zündeten die Menschen gegenseitig ihre Dörfer an, weil die anderen zum jeweils »falschen« Stamm gehörten. Rund 150 000 Menschen starben in den Kämpfen, schätzungsweise 2,4 Millionen wurden zeitweise vertrieben. Massenweise Zwangsamputationen, wie in Sierra Leone, gab es in Liberia nicht.

Zivilisten dagegen, darunter unzählige Kinder, die um ihr Leben fürchteten, gab es hier wie dort. Während in den beiden Ländern der Krieg tobte, flüchteten zehntausende Sierra-Leoner Hals über Kopf nach Liberia und zehntausende Liberianer in die Gegenrichtung. Die im Norden an beide Länder angrenzende Republik Guinea nahm schließlich knapp eine halbe Million Flüchtlinge von überall her auf.

Der gleiche Riss zieht sich heute weiter bis in die Republik Elfenbeinküste hinein, Liberias Grenznachbarn im Osten. Dieses Land kann sich jetzt, nach den halbwegs besänftigten politischen Unruhen, mit einem schwelenden Religionskrieg brüsten. Die Republik teilt sich gegenwärtig inoffiziell in eine Nord- und eine Südhälfte, die sich feindlich gegenüberstehen. Die Muslime im Norden, die mit 70 Prozent der Einwohner in der Mehrheit sind, werden von extrem rechten Christen und regierungstreuen Milizen im Süden bekämpft. 800 000 Menschen wurden bisher vertrieben, 400 000 mussten fliehen.

Die Konflikte – oder ist es der Konflikt? – ziehen also ihre Kreise. Manche Bürgerkriege schwelen latent weiter, greifen trotz vermeintlicher Waffenstillstände auf angrenzende Staaten über. Die Friedensabkommen in dieser Region sind äußerst fragil, der schwer erkämpfte Frieden ist meist instabil. Und auch das ist nichts Ungewöhnliches in Afrika. Auch für diesen Status gibt es ein Wort: *Postkolonialisierung* lautet der hochgestochene Begriff, den man für den Zustand ganzer Länder, den Alltag ganzer Völker gemeinhin verwendet.

Die Grenzen verschwimmen, die Logik zerrinnt: Zwischen Ost-Sierra-Leone und Guinea zum Beispiel fließt ein breiter Fluss, der River Moa. Man kann hinübersehen auf die andere Seite und mit einem Kanu die Strömung in zehn Minuten überqueren. Der Strom trennte einst die Engländer von den Franzosen. Heute fördert er Handelsbeziehungen. Geschäfte wurden und werden gemacht über diesen Fluss. Neuerdings etwa führen unbedeutende Kleinbanden in Nacht-und-Nebel-Aktionen Motorroller illegal aus Guinea ein, damit sich ein paar Halbstarke in den Städten Sierra Leones eine Zukunft als Motorrad-Taxifahrer aufbauen können.

Bedeutendere, aber ebenso namenlose Banden handelten hier früher mit Waffen, Drogen und Diamanten, weitgehend ungesehen und oft übersehen. Als Ergebnis dieser Geschäfte gingen, internationalen Finanzberichten zufolge, während des Bürgerkriegs in manchen Jahren bis zu 400 Millionen US-Dollar in Diamanten schwarz über die Grenze und verschwanden auf privaten Konten.

Während des Bürgerkriegs begaben sich rund 500 000 Sierra-Leoner auf die Flucht. Sie liefen vor ihren eigenen Stammesangehörigen und Verwandten davon, vor den Rebellen der *Revolutionary United Front* (RUF), vor den Kamajohs, den Mitgliedern der *Civil Defence Forces* (CDF), und vor den Soldaten ihres Landes, die in späteren Kriegsstadien entweder zu den Aufständischen überliefen oder diese übertrumpfen wollten, indem sie noch größere Massaker unter der Zivilbevölkerung anrichteten. Macht hatte, wer Terror verbreitete. Und die Menschen liefen damals vor ihren eigenen Kindern davon, die aufgerieben zwischen den Fronten zu Tausenden als Kindersoldaten, Arbeitskräfte, Handlanger, Sexsklaven und -sklavinnen und als Kanonenfutter missbraucht wurden.

Das Kinderhilfswerk der Vereinten Nationen UNICEF demobilisierte nach dem Krieg rund 7000 Kindersoldaten in Sierra Leone. Wie viele Kinder tatsächlich unter Waffen standen, bleibt auf ewig dahingestellt, da die Toten keine Namen haben und Kinder in Kriegseinsätzen generell nicht registriert werden. In Liberia sollen derzeit 45 000 Personen entwaffnet werden, wobei 70 Prozent von ihnen Kinder sind.

Die meisten der Vertriebenen lebten in Flüchtlingslagern, andere in der Zivilbevölkerung ihrer Gastländer. Diese – ebenso arm – waren nicht immer begeistert von dem plötzlichen Zustrom an Hilfesuchenden, die da zu Tausenden über den Fluss kamen. Neue Animositäten entstanden, deren Wurzeln noch in der Kolonialzeit zu suchen sind. Um ihren Status als unerwünschte Schmarotzer abzulegen, machten sich deshalb viele jugendliche Flüchtlinge alleine in Guineas Hauptstadt Conakry auf. Ein oft zweifelhaftes Unterfangen, aber die meisten der Kinder hatten ohnehin nichts mehr zu verlieren. Als Waisen oder ohne nähere Angehörige waren sie auf sich gestellt. Sie zählten jetzt zu den so genannten *Unbegleiteten Minderjährigen.* Wieder ein trockener Begriff, der auf die rund eine Million Kinder zutrifft, die derzeit in Afrika von ihren Eltern oder nächsten Verwandten getrennt leben, egal ob diese tot oder noch am Leben sind. Einige der Kinder lernten etwas Französisch, andere mit Hilfe von Stipendien aus internationalen Hilfsprogrammen sogar einen Beruf.

Wer dagegen in den Flüchtlingslagern blieb, richtete sich auf ein Leben auf Zeit und voller Ungewissheit ein. Einmal mussten sogar die Flüchtlingslager des UNHCR, des Flüchtlingshilfswerks der Vereinten Nationen, in Südguinea evakuiert werden, weil der Krieg plötzlich über den Fluss schwappte. Die Lage beruhigte sich wieder und die Zeit verging. In den provisorischen Heimstätten wurden neue Familien gegründet und Kinder geboren. Manche Menschen hatten solche Sehnsucht nach ihrem Heimatort, dass sie, unter Einsatz ihres Lebens, vorschnell zurückgingen. Andere warteten den Frieden ab. Wieder andere trauten diesem Frieden nicht und zogen ein Dasein als Heimatlose der Ungewissheit zu Hause vor. Einige von ihnen blieben bis zu 13 Jahre weg. Diejenigen, die als Kleinkinder mit ihren Eltern geflüchtet waren, kamen nun als junge Erwachsene zum ersten Mal in ein Heimatland zurück, das ihnen fremd war.

All diese Menschen sind jetzt weder Einheimische noch Flüchtlinge, sondern *Rückkehrer.* Auch das eine offizielle Kategorie des Menschseins, hinter der sich allein in Sierra Leone rund 300 000 Entwurzelte verbergen.

Zwischen Liberia und Sierra Leone befindet sich ebenfalls ein breiter Fluss, der River Mano, über den man gut hinübersehen kann. Früher gab es Brücken, im Krieg wurden sie zerstört, jetzt baut man sie wieder auf. Auch hier wurden und werden Geschäfte gemacht. Aus Liberia kam auch der politische Drahtzieher für die Massaker in dieser Region, bei denen letztlich sieben Millionen Menschen aufeinander gehetzt wurden.

Charles Taylor, der ab 1989 amtierende Expräsident Liberias, hatte sich nicht nur selbst an die Macht geputscht und damit den Bürgerkrieg in seinem eigenen Land ausgelöst, er hatte auch den Krieg in Sierra Leone bis zuletzt angestachelt. Taylor unterstützte heimlich die Rebellenarmee RUF und belieferte sie mit Waffen, woran er kräftig verdiente. Später verkaufte er seine Söldnertruppen an die Elfenbeinküste, um auch dort die Kämpfe anzuheizen. Finanziell und ideologisch betreut wurde er dabei maßgeblich von dem damals noch nicht zur Friedenstaube mutierten libyschen Staatspräsidenten Moamar al-Gaddhafi, dessen Motto lautete: Kampf dem westlichen Imperialismus. Charles Taylor gelang es, sein Land im Laufe eines Jahrzehnts in den kompletten Ruin und in die vollendete Entmenschlichung zu führen. Auf Drängen der Internationalen Gemeinschaft trat er im Dezember 2003 zurück, versprach jedoch, wiederzukommen. Heute genießt der ehemalige Kriegsverbrecher ein Leben im nigerianischen Exil.

In Liberia und in der benachbarten Elfenbeinküste fand auch der sierra-leonische RUF-Rebellenführer Foday Sankoh immer wieder Zuflucht. Als Gegenleistung brachte er Kokain und Diamanten mit. Diesem Mann war es 2003 gegönnt, am Ende seiner Tage einen unbehelligten Tod in einem Krankenhaus zu sterben.

Der Krieg in diesen drei Ländern hat sich wie ein Flächenbrand ausgebreitet. Er geht nun in der Elfenbeinküste weiter, wenn auch unter anderen Vorzeichen. Und nach wie vor werden für den Kampf Kinder mit Gewehren ausgestattet. Oftmals sind sie »recycelte« Kriegsveteranen, die außer dem Töten nichts gelernt haben und nur mit einer Waffe in der Hand zu überleben verstehen.

An den sozialen Verhältnissen in Sierra Leone hat sich indessen nichts geändert. Dabei ist das Land mit seinen knapp sechs Millionen Einwohnern eigentlich reich. Genau genommen könnte hier jeder Einwohner wie ein König leben. Nicht nur, dass das Land über ungeheure Bodenschätze wie Chrom, Bauxit, Rutil, Gold, Platin und vor allem Diamanten verfügt, es könnte theoretisch auch seine Menschen ernähren. Der Boden ist nämlich äußerst fruchtbar. Reis und Süßkartoffeln, die Hauptnahrungsquellen, gedeihen, wenn man sie denn anbaut. Kaffee, Kakao, Palmöl und Ingwer waren einst begehrte Exportartikel. Tropenhölzer wurden ausgeführt und nun wurde vor der Küste sogar noch Erdöl gefunden.

Ein Land wie im Märchen aus 1001 Nacht also, ein »Sesam-öffne-dich« für die ganze Region. Aber wie im Märchen kamen die Räuber und bedienten sich. Nur dass hier kein Ali Baba zur Stelle war, der das Zauberwort hütete. Noch im Jahre 2003 fand sich Sierra Leone auf dem Weltentwicklungsindex der UN als das ärmste Land wieder, als das Land mit den weltweit schlechtesten Lebensbedingungen. Dafür hat die regierende SLPP überall im Land große Plakate mit ihrer Zukunftsvision für Salone, wie Sierra Leone auf Krio genannt wird, aufgestellt. Dort heißt es »SALONE 2025 – Ein Land, ein Volk im Wohlstand«.

Nachdem Sierra Leone 1961 die Unabhängigkeit von England erhalten hatte, kam es nur kurzzeitig in den Genuss eines demokratisch gesinnten, fähigen Staatschefs. Milton Margai (SLPP) regierte nur drei Jahre, bevor er 1964 starb. Sein Bruder Albert Margai führte den Einparteienstaat ein und bereitete damit den Weg für Siaka Stevens (APC) vor, der das Land schließlich von 1968 bis 1985 wie ein Diktator führte. Stevens hatte sich zwar nach außen hin der Demokratie verpflichtet, nach innen unterdrückte er aber sein Volk und seine politischen Rivalen gnadenlos. Im Laufe seiner Amtszeit konnte er mehreren Putschversuchen trotzen.

Seinem von ihm 1985 inthronisierten Nachfolger Joseph Momoh gelang es schließlich, das Land innerhalb von sieben Jahren in den kompletten Bankrott zu führen. Zudem hatten 1991 die RUF-Rebellen unter Foday Sankoh mit ihren Kämpfen gegen die Zivilbevölkerung begonnen, um Momoh aus dem Amt zu drängen. Die Armee, damals unfähig, den Rebellen Einhalt zu gebieten, protestierte 1992 gegen den Staatschef, was in dessen Flucht nach Guinea endete. Ein junger Offizier, Valentine Strasser, wurde Oberhaupt der neuen Militärjunta, die er bis 1996 anführte. Auch er wurde gestürzt, bis Ahmad Tejan Kabbah (SLPP), mitten im Bürgerkrieg, die ersten freien Wahlen gewann. Kabbah, ein früherer UN-Diplomat, handelte mehrere Waffenstillstände und Friedensabkommen mit den RUF-Rebellen aus, garantierte ihnen sogar Amnestie. Doch die RUF hielt sich an keine der Abmachungen, sehr zum Entsetzen der Armee. 1997 gelang Major Johnny Paul Koroma ein Putsch, Präsident Kabbah flüchtete nach Guinea. 1998 wurde Kabbah von der regionalen Großmacht Nigeria erneut als rechtsgültiger Präsident in sein Amt gehoben. Der UN-Generalsekretär Kofi Annan ordnete schließlich 1999 die Entsendung einer 6000 Mann starken UN-Friedenstruppe (UNAMSIL – *United Nations Assistance Mission in Sierra Leone*) nach Sierra Leone an, die im Jahr 2000 auf 11 100 Mann verstärkt wurde. Bei den letzten freien Wahlen 2002 ist Ahmad Tejan Kabbah erneut in seinem Amt bestätigt worden.

Diktatur, Putsch, Diktatur – ein fataler Kreislauf. Und die Frage der Oberhoheit über die Diamantenminen, mit deren Hilfe sich die Kriegsparteien finanzierten, ist bis heute ungelöst geblieben. Zuerst packten die Kolonialmächte in ihre Beutel, was hineinging, dann zogen sie sich ihre Nachfolger heran. In einem Anflug von Naivität oder Desinteresse führten die Briten 1953 nämlich eine neue Form der Selbstverwaltungspolitik ein. Sie erteilten dabei ausgewählten Stammesfürsten das Privileg, über die funkelnden Bodenschätze im Land nach Gutdünken zu verfügen. Wer teilhaben wollte an dem Reichtum, musste mit einem dieser Fürsten verwandt sein oder Pfründe bezahlen. Wer Gold und Diamanten finden wollte, musste sich die Erlaubnis dazu einholen. Die Gewinne wanderten dadurch in immer gleiche Taschen.

Als wäre das nicht genug, war das Land auch noch von gierigen Nachbarn umgeben. So kam es wie im Märchen: Die Räuber (die RUF und Liberia und – wie man heute weiß – auch Libyen, Libanon u. a.) schlossen sich zu einer Bande zusammen und verdienten gut damit. Um sich Geld und Macht zu sichern, tolerierten sie Tote, ließen Menschen verstümmeln und schürten Hass zwischen Personen, die sich ihrer angeblichen Unterschiede bis dahin gar nicht bewusst gewesen waren. Offiziell wurde dem Volk verkündet, man kämpfe für seine Freiheit.

Über 10 000 Kinder wurden dafür in Sierra Leone auf bestialische Weise rekrutiert und für Kriegszwecke missbraucht. Sie kämpften oft an allen Fronten, diesseits und jenseits der Flüsse, flüchteten mal hierhin, mal dorthin, mal als Angreifer, mal als Verfolgte. Manchmal wanderten sie im Kreis. Vertriebene sind sie überall geblieben, Getriebene noch dazu. Ohne Aussicht auf Arbeit und folglich ohne Zukunft suchen manche der Rückkehrer jetzt selbst nach den famosen Steinen. Sie durchwühlen Zentimeter für Zentimeter Flüsse, Felder und Minen, um einen Diamanten zu finden. Sind sie erfolgreich, erhalten sie als Lohn einen Sack Reis für ihre Familien und etwas Taschengeld. Meist bekommen sie unbedeutende 25 bis 50 Dollar pro Stein, der gesamte Diamantenhandel im Land wird ohnehin längst von libanesischen Geschäftsleuten kontrolliert.

Ein Teil der einstigen Kindersoldaten ist auf der Suche nach einer Überlebenschance inzwischen in einem Heer schuftender Kinderarbeiter aufgegangen. Ihren Namen richtig schreiben und lesen können die »Diamantenkinder« immer noch nicht.

***

Zum Kaleidoskop der afrikanischen Schicksale gehören aber auch ganz andere Bilder. Zum Beispiel das des jungen Afrikaners am Flughafen, der am Morgen meiner Abreise verloren an einem Stehtisch lehnt – ein einsamer Abgesandter seines Kontinents. Ernst und scheu, mit nichts dabei außer Zeichnungen und Plänen in hohen Papprollen rührt er unsicher in seiner Kaffeetasse. Er ist der einzige Schwarze weit und breit. Mit seiner für die eiskalte deutsche Jahreszeit viel zu dünnen dunkelblauen Jacke und dem hellbeigen Hemd ist er ein dezenter Farbklecks im Aschgrau der Vielflieger, die auf den Abflug warten, während sie in ihre grell leuchtenden Laptops vertieft sind und Zahlen kontrollieren.

Zu dieser frühen Stunde hört man in der Abflughalle keine Gespräche, nur dezentes Murmeln und das Summen und Surren der Klimaanlagen. Putzkolonnen rollen geräuschlos vorbei, Parfumduft aus dem Duty-free-Shop weht herüber, hin und wieder raschelt mal eine Zeitung. Draußen liegt die Nacht unter Flutlichtern begraben. So früh am Morgen ist noch nichts zu spüren von der nervösen Hektik internationaler Flughäfen, von dem Stadium zwischen abfahren, aber noch nicht angekommen sein, diesem Zwischenaufenthalt in einem Niemandsland voller Hoffnungen, Ängste, Wünsche und Erwartungen, dem Dasein als entwurzelter Durchreisender.

Der junge Schwarze weckt Bilder in mir. Nachrichtenbilder von Menschen, die heutzutage in Europa wegen ihrer Hautfarbe angepöbelt, ausgegrenzt und sogar umgebracht werden. Bilder von Migranten aus der so genannten Dritten Welt, die ihr Leben Schlepperbanden anvertraut haben, in Schlauchbooten über das Mittelmeer treiben oder zusammengepfercht und halb erstickt in Lieferwagen aufgefunden werden. Ich sehe Asylbewerber, die mit Handschellen in ein Flugzeug gesetzt und dahin zurückgeschickt werden, woher sie kommen, und Bilder von ehemaligen afrikanischen Kindersoldaten, die es auf abenteuerlichen, illegalen Wegen nach Deutschland geschafft haben, um unter dem Vorwand, ein Fahnenflüchtiger sei kein politisch Verfolgter, wieder abgeschoben zu werden.

Mir fällt aber auch jene aufstrebende, gebildete Elite ein, die es allen Afrikaklischees zum Trotz schon längst gibt: Hochschulabsolventen, die an den besten Universitäten der Welt studiert haben und gar nicht daran denken, ein Leben in Europa oder den USA zu führen. Junge Menschen, die davon träumen, in ihr Land zurückzukehren und es aufzubauen, sobald ihnen die Altvorderen auf den Präsidentenstühlen Platz machen.

Und es kommen noch weitere Bilder: solche von Zehnjährigen mit geschulterten Gewehren und zwölfjährigen Check-Point-Uniformierten, von unberechenbaren Halbweltgestalten, die irgendwo in den Dschungeln dieses riesigen Kontinents das Kommando übernommen hatten. (Ein Offizier der Bundeswehr hatte mir geraten, jeden bewaffneten kleinen Jungen in Afrika mit »Sir« anzusprechen, wenn mir mein Leben lieb wäre.) Es tauchen auch Bilder von ausgemergelten Hungergestalten und im Sterben liegenden Aidskranken auf, Bilder von Waisenkindern mit riesigen Augen. Ich sehe Minenopfer, verwahrloste Straßenkinder und junge Mütter, die selbst noch Kinder sind. Und dazwischen schieben sich, als hätten auch sie Anrecht auf einen Platz, Bilder vom Kilimandscharo, von Savannen und Großwildtieren, von grandiosen Landschaften, die üblichen Medienbilder eben.

Die Nachrichten über diesen Kontinent, sofern sie überhaupt noch vermeldet werden, haben in den letzten Jahrzehnten einen resignierten Ton angenommen. Schreckensberichte wechseln sich ab mit Horrorszenarien, auf Mitleidskampagnen folgen Spendenaufrufe. Man empört sich über unfähige, korrupte Politiker und ist hilflos angesichts des unbeschreiblichen Elends. Hin und wieder erscheinen Meldungen über zaghafte Demokratisierungsprozesse und wirtschaftliche Gewinnaussichten, dann folgen wieder kritische Berichte über steigende Geburtenraten. Afrika jenseits der Sahara ist inzwischen nahezu gleichbedeutend mit Krisen, Hungersnöten und Dürren. Vielleicht schauen deshalb die meisten schon gar nicht mehr hin. Dennoch sollte ein ganzer Kontinent nicht stets durch dieselben beiden westlichen Brillen betrachtet werden, die der naturromantischen Verklärung oder die der überlegenen Geringschätzung.

Als der junge Schwarze schließlich seinen Kaffee ausgetrunken hat, trifft mich sein wacher, forschender Blick. Ganz so, als habe er meine frühmorgendlichen Abschweifungen erraten. Ich schäme mich. Bilder und Vorstellungen abzulegen, bevor man eine Reise antritt, ist schließlich keine Tugend, sondern erste Pflicht.

Während der Zwischenlandung gibt es keine Zeit, dem Airport-Gefühl nachzuspüren, da endlose Gänge zu bewältigen sind und die Zeit drängt. Draußen ist es inzwischen hell geworden, blassblau der Morgen, von der Sonne dennoch keine Spur. Ich muss Rolltreppen hinauf und endlose Laufbänder schräg hinunter und Kontrollen und noch mal Kontrollen über mich ergehen lassen: ausziehen, anziehen und weitere Gänge. Plötzlich taucht die Glitzerwelt der Flughafen-Geschäfte auf: Genuss und Zerstreuung sind im Angebot, um jeden Preis zu haben. Ein Spielwarenladen fällt mir ins Auge. Automatische Teddybären winken aus den Schaufenstern zum Abschied. Alles und jedes ist hier zu kaufen, nur eine glückliche Kindheit fehlt noch im Sortiment. Dabei steht doch in der Kinderrechtskonvention der Vereinten Nationen von 1989 ausdrücklich geschrieben:

»... in der Erkenntnis, dass das Kind zur vollen und harmonischen Entfaltung seiner Persönlichkeit in einer Familie und umgeben von Glück, Liebe und Verständnis aufwachsen sollte ... erkennen die Vertragsstaaten an, dass jedes Kind ein angeborenes Recht auf Leben hat. Die Vertragsstaaten gewährleisten in größtmöglichem Umfang das Überleben und die Entwicklung des Kindes.« Recht auf Liebe und Glück haben also die Kinder dieser Welt und sogar ein Recht auf Leben.

Im Flugzeug nach Afrika erhalte ich schließlich einen ersten Vorgeschmack auf die andere Wirklichkeit, die mich am Ziel erwartet. Die Passagiere bieten ein proportionales Abbild der Verhältnisse auf unserer Welt. Rund zwei Drittel sind Schwarzafrikaner, der Rest Weiße, Menschen aus so genannten Entwicklungsländern also und so genannte Entwicklungshelfer, internationales Friedenspersonal, Europäer und Amerikaner. Diverse Grüppchen albern herum und kennen sich offensichtlich alle untereinander. Sie sind Mitarbeiter von Nichtregierungsorganisationen, wie sich später herausstellt. Unter uns breitet sich Europa aus und ich rekapituliere:

- 1,2 Milliarden Menschen auf der Welt leben unter der Armutsgrenze, also mit weniger als einem Dollar pro Tag.
- 800 Millionen Menschen leiden an Hunger, davon sind 153 Millionen Kinder.
- 1,2 Milliarden Menschen haben keinen Zugang zu sauberem Trinkwasser.
- 2,4 Milliarden Menschen haben keinen Zugang zu sanitären Anlagen.
- 11 Millionen Kinder unter fünf Jahren sterben jährlich an leichten Infekten.

*Armut* lautet der Fachausdruck für diesen Lebenszustand. Die Vereinten Nationen haben es sich in ihrer Millenniumserklärung vom September 2000 zum Ziel gesetzt, die Armut bis zum Jahr 2015 um die Hälfte zu reduzieren. Afrika ist laut UN-Berichten nach wie vor das entwicklungspolitische Sorgenkind. Schlusslicht ist es in vielerlei Hinsicht. Rund die Hälfte der südlich der Sahara angesiedelten Menschen lebt in eben dieser Armut. Alles nur eine Frage der Geburtenraten, könnte man sagen, oder eine des Umdenkens.

Während die Afrikaner in ihren tadellos sitzenden Anzügen in Akten blättern und einen Hauch von wichtigtuerischem Ernst verbreiten, bestellen einige der Europäer in ihren Trekkinghosen und Baseballkappen vorwiegend einen Drink nach dem anderen. Ob aus Vorfreude auf ihr Einsatzgebiet oder wegen des schweren Abschieds von der so genannten zivilisierten Welt, bleibt dahingestellt. Vielleicht spülen sie jetzt auch nur vorsorglich das Leid hinunter, das sie bald nach der Landung in ihren Zielgebieten unweigerlich wieder zu bewältigen haben.

Vereinzelte UN-Soldaten in Tarnuniformen hängen in ihren Sitzen und schlafen. Sie ruhen sich ein letztes Mal aus und träumen vom Urlaub im kühlen Norden, bis es wieder zurückgeht in die Gluthitze an der Friedensfront. Ein paar Passagiere sind in ihre Zeitung vertieft, andere rühren lustlos in ihren Säften.

Lustlosigkeit und Müdigkeit gehören auch zum Bild. Jeder in diesem Flugzeug hat sein Kriegs- und Krisengebiet im Gepäck – das verbindet. Urlaubsfreudige Touristen reisen nicht mit uns, auch keine Abenteurer oder Teilnehmer von so genannten Überlebenstrainingskursen, die sich in den Führungsetagen westlicher Konzerne so großer Beliebtheit erfreuen.

Meine Sitznachbarin ist eine Frau mittleren Alters. Sie hält angestrengt die Augen geschlossen, sinkt immer wieder in sich zusammen, schläft ein, träumt offenbar schlecht und schreckt in regelmäßigen Abständen wieder hoch, um umgehend wieder die Augen zu schließen und weiterzudösen. Das Bordkino zeigt einen amerikanischen Kassenschlager, in dem futuristisch gekleidete

Wesen gegenseitig aufeinander einschlagen. Offenbar geht es um die Bekämpfung des Bösen. Auf die Kopfhörer zum Film habe ich verzichtet.

Als man die Bordmahlzeit serviert, wecke ich sie. Sie bedankt sich freundlich und mustert mich durch ihre große Brille. Ob ich wüsste, wo wir seien, fragt sie mich. »Südmarokko«, sage ich, »jetzt kommt dann nur noch Wüste.« Unter uns breitet sich schon die Sahara aus. Die Sonne sticht durch das kleine Fensteroval herein und blendet. Sie zieht mit einem Ruck die Jalousie halb herunter und wendet sich mir zu: »Die Wüste! Wie die Menschen da unten das nur aushalten. Was gibt es denn da schon? Nichts.«

Welten scheinen Nordafrika von ihrer eigenen Heimat zu trennen. Von wegen Zugehörigkeit zu einem Kontinent, wie es in europäischen Breiten immer propagiert wird. Für Schwarzafrikaner beginnt ihr Kontinent südlich der Sahara, alles, was darüber liegt, ist ihnen fremd. »Ich vertrage keine Hitze«, fährt sie fort, »keine trockene und keine feuchte. Aber am wenigsten vertrage ich die Hitze von Sierra Leone.« Woher sie denn komme, frage ich nun wirklich interessiert. »Aus Uganda!«, strahlt sie mich an. »Dort haben wir ein fantastisches Klima und eine wunderschöne Landschaft.« »Und Krieg«, füge ich trocken hinzu. »Ja«, sagt sie, in ihrem Reis herumstochernd, »und Krieg.« Eine Zeit lang essen wir schweigend weiter. »In Afrika haben wir viel zu viele Kriege«, sagt sie plötzlich bitter, lacht aber gleich wieder, amüsiert über ihr Wortspiel: »Diese Kriege bringen uns noch um.«

Der Krieg auf dem afrikanischen Kontinent scheint eine schleichende Seuche zu sein, die um sich greift und Menschen verschluckt. Allein 23 bewaffnete Konflikte gab es dort im Laufe des letzten Jahrzehnts. Auch sie gehöre zum internationalen Friedenspersonal in Westafrika, erzählt sie mir weiter. Als Dozentin für Psychologie lehre sie nun angehenden westafrikanischen Therapeuten moderne Formen der Traumabewältigung. »Wir helfen den Menschen, sich selbst zu helfen, anders geht es gar nicht«, schränkt sie den Radius ihres Wirkungskreises jedoch gleich wieder ein. »Sonst wäre man hier Jahre beschäftigt, vor allem, wenn man an die Kinder denkt.« Ihre eigenen Kinder, fügt sie noch stolz hinzu, lebten in den USA. »In Afrika hätten sie zurzeit ohnehin keine Zukunft.«

Es ist wie immer. Auch hier gehen die, die es sich leisten können. Kein Wunder, dass so viele Länder ausbluten, wenn ihre geistigen Eliten in Frankreich, Großbritannien oder den USA sitzen. Kein Wunder aber auch, dass die Elite ein Leben im Exil den Repressalien in der Heimat vorzieht. Dort gibt es keine Zukunft, die Gegenwart ist schwierig, von der Vergangenheit ganz zu schweigen.

Welche Klientel in ihre Therapiestunden käme, frage ich. »Folteropfer«, antwortet sie knapp. »Und die Zwangsamputierten. Auf die werden Sie auch treffen, wenn Sie unter die Menschen gehen.« »Und wie helfen Sie ihnen?« »Reden hilft. Zuhören und sie erzählen lassen. Gesprächstherapie in Kleingruppen. Mehr ist leider nicht möglich. Zu mehr fehlen uns Personal und Geld.« Die Therapien dauerten zwei oder sechs Monate, manchmal ein Jahr, erklärt sie mir. Dann müssten die Menschen wieder selbst sehen, wie sie klarkämen.

»Und die Kinder? Kommen die auch zur Therapie?« »Wenige. Die Kinder, vor allem die Exkombattanten, können von Glück sprechen, wenn sie wieder in einer Familie leben. In ihrer eigenen oder bei Pflegeeltern. Das ist die Therapie. Der Krieg ist schließlich vorbei, das Leben geht weiter.«

Ob diese Kinder überhaupt noch eine Chance haben, wage ich zu bezweifeln. Zurzeit stehen in Afrika nach Schätzungen der *Coalition to Stop the Use of Child Soldiers* rund 120 000 Kinder unter Waffen. »Es wird sich zeigen«, sagt sie schließlich zuversichtlich und blickt mich durch ihre große Brille fest an. »Wissen Sie, die Kinder in Afrika sind viele Härten gewöhnt. Unsere Kinder hier sind stark.«

# EINHEIMISCHE

## *Alles ist zurzeit ungewiss*

Starke Kinder erwarten uns dann auch nach der Ankunft am Lungi-Airport in Freetown. Die Sonne scheint grell, die Luft ist um 30 Grad wärmer als am Morgen. Nur ein Drittel der Passagiere steigt aus: die UN-Soldaten, die internationalen Helfer und ein paar Einheimische. Der Rest fliegt weiter an die Elfenbeinküste.

Um vom Flughafen in die Hauptstadt zu kommen, muss man einen Helikopter nehmen, eines jener ehemaligen Kriegsungetüme, die nicht gerade sonderliches Vertrauen einflößen. Wie große Hummeln kreisen sie über den Köpfen der soeben gelandeten Passagiere, um dann zitternd und schwankend mit Höllenlärm vorsichtig zu landen. Ich bekomme einen ersten Vorgeschmack auf die Welt, die mich hier auch erwarten wird: Das Ticket für den kurzen Flug hat die Farbe Pink.

Ein Großteil unserer Gepäckstücke wird von Kindern getragen. Von halbwüchsigen 14- bis 15-Jährigen. Es sind harte, ausgezehrte Jungs, die mit liebenswürdiger Freundlichkeit den Leuten ihre Koffer abnehmen, riesige Reisetaschen auf ihre kleinen Köpfe wuchten, nebenbei noch die Konkurrenz vertreiben und allenfalls einen unbedeutenden Beutel an einen noch kleineren Träger abgeben. Sie eilen flink zwischen dem Laderaum des Flugzeugs und dem Helikopter hin und her, beruhigen in generösem Ton um ihr Gepäck besorgte Ankömmlinge, verschwinden im Gedrängel der Zoll- und Sicherheitsbeamten, tauchen plötzlich wieder auf, mit gelben Zetteln in der Hand, und drücken sie den irritierten Fluggästen nachsichtig in die Hand: »Ihr Gepäckschein!« Dann bleiben sie mit fragendem Blick abrupt stehen. Tarife für ihre Dienste haben sie nicht. Wer mag, der gibt. Und manche mögen nicht, was bei den Jungen zwar Unmut erregt, aber letztlich hingenommen wird. Eine neue Unsitte sei das, beschweren sich aus dem europäischen Ausland heimkehrende Einheimische später im Helikopter. »Diese Kinder fallen ja regelrecht über einen her. Man könnte wenigstens gefragt werden, ob man einen Träger wünscht!«

Sie, die Kurzzeitrückkehrer auf Verwandtenbesuch, ziehen es jetzt vor, nicht aus den offenen Luken auf die Bucht und das Meer hinabzublicken, das weit unten verführerisch glänzt, atmen hörbar auf, als wir landen, klettern erleichtert die kurze Leiter hinab, verabschieden sich lachend voneinander, klopfen sich auf die Schulter und beteuern, es sei doch immer wieder eine wunderbare Erfahrung, dieses ungeheuerliche Fluggerät lebend zu verlassen.

Indessen wartet hier schon die nächste Kinderschar auf ankommende Reisende und ihre Koffer, weniger begünstigt als die erste. Denn wer hier endlich gelandet ist, verschwindet schnell, taucht ab in der »freien Stadt«, in der Metropole Freetown.

Ein Pick-up der UN bringt mich in meine Unterkunft. Auf den asphaltierten Hauptstraßen quälen sich die Fahrzeuge durch einen endlosen Stau. Die Nebenstraßen, alle sandig und ungeteert, leuchten in kräftigem Rot. An den Straßenrändern häuft sich mehr Schutt als Müll. Im Wagen ist es kühl, die Lüftung läuft auf Hochtouren und die getönten Scheiben halten das grelle Sonnenlicht ab. Von meinem Hochsitz aus blicke ich auf die Autos um uns herum, vorwiegend private Sammeltaxis in Form von bunt angemalten Rostlauben oder zerbeulten Blechkisten. An Passagieren scheint es ihnen nicht zu mangeln. Auf den Rücksitzen drängen sich drei bis vier Fahrgäste, vorne werden zwei befördert. Wir schleichen in Schrittgeschwindigkeit vorwärts. Die Taxifahrer und ihre Kunden zeichnen sich alle durch denselben Gesichtsausdruck aus, den entnervter Resignation. Auch John, mein Fahrer, kann sich eines gewissen Überdrusses nicht erwehren. »Ist das hier jeden Tag so?«, frage ich ihn amüsiert. »Jeden Tag. Mehrere Stunden lang. Immer dasselbe.« »Und warum?« Ich bekomme ein ratloses Achselzucken zur Antwort. Offenbar scheint es keinen wirklichen Grund für den täglichen Totalstillstand zu geben.

Wo man hinblickt, zwängen sich Menschen durch den Verkehr. Wege für Fußgänger gibt es keine, also strömen sie mit den Autos. Die Männer schwenken Aktentaschen unter dem Arm, die Frauen balancieren stoisch ihre Beutel, Tüten und Teller, manchmal einen ganzen Hausrat auf dem Kopf zwischen den Fahrzeugen hindurch. Vor den Häusern sitzen ältere Männer auf Treppenabsätzen und reden. Ein vielleicht zehnjähriger Junge bugsiert neben uns seinen mit Schrottteilen voll beladenen Leiterwagen geschickt durch die stehenden Fahrzeuge. Er ist nur mit einer zerfetzten Hose bekleidet, sein nackter Oberkörper glänzt vor Schweißperlen. In unserem Wagen ist es immer noch europäisch kühl. Kühle ist ein Privileg, das man sich hier leisten können muss.

Eingekeilt in die nunmehr komplett zum Stillstand gekommene kilometerlange Autoschlange fallen mir mehrere fensterlose, ausgeschlachtete Lieferwagen auf. Auch sie sind schrill bemalt und vorne wie hinten mit Segenssprüchen und Parolen verziert: »Gott segne die hier Reisenden« oder »Gott ist allmächtig« steht in kunstvoller Kalligraphie über der Windschutzscheibe geschrieben, wohingegen am Heck Sprüche wie: »Ohne Arbeit kein Respekt« und »Kampf der Korruption« zu lesen sind. Ein Blick ins Innere dieser Wagen offenbart mir dutzende von Menschen, die voll bepackt und dicht gedrängt auf- und nebeneinander sitzen. Ich frage, ob auch das Sammeltaxis seien. »Nein, das sind unsere öffentlichen Busse«, erklärt mir John mit freundlicher Nachsicht. Trotzdem gilt für uns alle: kein Vorwärtskommen. Irgendwann später löst sich der Stau plötzlich auf und wir rollen Richtung Zentrum.

Die Stadt ist voll von den weißen Autos der verschiedenen UN-Büros. Friedenswahrung findet an jeder Straßenecke statt. In den Konvois sitzen Soldaten aus Pakistan, Kenia, Nigeria und England – ein sonderbares Bild. Die internationalen Friedenstruppen, denen hier sehr viel Sympathie entgegengebracht wird, scheinen das äußere Gerüst abzugeben, mit dessen Hilfe sich die Gesellschaft wieder erneuern soll. Es stellt sich allerdings die Frage, wie stabil ein Staatsgebäude ist, dessen Gerüst nirgendwo im Boden verankert wurde, das nahezu über der Gesellschaft zu schweben scheint. Sicherheit zum Anlehnen und Ausruhen bieten die Truppen jedenfalls nicht.

Neben den bunten Schrottlauben der Einheimischen fallen mir schließlich noch diverse schwarze Limousinen auf. Wer darin sitzt, ist wegen der dunklen Fenster unmöglich zu erkennen. Ein Defilee namhafter Automarken rollt durch die Stadt, das ob seiner anonymen Reserviertheit so gar nicht in den lautstarken Verkehr passt. Die Passanten auf der Fahrbahn weichen instinktiv einen Schritt zurück, lassen den Wagen die Vorfahrt. Neugierig geworden, frage ich, was es mit den dunklen Autos auf sich habe. Ich vermute schon, es könne sich um die Dienstwagen hoher Regierungsbeamter handeln, doch weit gefehlt. »Diese Autos gehören den Libanesen«, erklärt mir mein Fahrer und seufzt tief, ganz so, als hätte er mir damit einen erschöpfenden Vortrag gehalten. Offenbar haben auch die Libanesen eine Art Gitternetz gebildet. Ob sich die Einheimischen daran festhalten können oder sich nur darin verfangen, weiß ich noch nicht.

Ökonomisch begünstigter als die Kofferträger vom Flughafen leben die sechs- bis zehnjährigen Wasserverkäufer, die mir noch am selben Abend auf den stockdunklen Straßen begegnen. Spätestens jetzt bin ich ganz angekommen in der anderen Wirklichkeit. An den Straßenständen leuchten Kerosinlampen. Sie sehen aus wie kleine Fackeln und erhellen für Momente die dunklen Gesichter der Kinder. Es gibt Brot, Softgetränke, Süßigkeiten, Drogerieartikel und Dosenfisch. Mancher verkauft eine Hand voll Zucchini oder Süßkartoffeln, an anderen Ständen wird mit Zeitungen und Telefonkarten gehandelt. Einige haben ein altes Zelt über ihrem Angebot ausgebreitet und wohnen darin, andere haben sich drei Bretter zusammengezimmert und ein rostiges Gitter davor angebracht, hinter dem sie sitzen und auf Kundschaft warten.

Wasser gibt es pur oder gefärbt in handgroßen Plastikpäckchen zu kaufen. Die Kinder tragen es auf großen Kopftellern durch die Straßen. Wer durstig ist, reißt eine winzige Ecke in die Tüte und zieht sich das kostbare Nass in den Mund. Im Laufe des Abends sehe ich noch viele Kinder, sogar die Verkäufer selbst, die an der halb leeren Tüte saugen, als gäbe sie eine Abendmahlzeit her.

***

Die einstige Schönheit dieser Stadt ist verfallen, ihr Charme ist angekratzt. Dabei gehört Aberdeen, das hügelige Stadtviertel, in dem ich wohne, noch zu den »besseren« Gegenden. Hier leben die meisten der *Internationalen*, wie die Mitarbeiter der UN und die unzähligen Kräfte der NGOs, der Nichtregierungsorganisationen, üblicherweise genannt werden. Sie leben in einer Welt für sich, wie sich bald herausstellt. Noch aber bin ich mit der Erkundung meiner neuen Umgebung beschäftigt. Intakte Häuser aus der Kolonialzeit stehen neben ausgebrannten Ruinen. An einer Ecke wird gerade eine neue Moschee gebaut, die vier Minarette deuten sich schon an. Schräg gegenüber ragt der dunkelrote Backsteinturm einer Methodistenkirche in die Höhe. Daneben stehen einstöckige Häuser mit kleinen Gärten davor, in denen vorwiegend Essbares angebaut wird. Palmen, Mangobäume und meterhohe Oleander wuchern wild. Die Häuser sind in zarten Pastellfarben gestrichen: Blau, Gelb, Grün und natürlich Pink. Manche der Bewohner haben ihr Geld in protzige Stuckbalkone investiert, die im krassen Gegensatz zu den Wellblechhütten stehen, die an ihre Grundstücke angrenzen. Die Häuser der *Internationalen* erkennt man tagsüber an den schweren, hohen Eisengittern, dem Sicherheitspersonal und dem Stacheldraht, der die Grundstücksmauern umgibt. Nachts sind sie auch leicht auszumachen, denn sie haben als nahezu Einzige Licht.

Die Briten scheinen eine Vorliebe für Aberdeen gehabt zu haben. In jeder ihrer Kolonien, in Hongkong, Indien oder Afrika, wurden besonders schöne Stadtteile so benannt. Das Aberdeen von Freetown zeichnet sich durch traumhafte Ausblicke auf die Bucht und den Atlantik aus. Die Einheimischen nehmen ihre privilegierte Aussicht dennoch nicht mehr wahr. Zu sehr ist ihr Blick auf die nahe Zukunft oder vielmehr die Gegenwart gerichtet.

Auf meinem ersten Erkundungsstreifzug durch die neue Nachbarschaft begegnen mir überaus freundliche Menschen. Nachdem sie mich mit interessiertem Blick taxiert haben – jedes neue weiße Gesicht wird zwangsläufig wahrgenommen –, werde ich höflichst gegrüßt. Kleine Kinder laufen zu mir und gehen ein Stück mit mir mit. Sie lachen und spielen. Die größeren Mädchen und Jungen streben frühmorgens und nachmittags in ihren blitzsauberen blauen Schuluniformen dem Unterricht zu. Gleichzeitig sehe ich nur eine Straßenecke weiter zerlumpte Kinder mit Blechtellern bepackt aus ihren Hütten kommen. Sie haben Ware dabei, die verkauft werden muss, wenn sie und ihre Familien heute etwas essen wollen.

Eigentlich sollte die Grundschule in Sierra Leone für alle Kinder gratis sein. So will es das Gesetz. Ein Gesetz, das es im Übrigen schon vor dem Krieg gab. Auf seine Umsetzung gedrängt hat erst die internationale Gemeinschaft, als sie den 2002 zum zweiten Mal demokratisch gewählten Präsidenten Ahmad Tejan Kabbah zu seinem Posten beglückwünschte. Die Analphabetenrate soll gesenkt werden, womit ein Schritt auf dem Weg zu einem der acht UN-Millenniumsziele gemacht würde, zu denen sich die Staaten der Welt im September 2000 verpflichteten. In jenem Jahr konnten nur 36 Prozent der Bevölkerung Sierra Leones lesen und schreiben. So legte die Regierung damals per Dekret fest, dass die Grundschule für jedes Kind kostenlos sei und begabte Kinder auch auf weiterführenden Schulen nichts zu bezahlen hätten – eigentlich ein vorbildliches Gesetz. Eines, das beweisen soll, dass der Führungsriege die Bildung wichtig, die Zukunft ihrer Kinder nicht gleichgültig ist. Doch leider gilt das nur in der Theorie. In der Praxis werden die hehren Ansätze sehr dürftig umgesetzt. Die Schulen warten bis heute auf kräftige Finanzspritzen, dafür müssen die Eltern erst einmal Vorkasse leisten. Nur offiziell sind die

Grundschulen kostenlos. Bezahlt werden müssen dennoch teilweise notwendige, oft aber nur erfundene Gebühren, wie etwa eine »Schulbankgebühr«, die den Geldbeutel mancher Eltern stark belasten. Hinzu kommen Gelder für Schuluniformen, Bücher, Hefte und Stifte. Außerdem müssen die Lehrkräfte immer wieder extra entlohnt werden. Denn diese Staatsbediensteten, die manchmal monatelang umsonst auf ihr Gehalt von umgerechnet 35 US-Dollar warten, haben es sich mittlerweile angewöhnt, wichtige Fächer nur noch in Privatstunden zu unterrichten. Ein Kind, das dieses Geld nicht bezahlen kann, fällt durch. Auch Familien, die sich die vorgeschriebene Schuluniform nicht leisten können, lassen ihre Kinder zu Hause.

Es ist Abend und heiß. Ich kenne mich noch nicht aus und sehe in der Dunkelheit zunächst gar nichts. Strom gibt es auch in diesem Viertel keinen. Nur wer einen Generator besitzt, verfügt über Licht. Ohne Taschenlampe kein Fortkommen, es sei denn, man will durch die Schlaglöcher stolpern. Obwohl das ganze Stadtviertel schwarz vor mir liegt und nichts zu sehen ist, herrscht bis spät in die Nacht hinein reges Leben auf den Straßen.

An einer Hauptstraße in der Nähe meiner Unterkunft leuchten bunte Lampions. Musik tönt aus Radios und Kassettenrekordern: Reggae, Hip-Hop, Rap. Die Rhythmen hören sich an wie aus Jamaika oder der Bronx. Die Musiker sind Einheimische und natürlich Stars. Und wie es sich für diese Musikkultur gehört, sind manche der Texte kritisch und provokativ. Wochenlang hielt sich zum Beispiel der Song »Corruption« ganz oben auf der Hitliste, ein Song, der korrupte Machenschaften im Alltag Sierra Leones persifliert.

Die Menschen, jung und alt, sitzen beisammen und spazieren durch den Verkehr. Sie sind voller Lebenslust, auch wenn sie alle einen langen und beschwerlichen Tag hinter sich haben. Die Kinder, aufgeweckt und munter, spielen in der Dunkelheit. Manche sehe ich im Licht einer Kerosinlampe angestrengt über ein Heft gebeugt.

Derweil sind einige Kinder immer noch als Verkäufer unterwegs. Manche hocken jetzt am Straßenrand, andere bahnen sich ihren Weg durch die flanierende Menge. Im Angebot haben sie nun Kaugummis, Erdnüsse, geschälte Orangen oder gebratenen Fisch. Sie sehen müde aus und sind offenbar froh, wenn sie ihre Ware für heute endlich unter die Leute gebracht haben, die allerdings nur zögerlich zugreifen. Kaugummis und Erdnüsse halten sich auch bis morgen, aber der Fisch und die geschälten Orangen nicht. Also heißt es sich hinsetzen, warten und die Früchte anpreisen, wenn gerade jemand vorbeikommt, der aussieht, als könne er eine frische Orange wollen. »Hello«, rufen sie jedem Passanten zu und lachen, auch wenn sie nichts verkaufen. Hin und wieder nicken sie ein.

Die Lampions gehören zu einem libanesischen Restaurant, wird mir gesagt. Überhaupt werden mir libanesische Lokale und Geschäfte empfohlen. Dort gäbe es nämlich alles, heißt es. Alles, von dem man hier glaubt, dass es ein Europäer zum angenehmen Leben benötigt. Und tatsächlich: Es gibt alles, allerdings zu Preisen, die sich ein Einheimischer hier niemals leisten kann.

Das Lokal stellt sich als Gartenrestaurant heraus. Arabische Popsongs übertönen den Straßenlärm. In dem großzügigen Innenraum lassen sich die Gäste von der Klimaanlage kühlen. Die Speisekarte bietet alles, was man im Nahen Osten, in Italien und in China gerne isst. Die Getränkeauswahl ist enorm. Sogar frisches Eis, italienischen Espresso und Kuchen kann haben, wer will. In einer Ecke sitzen ein paar Libanesen um einen runden Tisch und rauchen Wasserpfeife. Das Lokal ist voll. Die Gäste bestehen an diesem Abend ausschließlich aus solchen mit weißer Hautfarbe. Afrikaner kommen offenbar nur zum Bedienen hierher. Ich bin also mitten in der so genannten International Community gelandet, die sich auch hier, wie schon im Flugzeug, an ihren Drinks festhält.

Die Kellnerin, ein äußerst hübsches junges Mädchen von maximal 15 Jahren in einer blau-weißen Uniform, ist schweigsam. Mit niedergeschlagenen Augen legt sie mir die Speisekarte vor und sagt nichts. Ich bestelle eine Kleinigkeit und ein Mineralwasser. Sie ist kurzzeitig irritiert, nimmt die Karte dann aber ebenso schweigsam wieder mit und verschwindet in der Küche. Um mich herum reden sich die *Internationalen* ihren Frust von der Seele. Man kann gar nicht anders als ihren lautstarken Gesprächen zuzuhören. Auch sie taxieren das neue weiße Gesicht. Manch einer grüßt vorsichtshalber, andere schauen nur neugierig herüber. Der Rest ist mit sich beschäftigt.

Das Mädchen kommt wieder, serviert mir mein Wasser in formvollendeter Eleganz und verschwindet erneut. Jetzt beobachten mich die Libanesen mit der Wasserpfeife plötzlich interessiert. Als meine Kleinigkeit schließlich kommt, bin ich überwältigt. Der Teller biegt sich unter der Menge des Essens, die Portion reicht für drei. Die Speise duftet nach allen Gewürzen Arabiens – ich könnte genauso gut in Beirut sitzen.

Es schmeckt vorzüglich, doch es ist mein schlimmstes Abendessen in Sierra Leone. Dafür wird es auch das erste und das letzte dieser Art sein. Ich muss einen halb vollen Teller zurückgehen lassen, den ich beim besten Willen nicht mehr schaffe. Ich muss in das Gesicht der jungen Kellnerin schauen, die den Anblick meiner Reste mit einer Mischung aus Entsetzen, Verachtung und Unverständnis hinnimmt. Und als ich dieses Lokal schließlich verlasse, sitzt der kleine Orangenverkäufer immer noch vor der Tür, immer noch mit seiner randvollen Platte.

Ich bin angekommen in dem, was als ehemaliges Kriegsgebiet bezeichnet wird, was noch Krisengebiet ist, in einem Land, dessen fragiler Frieden auf der Präsenz von rund 6000 UNAMSIL-Soldaten beruht. In einer Zwischenwelt, die als internationale Schutzzone nach anderen Gesetzen und Maßstäben lebt. In einer kleinen Welt, in der es für jede Hautfarbe andere Regeln, unterschiedliche Gesetze und Toleranzschwellen gibt und einen anderen Speiseplan, der auch beinhaltet, dass manche tagelang gar nichts zu essen bekommen.

Wie groß die Kluft in dieser kleinen Welt ist, zeigt das Abendessen: Während mein Gericht 14 000 Leonis kostet, rund fünf US-Dollar, gibt der Orangenverkäufer seine Frucht für 100 Leonis her. Das Lokal ist voll. Das Kind muss noch bis lange nach Mitternacht warten, bis es seine Ware verkaufen kann. Im Lokal sitzen erschöpfte Mitarbeiter von Hilfsorganisationen, deren Selbstverständnis darauf beruht, Notleidenden zu helfen. Vor dem Lokal sitzt spätnachts noch ein arbeitendes Kind. Die Straßen sind voll von diesen Kindern: Verkäufern, Waisen, Vertriebenen. Von ganz normalen Straßenkindern eben, in einem ganz normalen westafrikanischen Land.

IDRISSA, 17:

»Ich trete jeden Tag pünktlich um sieben Uhr abends hier in der Pension meinen Dienst an. Die Nachtschicht geht eigentlich bis acht Uhr morgens. Aber manchmal wird es auch neun Uhr oder zehn Uhr, bis der Junge kommt, der mich ablöst. Bis ich dann an solchen Tagen zu Hause bin, ist es oft schon Mittag, weil ich am anderen Ende der Stadt wohne, am Fuße des Hügels. Eigentlich ist das dort eine sehr schöne Gegend, aber eben weit weg. Um in die Pension zu kommen, muss ich mit öffentlichen Verkehrsmitteln fahren und dabei einmal umsteigen. Unser Transportsystem ist bekanntlich eine Katastrophe, jeder in Freetown, der täglich mit einem öffentlichen Verkehrsmittel fahren muss, ist mit seiner Geduld am Ende. Aber was sollen wir tun? Wir haben kein anderes. Es kommt vielleicht erschwerend hinzu, dass ich jedes Mal in der Hauptverkehrszeit unterwegs bin, also immer dann, wenn die ganze Stadt im Stau steht. Es kann manchmal Stunden dauern, bis man vorwärts kommt. Die Leute hier können eben nicht Auto fahren. Ich habe es schon mehrmals erlebt, dass irgendein Streit zwischen zwei Autofahrern ausgebrochen ist und sich dann aus Protest keiner der beiden mehr von der Stelle bewegt hat. Also wirklich, für so ein Verhalten habe ich überhaupt kein Verständnis, aber den Leuten gefällt es eben, so ihre Aggressionen auszuleben. Jeder will Recht behalten, keiner gibt nach. Nun ja, am späten Nachmittag jedenfalls fahre ich dann erneut los, um rechtzeitig zu Dienstbeginn wieder hier zu sein. Das ist zwar alles sehr umständlich für mich, doch ich bin trotzdem sehr dankbar, dass ich diesen Job als Nachtportier habe. Es ist ohnehin nur ein vorübergehender Job. Ich weiß nicht, wie lange ich hier noch arbeiten kann. Alles ist zurzeit ungewiss.

Ursprünglich sollte ich nur einen Jungen vertreten, dem diese Stelle eigentlich gehört. Doch wo der gerade ist, weiß niemand. Also bleibe ich so lange, bis er wiederkommt. Dann werde ich mir wahrscheinlich etwas anderes suchen müssen. Ich suche ohnehin schon länger eine andere Arbeit. Eine, die ich zusätzlich auch noch am Nachmittag machen kann. Fast die Hälfte meines Monatslohns geht nämlich für die öffentlichen Verkehrsmittel drauf. Pro Strecke zahle ich 800 Leonis. Das macht am Tag schon 1600 und in der Woche, ich arbeite an sechs Tagen hier, ergeben das 9600 Leonis. Insgesamt gebe ich also jeden Monat 38 400 Leonis nur für den Bus aus, dabei verdiene ich hier bloß 80 000. Ich habe das alles schon sehr oft durchgerechnet, immer wieder. Ich weiß, dass diese Situation im Grunde völlig absurd ist, aber so ist sie nun einmal. So gesehen, lohnt es sich hier für mich finanziell eigentlich überhaupt nicht. Meine einzige Rettung ist die, dass ich manchmal etwas Trinkgeld von den Gästen bekomme. Das lege ich dann gleich beiseite für den Bus, sodass mir mehr von meinem Gehalt zum Leben bleibt. Ja, so schaue ich eben, dass ich jeden Monat irgendwie über die Runden komme. Ich bin der Einzige von meinen Geschwistern, der einen festen Job hat. Deswegen möchte ich diese Arbeit hier auch nicht verlieren. Wenn ich Glück habe, kommt der, dem die Stelle gehört, überhaupt nicht mehr. Dann würde ich vielleicht auch endlich mal einen richtigen Vertrag bekommen und mehr Geld. Aber ich weiß es eben nicht.

Mein Job als Nachtportier gefällt mir eigentlich nicht so sehr. Die Nächte hier ziehen sich hin. Sobald der Strom abgeschaltet ist, gehen die Leute ja doch schlafen. Dann langweile ich mich schon sehr. Eigentlich würde ich am liebsten irgendeine höhere Schule besuchen und einen richtigen Beruf erlernen. Ich würde gerne etwas für meine Bildung tun, mich interessieren nämlich so viele Dinge: Sprachen, Recht, Politik – überhaupt alles, was mit unserer Gesellschaft zu tun hat. Aber so, wie die Lage hier bei uns jetzt nach dem Krieg aussieht, ist das wohl aussichtslos für mich. Trotzdem gebe ich die Hoffnung nicht auf, dass es irgendwann noch mal besser wird. Man weiß ja nie.

Aber doch, langweilig ist es hier schon, ich habe oft das Gefühl, überhaupt nicht vorwärts zu kommen und meine Zeit zu verschwenden. Das macht mich dann ziemlich unzufrieden. Alles, was ich hier an geistiger

Anregung habe, ist Zeitung zu lesen und mich mit den Gästen zu unterhalten. Leider kommen zurzeit nur sehr wenige Gäste zu uns und nicht jeder redet mit mir. Für die meisten bin ich ja doch nur ein Dienstbote. Am liebsten würde ich mir irgendetwas Eigenes aufbauen. Was, das weiß ich nicht, aber etwas, das mehr Spaß macht, als jede Nacht in einer dunklen Rezeption zu sitzen, etwas, mit dem man wirklich überleben kann. Das hier ist ja doch nur eine Übergangslösung. Trotzdem bin ich jeden Tag erneut froh um diesen Job. So viele meiner Freunde haben nämlich gar keine Arbeit.

Von dem Geld, das ich nach Hause bringe, können wir wenigstens was essen. Das ist ja schon sehr viel. Deswegen könnte ich auch gar keine Schule besuchen. Ich könnte weder die Gebühren bezahlen noch meine Familie um dieses Einkommen hier bringen. Meine Mutter arbeitet auch, sie verkauft hin und wieder etwas auf dem Markt. Und meine drei Brüder haben nur Gelegenheitsjobs. Unser Vater ist tot, also müssen wir jetzt für die Familie sorgen. Wir versuchen eben klarzukommen, so gut es geht. Das Schlimme ist nur, dass andauernd alles teurer wird. Das Palmöl zum Beispiel ist jetzt fünfmal so teuer wie im letzten Jahr. Die Leute sagen, es sei zu wenig geerntet worden. Aber heute habe ich in der Zeitung gelesen, dass sie jetzt Lastwagen gesehen hätten, die unser Öl auf den Märkten von Guinea verkaufen. Es scheint also doch genügend Öl zu geben. Ich verstehe das nicht, unsere Politiker müssten doch was gegen diese Situation tun. Wie sollen wir denn überleben? Jeden Tag lese ich, wie viele Millionen Dollar nach Sierra Leone geschickt werden, aber wir sehen nichts davon. Wie kann das denn sein, dass wir so viel Unterstützung aus dem Ausland bekommen und es den Leuten jeden Tag schlechter geht? Es gibt ein Sprichwort bei uns, das heißt: a hungry man is an angry man – ein hungriger Mensch ist ein wütender Mensch. Irgendwie ist das ja auch verständlich. Und ich habe ehrlich gesagt Angst, dass wieder alles von vorne anfängt, wenn die UN-Truppen dieses Jahr abziehen.

In den Zeitungen steht manchmal, dass sich noch einige der ehemaligen Rebellen in Liberia befinden sollen und dort angeblich was vorbereiten. Dabei wollen wir hier wirklich keinen Krieg mehr. Aber wenn sich die Lage weiterhin so verschlechtert, dann weiß ich auch nicht. Die

Politiker müssten halt endlich was tun für uns. Die sollten auch mal die Korruption beseitigen. Ich finde es beschämend, wie wir dastehen. Ich selbst würde zwar niemals eine Waffe in die Hand nehmen, aber ich kenne schon einige meiner Freunde, die kämpfen würden, wenn es ihnen dafür dann besser ginge. Trotzdem bete ich jeden Tag darum, dass wir keinen Krieg mehr bekommen. So etwas wie das, was wir hinter uns haben, brauche ich nie wieder in meinem Leben.

Wir sind während des Kriegs hier in Freetown geblieben und nicht geflüchtet. Ich bin ja auch hier in der Stadt und nicht in irgendeinem Dorf geboren. Meine Eltern dachten, hier seien wir in Sicherheit. Der Krieg hat ganz am Anfang sowieso im Nordosten begonnen. Es hat lange gedauert, bis er so richtig zu uns in die Western Area kam.

Als sie dann auch in Freetown gekämpft haben, war es ein einziges Grauen. Ich weiß das noch alles ganz genau. Dauernd hatte man Angst. Dauernd musste man davonlaufen. Und dauernd Fliegerangriffe und Bomben. Wir Zivilisten hatten überhaupt keinen Schutz. Wenn ich als Junge auf die Straße ging, meinten die Kamajohs, ich sei ein Rebell, und die Rebellen meinten, ich sei ein Kamajoh, und die Soldaten haben sowieso jedes Kind verdächtigt. Vor niemandem waren wir sicher. Die Flieger höre ich immer noch, sie flogen ganz tief über der Stadt und vom Meer aus haben sie uns auch angegriffen. Die Angriffe kamen von den ECOMOG-Truppen, den afrikanischen Streitkräften, die uns helfen sollten. Eigentlich sollten sie ja nur die Rebellen bekämpfen, aber natürlich haben sie auch uns getroffen. Wir lebten ja schließlich hier, auch wenn sich einige Rebellen vielleicht in den Häusern verschanzt hatten. Wenn wir uns bei einem Angriff gerade auf der Straße aufhielten, konnten wir uns nirgendwo verstecken. Wir haben nur immer gehofft, dass sie uns nicht treffen würden. Es war eine schreckliche Zeit.

Ich selbst habe immer versucht, mich von allen fern zu halten – obwohl mich die Jungs, die sich in der *Zivilen Verteidigung* organisiert hatten, mehrmals aufforderten, bei ihnen als Kamajoh mitzumachen. Aber ich mag keine Kämpfe. Nach jedem Angriff hatte ich Angst, auf die Straße zu gehen, denn überall lagen Tote und verwundete Menschen herum und ich wusste nie, ob meine Familie noch am Leben war. Es ging andauernd so, wir hatten überhaupt keine Möglichkeit, uns zu schützen. Eigentlich waren alle, die damals in der Stadt geblieben waren, eine Zielscheibe für irgendeine Truppe. Dort, wo ich wohne, war es besonders schlimm. Unser Haus befand sich damals nämlich direkt zwischen den kämpfenden Parteien. Auf der einen Seite hatte die Armee ihr Quartier und auf der anderen Seite hielten sich die Rebellen versteckt. Dauernd wurde geschossen. Und unser Haus lag mittendrin. Es war entsetzlich.

Überhaupt haben wir andauernd in Schrecken gelebt. Einmal zum Beispiel ging ich auf dem Weg zur Pension eine Straße entlang und ein Mann, den ich überhaupt nicht kannte, ging neben mir. Und plötzlich brüllte jemand, irgendein Soundso solle stehen bleiben. Wir gingen einfach weiter. Dann hörte ich plötzlich einen Schuss und der Mann, der eben noch neben mir gegangen war, sank auf der Stelle zusammen. Sie hatten ihn einfach abgeknallt! Ich bin vor lauter Angst ganz langsam weitergegangen und habe mich nicht getraut, mich umzudrehen. Solche Dinge kamen öfter vor. Die riefen irgendeinen Namen, und wenn man nicht stehen blieb, weil man dachte, man sei nicht gemeint, oder weil man es vielleicht nicht gehört hatte oder weil man ganz anders hieß, dann haben die einen einfach erschossen. Erst als ich weiter weg war, habe ich mich dann ganz vorsichtig umgedreht, um zu sehen, woher die Kugel gekommen war. Da sah ich auf der Straßenseite gegenüber einen völlig mit Drogen vollgepumpten Jungen stehen, der mit seinem Gewehr herumfuchtelte, blöd lachte und zu mir herüberwinkte. Ich war damals 12, wir waren vielleicht gleich alt, aber der war völlig unzurechnungsfähig. Natürlich habe ich mich vor denen gefürchtet. Wir alle haben uns vor diesen Wahnsinnigen gefürchtet. Wenn man diesen Jungs in die Augen sah, hatten sie völlig blutunterlaufene, rote Augen von den Drogen. Und sie hatten die Gewehre. Die konnten machen, was sie wollten, und das haben sie auch gemacht. Wir als unbewaffnete Zivilisten hatten überhaupt keine Chance.

An manchen Tagen kam ich erst gar nicht bis nach Hause, weil in den Straßen gekämpft wurde. Wenn sich die Kämpfe auf bestimmte Stadtteile konzentrierten, konnte man überhaupt nicht mehr durch. Die Menschen kamen dann weder hinein noch heraus. An solchen Tagen bin ich hier geblieben, mit den anderen von der Pension. Ich hatte hier schon während des Kriegs zu arbeiten angefangen, damals natürlich noch nicht als Nachtportier, dafür war ich ja noch zu klein, sondern als Boy, zum Putzen und so. Mein Chef hat diese Pension schon vor dem Krieg eröffnet. Dann war sie für einige Jahre geschlossen und dann hat er wieder aufgemacht. Viele Gäste hatten wir damals auch nicht, aber er blieb eben da, was hätte er denn sonst machen sollen? Hier, von dieser Terrasse da, haben wir alles mitbekommen. Eigentlich rede ich gar nicht gern über diese Zeit damals, ich habe so viel Furchtbares gesehen. Es war alles so entsetzlich, am liebsten wäre mir, ich könnte es vergessen, es ausradieren aus meinem Gedächtnis, löschen. Aber das geht natürlich nicht. Diese Bilder werde ich niemals vergessen, wie denn auch? Dem Himmel sei Dank, dass es wenigstens vorüber ist.

Eines Tages begannen damals plötzlich Menschenmassen durch die Straßen zu strömen, direkt hier unten, an unserer Kreuzung vorbei. Die Leute aus dem Osten der Stadt liefen Richtung Westen und die aus dem Westen liefen nach Osten. Es waren Tausende, Frauen und Kinder, und alle hatten sie Bündel auf dem Kopf und ihr ganzes Hab und Gut dabei. Es war ein totales Durcheinander, weil alle nur davonliefen, aber keiner wusste, wohin er laufen sollte. Tagelang ging das so. Das Einzige, was die Menschen damals machen konnten, wenn die Kämpfe näher kamen, war, für Tage zu Verwandten in andere Stadtteile zu flüchten. Wer keine Verwandten in anderen Stadtteilen hatte, konnte nirgendwohin.

Und dann gibt es natürlich noch einen ganz besonderen Tag, an den ich mich ganz genau erinnere: den 6. Januar 1999. Das war der schwärzeste Tag in der Geschichte unserer Stadt. Was ich da mit eigenen Augen gesehen habe, wird mich mein Leben lang begleiten. Es war die absolute Hölle.

An jenem 6. Januar war ich auch hier in der Pension. Ich habe das Schlimmste, was jemals in Freetown während des Kriegs passiert ist, vom Balkon dieser Pension aus mitbekommen. Alles haben wir hier gesehen, wir liegen ja direkt an der Kreuzung. An diesem Tag haben die RUF-Truppen die Stadt gestürmt. Sie hatten schon wochenlang damit gedroht, aber keiner hatte so recht daran geglaubt und dann waren sie plötzlich da. Die Rebellen sind brüllend und schreiend durch die Straßen marodiert, sie sind in beliebige Häuser gestürmt und haben sie einfach angezündet, sie haben um sich geschossen und ihre Macheten geschwungen. Wer ihnen in den Weg kam, den haben sie umgebracht, einfach so. Es war ein einziges Chaos, denn alle Menschen sind in Panik vor ihnen davongelaufen. Ich habe auch gesehen, wie sie einige Frauen packten und wegschleiften, kleine Mädchen waren auch dabei. Die haben sie dann an Ort und Stelle vergewaltigt, hörten wir hinterher. Und hier unten auf der Kreuzung habe ich mit angesehen, wie sie den Menschen die Arme und die Beine abgeschlagen haben und sie dann liegen ließen. Wir waren wie versteinert, es war so grauenvoll. Ich hatte Todesangst, dass sie als Nächstes in unsere Pension stürmen und uns auch alle umbringen würden, aber wie durch ein Wunder sind sie an diesem Haus vorübergezogen.

Die Rebellen waren wie in einem Rausch. Alle Menschen sind wie wild durcheinander gelaufen und haben sich zu retten versucht. Hinterher sind die Überlebenden dann wie verrückt durch die Straßen gerannt und haben ihre Angehörigen gesucht und geschrien, und alle Straßen waren voller Blut. Das ist alles hier unten an der Kreuzung passiert, dann sind die Rebellen Richtung Zentrum weitergezogen und haben dort weitergemordet. Der 6. Januar 1999. Diese Bilder werde ich niemals vergessen. Was damals passiert ist, das wird niemand in Freetown jemals vergessen. Schon deswegen wollen wir keinen Krieg mehr. Nie wieder.«

Der Tee schmeckt bitter. Von der Kreuzung herauf ist ohrenbetäubender Straßenlärm zu hören. Es ist acht Uhr morgens. Außer mir wohnen noch zwei weitere Gäste in der Pension, die ich aber nicht zu Gesicht bekomme. Die Pension wird gerade umgebaut. Idrissa führt die Gästeliste mit Akkuratesse. Pro Übernachtungsgast muss er zwei Formulare ausfüllen. Mit gestochener Handschrift trägt er die notwendigen Daten außerdem in drei verschiedene Bücher ein. Er ist sehr bemüht, dass alles seine Ordnung hat.

Am ersten Morgen serviert er mir höchstpersönlich ein – europäisches – Frühstück auf einem Tablett: ein Stück frisches Brot, ein Spiegelei, ein Stück Dosenwurst. Und als Luxuszugabe Pulvermilch in einer kleinen glänzenden, verschnörkelten Dose. Die Milch ist unerschwinglich für einen Normalbürger, sie kostet ein Zehntel vom Monatsgehalt eines Lehrers. In der Regel wird sie nur Ausländern vorgesetzt. »Eigentlich teilen wir alles hier«, erzählt mir ein Einheimischer ein paar Tage später. »Wenn jemand nichts zu essen hat, isst er eben bei einem Verwandten mit. Aber Milch wird nicht geteilt. Wenn ich mal eine Dose Pulvermilch habe, sperre ich sie weg. Sie kostet schließlich ein Vermögen.«

Der Staub der Baustelle kriecht in alle Ecken der Pension, trotzdem fegt der junge Nachtportier unermüdlich jeden Winkel sauber. Er wischt, putzt, trocknet und wischt wieder. Doch bald bröselt die nächste Putzschicht von der Decke oder der Wind weht erneut den Schmutz der Straße durch die offenen Fenster herein. Idrissa verliert nie die Geduld. Sobald er in einer Ecke fertig ist, fängt er in der anderen wieder von vorne an. Wie er es schafft, bei alldem in einem stets blütenweißen Hemd zu erscheinen und sein elegantes Auftreten zu wahren, bleibt mir ein Rätsel. Der Junge, der ihn ablösen soll, kommt schließlich verspätet. Idrissa hat in der Zwischenzeit die Rezeption auf Hochglanz poliert und das ganze Haus duftet intensiv nach einem wohlriechenden Raumspray, das die vielerlei todbringenden Mücken fernhalten soll, die jedes Jahr tausende von Menschen in dieser Region dahinraffen. Ein alter, zerlumpter Mann kommt durch die Tür und hängt sich mit flehendem Blick an Idrissa. Er murmelt leise. Der Junge zögert erst unwillig, dann rückt er eine Plastiktüte mit Essensresten unter seinem Schreibtisch heraus. Der Alte bedankt sich, verneigt sich und schlurft wieder hinaus. Wenig später liegen die Zeitungen sorgfältig gestapelt auf dem Holztresen und der nun stark übermüdete Nachtportier macht sich auf seinen Heimweg, allerdings nicht ohne mir vorher einen erfolgreichen und gesegneten Tag in seiner Stadt zu wünschen.

***

Kann man sich in den direkt am Meer gelegenen Außenbezirken der Stadt mit ihren breiten Stränden, Palmenalleen, Villen und Golfplätzen noch der Illusion hingeben, dass es mit Sierra Leone eigentlich nur noch bergauf gehen kann, so holt einen spätestens auf der Fahrt in das Zentrum Freetowns die Nachkriegswirklichkeit ein. Überall sind halb verfallene, ausgebrannte Ruinen zu sehen, die überwiegend noch vom 6. Januar 1999 stammen. Ich versuche mir die Ereignisse von damals halbwegs vorzustellen. Es gelingt mir nicht. Dann frage ich John, meinen Fahrer, ob er an diesem Tag auch hier in der Stadt gewesen sei. Er bejaht. Gleich darauf schüttelt er den Kopf, wehrt ab und will nicht daran erinnert werden. »Es war die Hölle«, lautet seine knappe Auskunft, dann schweigt er wieder. Die Bilder dieser Hölle tragen alle hier in sich, Erwachsene ebenso wie Kinder. Und diese Bilder verfolgen sie bis heute.

Die schöne Lage der Stadt, die beschwingten Reggae-Klänge, die aus jedem Auto zu hören sind, stehen jetzt plötzlich in krassem Widerspruch zu der jüngsten Vergangenheit, die hier inmitten des Neuanfangs immer noch an jeder Ecke zu spüren ist. Die Ruinen scheinen mir nicht nur gewichtige Mahnmale eines Bürgerkriegs zu sein, sondern vor allem Zeugen unglaublicher, sinnloser Zerstörungswut.

Auf dem Weg in die Innenstadt kleben neben einer bestialisch stinkenden Müllhalde hunderte winziger Wellblechhütten an einem Hügel. Was zunächst wie ein abgelegener Straßenzug aussieht, entpuppt sich als ganzes Stadtviertel. Der Hügel ist stark abschüssig, irgendwo ganz unten glitzert ein Rinnsal, in dem dutzende von Menschen stehen und ihre Wäsche waschen. Alle paar Meter steigen kleine aschgraue Rauchsäulen in die Luft, die mir den Atem nehmen. Es riecht nach Holzkohle und verbranntem Müll. Frauen mit ihren auf den Rücken gebundenen Babys erklimmen den Hügel und verschwinden zwischen dem Müll. Eine Schar Kinder springt hervor, jeder der etwa Fünf- bis Sechsjährigen trägt Stücke noch verwertbaren Abfalls auf dem Kopf. Die Schar verflüchtigt sich zwischen den Rauchsäulen.

Es ist später Vormittag, die Sonne steht hoch am Himmel und brennt herunter. Ganz Freetown scheint gerade wieder unterwegs zu sein – Stau. Also nehmen wir die Abkürzung, den Hügel hinunter, bleiben aber auch hier stecken, zwischen den Behausungen tausender Vertriebener, die seit Kriegsende buchstäblich hier hängen geblieben sind. John kurbelt angewidert die Fenster hoch und schaltet die Klimaanlage nun so stark ein, dass sie das Wageninnere nicht nur augenblicklich in eine Tiefkühltruhe verwandelt, sondern auch noch den Lärm von außen abhält. Das schottet ab. Doch wir stecken fest, nicht einmal Hupen hilft. Aussteigen ist strengstens verboten. So habe ich keine andere Wahl, als die Wellblechhütten, von denen wir auf Augenhöhe umgeben sind, genauer anzusehen, in sie hineinzusehen. Was sich da vor uns ausbreitet, entspricht keinem Zustand der Armut mehr, sondern einem Elend, für das es noch kein Wort in den Lexika gibt. Wir fahren durch keinen Slum, sondern durch eine Siedlung menschlicher Entwürdigung. Das bloße Hinsehen tut weh.

Kleine verstaubte Kinder erkennen das weiße UN-Auto und kommen neugierig hergelaufen. Ihre Bäuche sind aufgetrieben, ihre Blicke voller Angst. Sie sind noch zu klein, um zu sehen, wer hoch oben in dem Wagen sitzt, sie bleiben nur am Straßenrand stehen, tief verstört. Die Kinder wirken stark unterernährt und schwer krank. Alte Frauen, weitaus mutiger, klopfen an die Scheiben und betteln um etwas Essen. Die Aussicht hier ist beschränkt. Blickt man rings um sich, so klebt eine überfüllte Baracke neben der anderen. Schaut man nach oben, gibt es nichts zu sehen außer Müll.

John sitzt indessen stoisch hinter seinem Lenkrad und blickt angestrengt geradeaus. Er vermeidet es, einem der Menschen, die unser Auto umringen, in die Augen zu sehen. Welten trennen ihn von denen da draußen. Er hat eine Arbeit, eine angesehene Arbeit als Fahrer. Er bekommt ein normales Gehalt. Er ist ein Kreole, in Freetown geboren. Er hat vor dem Krieg die höhere Schule besucht. Er weiß, dass sein Volk, die Kreolen, hier immer zur Oberschicht gehörten, auch wenn sie mit nur drei Prozent Bevölkerungsanteil die kleinste Minderheit im Land bilden. Er weiß, dass die Kreolen in der jetzigen Regierung nichts mehr zu melden haben. Es ist ihm bewusst, dass er eigentlich hätte studieren und Akademiker werden sollen, wäre da nicht der Krieg gekommen. Trotzdem trägt er sein Fahrerdasein mit Würde. Seine Kinder gehen auf die Schule. Aber John weiß auch, dass dieser und ähnliche Hügel seine Behausung sein könnten, wenn er eines Tages den Job verliert, weil die *Internationalen* ihre Büros schließen und das Land wieder sich selbst überlassen. Es sei denn, bis dahin werde sich Wesentliches ändern in der Region.

John ist skeptisch, vielmehr pessimistisch, was die Zukunft seines Landes betrifft. Jedes Mal, wenn sich eine Gelegenheit bietet, setzt er zu einer flammenden Rede über die Misswirtschaft und Korruption in Sierra Leone an. Ich frage ihn daraufhin, ob er schon mal daran gedacht hat, auszuwandern. Aber John liebt seine Stadt und sein Land. »Ich? Nach Europa? Um dort wie der letzte Niemand behandelt zu werden? Nie im Leben«, sagt er selbstbewusst und macht eine abfällige Handbewegung. »Es ist sehr schwer, hier zu überleben, und es wird jeden Tag schwerer, aber wir Afrikaner müssen in Afrika bleiben, wenn wir etwas ändern wollen. Auswandern hilft nichts.«

Der Stau hat sich wieder schlagartig aufgelöst, wir lassen den Hügel hinter uns, biegen um eine Kurve, schlängeln uns steile Gässchen bergauf und Serpentinen bergab, an zart getünchten, stattlichen Häusern vorbei. Zwischen den Villen blitzt immer wieder der tiefblaue Atlantik durch, die Stadt liegt uns zu Füßen. »Und wer wohnt hier?«, frage ich sichtlich beeindruckt. John schmunzelt zufrieden, die Überraschung ist ihm gelungen. »Unsere Regierungsbeamten natürlich. Hier hat es noch bis vor drei Monaten eine Siedlung gegeben, einfache Hütten, nicht so entsetzlich wie die von vorhin, aber immerhin. Hier haben viele Menschen gelebt. Und jetzt sind sie auf einmal alle weg. Keiner weiß, wohin. Stattdessen werden großartige Häuser gebaut. Die Käufer brennen sogar den ganzen Wald ab, damit sie ungestört bauen können. Da, bitte! Dort gegenüber standen vor zwei Wochen noch Bäume. Jetzt ist alles verkohlt. So etwas gehört doch eigentlich verboten. Die vertreiben nicht nur die Menschen, sondern zerstören auch noch die Natur. Aber dafür sind sie ja auch Regierungsbeamte. Ja, es ist eben sehr schwierig in Sierra Leone. Und jeden Tag wird es schwieriger.«

Zurück in der Innenstadt, fahren wir wieder durch die Reste dessen, was der Krieg übrig gelassen hat: eine intakte, pinkfarbene katholische Kirche, daneben ein völlig ausgebranntes Hochhaus, zerbombte Kolonialgebäude, die Trümmer verschiedener Moscheen, zerstörte Markt- und Lagerhallen aus der Zeit der Briten, Schutt, kärgliche Reste ausgebrannter Schulen. Das zartgrüne Zentralkrankenhaus, ebenfalls aus der Kolonialzeit, das einmal wunderschön gewesen sein muss, hängt jetzt wie ein schiffbrüchiger Dampfer windschief und verrottet direkt auf einem Felsen über dem Meer. »Ist das noch in Betrieb?«, frage ich entsetzt. »Aber natürlich«, meint John. »Es ist unsere wichtigste Klinik hier.« Neben dem Gebäude entdecke ich eine große rostbraune Wellblechhütte: »Eingang zur Blutabnahme« steht darüber.

Auf den Straßen haben die Buchhändler ihre mobilen Stände aufgebaut. Einen richtigen Buchladen gibt es nicht mehr. Um Zugang zu einer Bibliothek zu haben, muss man an der Universität eingeschrieben sein. Ein Privileg auch dies, sind doch die Studiengebühren für die meisten unerschwinglich. Kultur ist ein Fremdwort und findet nicht statt. Theater gibt es keine, auch keine Ruinentruppen. Kinoliebhaber müssen mit privaten Räumen vorlieb nehmen, in denen Videokassetten abgespielt werden. Auf dem Programm steht vorwiegend amerikanisches Action-Kino. Die ganze Kreativität der Jugend Sierra Leones hat sich zurzeit auf die Musik konzentriert, auf scharfzüngige Texte und Rhythmen, die ins Ohr gehen.

Es ist nun unerträglich heiß und die ganze Stadt ist in Dunst gehüllt. Im Stadtzentrum riecht es nach Moder, Mottenkugeln und Kerosin. Die Kinder, mit ihrem Warenangebot auf den Köpfen, wirken hier aggressiver. Halb nackt, ausgezehrt und ruhelos laufen sie die Straßen hinauf und hinunter, um ihre Sachen loszuwerden. Im Angebot haben sie riesige Büschel Kartoffelblätter, eine der Lieblingsspeisen der Nation, gebratenen Fisch, Gemüse. Über die Hauptstraße kommt ein vielleicht Achtjähriger auf uns zu, der einen ganzen zersägten Baumstamm auf seinem Kopf transportiert. Hinter ihm gehen ein paar kleine Mädchen mit randvollen Wassereimern aus Blech. Andere Kinder sehe ich frisch gebackenes Brot verkaufen. Die Kleineren versuchen wieder mit Kaugummis ihr Glück. Aus einem der Trümmergrundstücke kommt ein Rudel Halbstarker heraus. In ihrer Mitte marschiert ihr Anführer und schwingt übermütig eine Machete. Mir scheint die Vergangenheit zum Greifen nahe, doch kein Mensch beachtet ihn.

»Viele der Kinder, die hier auf den Straßen herumhängen oder Ware verkaufen, haben eigentlich eine Familie«, erzählt mir Stephen, der Programmkoordinator bei NMJD (*Network Movement for Justice and Democracy*), einer nationalen Menschenrechtsorganisation, später.

»Aber sie laufen von zu Hause weg, weil sie die Misshandlungen nicht mehr aushalten. Man macht sich gar keine Vorstellung, wie weit verbreitet die häusliche Gewalt bei uns ist. Nicht nur in Sierra Leone, sondern in der ganzen Region. Die Gewalt wendet sich nicht nur gegen Frauen, sondern eben sehr häufig auch gegen Kinder. Sie werden von ihren Eltern verprügelt, getreten, eingesperrt, an den Haaren herumgezerrt und angeschrien. Manche der Kinder haben so eine Angst vor zu Hause, dass sie einfach abhauen. Wenn wir sie dann auflesen, erzählen sie uns das auch. Aber sie lügen uns auch an, geben einen falschen Namen an, sagen, sie wüssten nicht, wo sie wohnen, nur damit wir sie nicht zu ihren Eltern zurückbringen. Sie ziehen es vor, auf der Straße zu leben.

Das ist ein sehr bedauerlicher Zustand und wir stehen mit unserer Aufklärungsarbeit noch ganz am Anfang. Im Übrigen sind Misshandlungen hier auch an den Schulen üblich. Für die Lehrer gehören Schläge zum normalen Unterricht. Das haben uns übrigens noch die Engländer so beigebracht, wir haben es übernommen und bis heute so beibehalten. Es sind uns leider auch zahlreiche Fälle bekannt, in denen die Lehrer die Kinder sexuell missbrauchen, vor allem die Mädchen. Da muss noch sehr viel Aufklärung betrieben werden. Unsere Gesellschaft hat keinen Respekt vor dem Kind als eigenständigem Menschen. Kinder sind wichtig und zahlreich, weil sie das Überleben und den Status der Familien absichern. Aber man achtet sie nicht. Die Kinder hier sind, wie die Frauen, nur Bürger zweiten Grades. Ich glaube, das ist ein Verhalten, das tief in unserer Kultur verwurzelt liegt. Die Eltern dieser Kinder sind ja auch nicht anders aufgewachsen.

Gegen den sexuellen Missbrauch hat unsere Regierung nun wenigstens ein strenges Gesetz erlassen. Die Täter kommen für mindestens sieben bis maximal 14 Jahre ins Gefängnis. Und es ist auch kein Tabu mehr, so einen Menschen anzuzeigen. Er wird in seiner Gemeinschaft, im Dorf oder in der Stadt, nicht mehr akzeptiert. Das bewerten wir schon als Fortschritt. Aber bis wir die Leute dahin gehend umerzogen haben, auch keine körperliche Gewalt mehr gegen ihre Kinder anzuwenden, ist es noch ein weiter Weg.«

Die NGO führt ihre Aufklärungsprogramme in minutiöser Kleinarbeit durch. Gesprächsgruppen in Wohnvierteln werden organisiert, Workshops im Rahmen von interreligiösen Dialogveranstaltungen gegeben. Über Radio werden Hörspiele zum Thema Achtung der Menschenrechte gesendet, an öffentlichen Plätzen und bei Festen Sketche aufgeführt. Ich frage Stephen, was denn sein persönliches Umdenken bewogen habe, wieso er sich als Sohn eines Dorfältesten ausgerechnet für die Menschenrechte interessiere.

»So sonderbar es klingt, aber diese Sensibilisierung haben wir dem Krieg zu verdanken. Zum einen hat sich während dieser Zeit so viel ungeheuerliche Gewalt ausgetobt, dass wir uns als Volk gezwungen sahen, darüber nachzudenken und nachzuforschen, woher sie kam. Und dann wurden von den internationalen Organisationen verschiedene Programme dazu implementiert, in den Flüchtlingslagern, aber auch in den Städten. Wir haben über Gewalt geredet und darüber, wie man Konflikte ohne Anwendung von Gewalt lösen kann.

Wenn hier einer zuschlägt, dann ist meist eine Beleidigung im Spiel. Es ist nur so, dass sich die Leute hier sehr schnell beleidigt fühlen. Das liegt nicht zuletzt an ihrer verzweifelten Lage. Die Toleranzschwelle den anderen gegenüber ist niedrig, das sieht man ja auch im Straßenverkehr. Aber es müssen eben andere Formen gefunden werden, damit umzugehen. Und in den Familien fängt es an. Wie soll ein Kind denn zu einem verantwortungsvollen Menschen heranwachsen, wenn es dauernd nur missachtet wird? Kinder spüren das, und viele sind inzwischen so selbstbestimmt, dass sie eben von zu Hause davonlaufen.«

Wieder zurück von meinem Ausflug in die Innenstadt verstehe ich, warum die Menschen lieber in Aberdeen wohnen statt in einer der stickigen, lauten Gassen des Zentrums. Sogar die Leute, die hier in bescheidenen Hütten leben, residieren privilegiert. Zumindest weht stets eine sanfte Brise vom Meer herüber.

## *Ich bin einfach losgelaufen*

Am nächsten Tag lerne ich bei einer der UN-Organisationen zwei Jugendliche kennen. Sie sind so genannte *Unbegleitete Minderjährige*, Flüchtlinge aus Liberia, die es nach Freetown verschlagen hat, weil sie glaubten, dort eine weiterführende Schule besuchen zu können. Eine fatale Fehleinschätzung, wie sich bald herausstellte, denn allein reisende Flüchtlingskinder unterstehen keinem direkten Programm und Schulbesuch kann von der UN ohnehin nur für die Grundschüler gewährleistet werden. Nun hängen sie in Sierra Leones Hauptstadt fest und schmieden Zukunftspläne. Ihr Status ist ungewiss. Als was sie sich fühlen und wie sie sich bezeichnen, als Flüchtling oder Zugereister, hängt letztlich von ihrem jeweiligen Lebensgefühl ab, und das wechselt täglich.

Der 17-jährige Melvin hat eine befristete Anstellung als Houseboy gefunden, er kümmert sich um den Garten eines Anwesens, reinigt die Böden und passt auf, dass keine unerwünschten Gäste das Grundstück betreten. Sein gleichaltriger Freund Joseph füllt seine Tage mit einem ehrenamtlichen Engagement in einem Kirchenchor aus. Es stellt sich heraus, dass beide Heimweh nach Monrovia haben. Beide wollen, wenn schon kein Schulbesuch möglich ist, irgendwie zu Geld kommen, um nach Hause zurückzukehren oder sich eine Zukunft aufzubauen.

MELVIN, 17:

»Ich bin jetzt seit August 2003 hier in Freetown. Ich bin aus Liberia geflüchtet, als im letzten Sommer die Kämpfe in Monrovia auf ihrem Höhepunkt waren. Zu verlieren hatte ich nichts, denn meine Eltern sind schon vor zehn Jahren verschwunden, da war ich sieben. Sie sind eines Tages einfach nicht mehr nach Hause zurückgekommen. Ich denke mal, man hat sie umgebracht. Sie sind wahrscheinlich tot. Meine Eltern waren beide Lehrer, wir waren eine gut situierte Familie. Ich weiß noch, wie sie mich als kleines Kind verwöhnt haben. Ich bin der Jüngste, außer mir gibt es noch zwei ältere Schwestern. Ich habe mein Leben sehr genossen als Kind, ich dachte, das würde immer so weitergehen. Ich hätte mir nie vorstellen können, dass wir mal eines Tages ganz allein dastehen. Nun ja, damals war ich ja auch noch klein, aber trotzdem kann ich mich noch ganz genau an meine Mutter und an meinen Vater erinnern. Ich hatte eine glückliche Kindheit. Genug zu essen, eine schöne Familie und Freunde zum Spielen. Und in der Schule war ich auch schon. Monrovia ist sowieso ganz anders und um vieles besser als Freetown. Liberia ist ohnehin um Klassen besser als Sierra Leone, in jeder Hinsicht. Bei uns gibt es zum Beispiel überall gepflasterte Straßen, nicht diese staubigen Sandwege wie hier. Bestimmt hat der Krieg dort jetzt auch alles zerstört, aber trotzdem gefällt es mir in Liberia einfach besser, es ist eben meine Heimat.

Ja, also, meine Eltern sind damals nie mehr wiedergekommen, es hat sie auch niemand gefunden. Am Anfang dachten wir noch, sie wären geflüchtet in ein Lager – aber ohne uns mitzunehmen? Das ist unwahrscheinlich. Es gibt auch kein Grab und wir haben nie eine Todesnachricht bekommen. Ich glaube trotzdem nicht, dass sie noch am Leben sind, sie hätten uns nie zurückgelassen. Als wir dann zu dritt alleine waren, haben sich erst mal meine beiden älteren Schwestern um mich gekümmert. Wir blieben einfach in unserem Haus wohnen. Die Nachbarn haben uns mit dem Essen geholfen und irgendwie sind wir dann in ein Flüchtlingslager nach Guinea gekommen. Aber ich weiß nicht mehr, wie das zuging. Vielleicht hat uns einer der Nachbarn dorthin geschickt oder meine Schwestern haben uns eingewiesen. Seit dem Tag, an dem meine Eltern weg waren, habe ich nämlich wie in einem Traum gelebt. An die Zeit im Flüchtlingslager kann ich mich noch erinnern, sie war nicht schön. Wir wurden von den Guineern nicht gut behandelt, jedenfalls ich habe mich dort nicht wohl gefühlt. Außerdem sprechen die ja nur Französisch, und wer ihre Sprache nicht spricht, auf den schauen sie sowieso herab. Als die schlimmsten Unruhen vorbei waren, sind wir dann wieder nach Monrovia zurück und haben bei einem Verwandten gewohnt. Ja, und dann ist der Krieg wieder schlimmer geworden und ich musste wieder fliehen. Meine Schwestern sind diesmal nicht mitgekommen, ich bin allein davon, letztes Jahr. Sobald man hörte, dass die Milizen näher kamen, gab es sowieso nur noch eins: abhauen.

Überall in der Stadt hat es gebrannt. Ich bin einfach losgelaufen, aus der Stadt raus. Wir waren viele. Am Stadtrand von Monrovia standen auch Milizen, Jugendliche in meinem Alter, aber denen habe ich einfach zugerufen, ich sei Schüler, und sie haben mich ohne weiteres vorbeigelassen. Wenn man keine Waffe dabeihatte, ließen sie einen immer durch. Die waren nicht so wie die Rebellen hier in Sierra Leone mit den Amputationen und so. Wenn einen die loswerden wollten, haben sie einen gleich fertig gemacht. Auf der Stelle, ohne großes Hin und Her. Gemeinsam mit den anderen Flüchtlingen bin ich dann in den Busch. Dort haben wir uns erst einmal ein paar Tage versteckt. Dann sind wir zu Fuß weiter, durch den Dschungel, über die Grenze nach Sierra Leone. Und hier hat man uns schließlich im Flüchtlingslager registriert. Aber ich wollte nicht wieder in ein Camp. Außerdem dachte ich, wenn ich nach Freetown gehe, kann ich wieder auf eine Schule. Aber das ging nicht. Hier muss man hohe Gebühren bezahlen, das wusste ich nicht.

Ich will so bald wie möglich wieder zurück. Hier verschwende ich nur meine Zeit. Und es ist sehr hart, wenn man so gar keinen kennt. Am Anfang habe ich auf der Straße geschlafen, dann traf ich auf ein paar Leute aus Monrovia, die auch nur in einer Hütte wohnen. Die haben mir zwar einen Schlafplatz auf dem Boden angeboten, aber wohl fühle ich mich dort nicht. Als ich gemerkt habe, dass das mit der Schule nichts wird, habe ich mich gleich um einen Job bemüht. Dabei haben mir die vom Flüchtlingswerk geholfen. Jetzt lege ich so viel Geld wie möglich beiseite, damit ich bald wieder heim kann. Ich muss doch jetzt auch für meine Schwestern sorgen, ich bin doch der einzige Mann in unserer Familie. Die beiden leben noch, Gott sei Dank. Mein Job gefällt mir nicht, aber ich wollte auf gar keinen Fall eines dieser Straßenkinder werden. Ich sehe sie doch täglich, wie sie rumhängen und nichts zu tun haben. Nein, das ist kein Leben. Lieber schlafe ich in einer Hütte bei fremden Leuten auf dem Boden, als auf der Straße zu wohnen. Immerhin komme ich aus einer guten Familie. Ich bin oft sehr traurig, wenn ich an all das denke, was mir passiert ist. Und ich habe so ein Heimweh nach Monrovia. Das Einzige, was mich tröstet, ist, dass ich trotz allem am Leben bin. Ich weiß, dass das Leben sehr kostbar ist. Und ich danke dem Herrn im Himmel, dass er mich am Leben gelassen hat. Ich bin auch davon überzeugt, dass es einen Grund dafür gibt, warum ich das alles durchmachen musste. Denn es steht geschrieben: ›Der Tag wird kommen!‹ Ja, das hält mich aufrecht. Die Gerechtigkeit wird eines Tages siegen. Dafür wird Gott sorgen. Wir brauchen uns nicht um Rache zu kümmern. Rache interessiert mich überhaupt nicht. Ich weiß es ganz genau. Wir müssen eben nur Geduld haben. Und warten, bis die Gerechtigkeit kommt. Ich jedenfalls will so bald wie möglich wieder heim. Jetzt haben sie ja auch in Liberia den Waffenstillstand ausgehandelt, oder? Dann wird doch auch bei uns der Frieden kommen? Hier komme ich jedenfalls nicht weiter. Das mit der höheren Schule wird hier nichts mehr. Vielleicht gelingt es mir, so viel Geld zu sparen, dass ich dann wenigstens in Monrovia einen Beruf erlernen kann. Vielleicht werde ich Buchhalter oder so. Nur eins steht fest: Ich will nie wieder in meinem ganzen Leben irgendwo als ein Vertriebener oder als Flüchtling leben müssen. Das ist nämlich ein sehr hartes Dasein. Und die Menschen hier sind gar nicht nett zu uns. Ich will künftig in meinem eigenen Zuhause leben und etwas für mich und für meine Schwestern tun.«

Auf meine Frage, welcher Religion er angehöre, sagt Melvin, er sei ein »Neugeborener Christ« und strahlt. Er habe diese Kirche hier in Freetown gefunden, sie sei das einzig Gute außer seinem Job, das ihm hier widerfahren sei. Wenig später kommt er zurück und bringt mir zwei kleine Heftchen mit. Ob ich etwas Lektüre möchte? Er hält zwei Ausgaben von »Erwachet« in den Händen. Dass er bei den Zeugen Jehovas gelandet ist, ist ihm gar nicht bewusst. Er weiß nicht genau, wer die Zeugen Jehovas sind. Aber die Heftchen seien wirklich gut, sagt er, eine aufbauende Lektüre.

Melvins bester Freund Joseph gesellt sich zu uns. Er sieht die Dinge anders. Joseph hat zwar keinen Job und kein Geld und auf die Schule kann er auch nicht, aber er hat Freunde gefunden in der fremden Stadt, Einheimische. Er versucht, sich zu integrieren. Es gefällt ihm hier. Er hat Kontakte geknüpft, ist aufgeschlossen und hat sich als Freiwilliger bei einem der zahlreichen Kirchenchöre in seiner Nachbarschaft gemeldet. Fast täglich besucht er seinen Landsmann und versucht – vergeblich –, diesen ein wenig aufzumuntern.

JOSEPH, 17:

»Ich habe hier bisher nur Glück gehabt. Ich singe sehr gerne und meine Freunde sagen sogar, ich singe sehr gut. Deshalb haben sie mich überredet, in einen Chor zu gehen. Die Leute vom Chor haben mich sofort gemocht. Die haben mir auch eine Unterkunft besorgt und ich habe dadurch in Freetown viele nette Menschen kennen gelernt. Was bringt es denn, wenn man sich andauernd nur selbst Leid tut? Wenn ich schon als Flüchtling wohin komme, dann muss ich eben eine offene Haltung den Menschen gegenüber bewahren. Ich bin auch im August 2003 hierher gekommen. Auch zu Fuß geflohen. Und ja, ich habe auch gehofft, hier auf eine Schule gehen zu können, aber wenn das wirklich ganz unmöglich ist, dann gehe ich eben wieder nach Monrovia zurück. Bis dahin möchte ich jedenfalls meine Zeit hier ausnutzen, Musik machen, neue Freunde finden, mich in diesem Land zurechtfinden. Vielleicht bleibe ich auch hier. Es wird sich schon ein Weg finden. Ich habe jedenfalls viel vor und niemand wird mich davon abhalten, meine Pläne zu verwirklichen. Es wird bestimmt nicht leicht, aber ich glaube, wenn man sich etwas ganz fest wünscht, dann geht es auch in Erfüllung. Ich möchte nämlich Arzt werden. Das ist mein höchstes Ziel. Und ich sehe mich! Es ist überhaupt ganz wichtig, dass man sich selbst in der Zukunft sieht. Medizin gefällt mir, weil ich den Menschen helfen will. Außerdem war ich in den naturwissenschaftlichen Fächern schon immer sehr gut. Aber bis ich mal Arzt bin, ist es noch ein weiter Weg. Und deshalb werde ich vorher versuchen, einen Schulabschluss zu bekommen und einen Beruf zu erlernen, irgendwas mit Wirtschaft oder so, damit ich mich ernähren kann. Und sobald ich genügend Geld habe, gehe ich auf die Universität, hier oder in Monrovia, und dann werde ich Medizin studieren. Das sehe ich ganz genau vor mir. Und falls das alles nichts werden sollte, habe ich immer noch die Musik, die Gospelsongs. Ich könnte immer in einem Kirchenchor singen. So kann man auch überleben.

Also ich finde, es hat überhaupt keinen Sinn, wenn man sich heutzutage nur auf eine Sache versteift. Man muss immer mehrere Standbeine haben, falls mal was schief läuft. Mehrere Standbeine und einen großen Traum, genau. Ich weiß, dass ich alles schaffen kann. Aber ich kann jetzt nicht einfach so nach Monrovia zurück, ohne Mittel. Ich hätte ja nicht mal einen Platz, um dort zu wohnen. Unser Haus wurde zerstört. Wo meine Familie ist, weiß ich nicht, ich bin auf mich gestellt und man braucht doch immer einen festen Plan im Leben. Einfach zurückgehen, bloß weil man vielleicht Heimweh hat, das bringt doch nichts.

Wenn ich könnte, würde ich gerne nach Amerika gehen und dort Medizin studieren. Wir hier in Afrika haben zwar in vielen Ländern keinen Strom und die Wege in die Schule sind oft sehr weit, aber viele von uns lernen trotzdem gerne und sind gute Schüler, auch wenn wir gar keine guten Bedingungen haben. Ich habe mal gehört, dass es in Amerika Leute geben soll, die nicht mal wissen, wo Afrika auf der Landkarte zu finden ist. Und das ist eine Großmacht! Also wirklich. Deshalb könnte ich mir denken, dass es für uns, die wir viel härtere Bedingungen gewöhnt sind und trotzdem was leisten wollen, in Amerika doch eigentlich einen Platz geben müsste, oder? Aber ich kenne niemanden in Amerika. Und wenn man dort niemanden kennt, dann ist es wahrscheinlich aussichtslos. Jedenfalls ist es mein größter Wunsch, Arzt zu werden. Und ich werde Arzt!«

Joseph lädt seinen Freund ein, ihn doch mal in der anderen Kirche zu besuchen, aber Melvin ist sehr bemüht, jeden weiteren Kontakt mit seinem Gastland zu vermeiden. Und er ist so deprimiert, dass er sich außer für sein Heimweh für nichts anderes mehr interessiert.

***

Die Soldaten der Armee Sierra Leones haben von den neuen Regierungsverhältnissen in ihrem Land noch nicht sonderlich profitiert. Seit der Krieg zu Ende ist, bewohnen sie wie die Aussätzigen der Nation schäbige Baracken am Rand der Städte. Weiter im Landesinneren sind diese Behausungen keine Baracken mehr, sondern nur noch notdürftig zusammengezimmerte Wellblechverschläge.

Die Menschen trauen ihnen nicht mehr. Während die Truppen der Vereinten Nationen als Garanten für den momentanen Frieden angesehen werden, wird hinter jedem einheimischen Soldaten ein potenzieller Gewalttäter vermutet. Man wirft ihnen vor, ihr Land bei Kriegsbeginn nicht ausreichend beschützt und später mit den Rebellen zusammengearbeitet zu haben. Man wirft ihnen vor, bei den Massakern unter der Zivilbevölkerung tatenlos zugesehen, ja sogar, diese oftmals selbst inszeniert zu haben. Heute steht fest, dass es auf allen Seiten gleichermaßen viele Täter und Opfer gegeben hat, trotzdem führen die Soldaten und ihre Familien das Leben von Ausgegrenzten.

Während des Kriegs, als die Rebellen immer weiter vorrückten und Dorf für Dorf in einen Haufen glühender Asche verwandelten, organisierten zahlreiche Ortschaften ihre eigene Miliz. Diese *Civil Defence Forces* (CDF) oder Kamajohs, wie sie unter den Einheimischen genannt werden, sollten ursprünglich im Kampf gegen die Rebellen mit der Armee zusammenarbeiten und als Zivilisten die Truppen vor Ort verstärken. Viele dieser Kamajohs waren Kinder und Jugendliche und auch die Armee rekrutierte Kinder als Freiwillige, sofern sie zu kämpfen bereit waren. Man brauchte Verstärkung um jeden Preis. Es gibt sogar zahlreiche Kinder, die während des Konflikts aus den Fängen der Rebellen befreit wurden, nur um von der Armee umgehend wieder ein Gewehr in die Hand gedrückt zu bekommen.

Von den Reintegrationsprogrammen für ehemalige jugendliche Mitglieder bewaffneter Vereinigungen, die die Regierung seit Kriegsende implementiert hat, haben bisher vorwiegend zwei Gruppen von Kindersoldaten profitiert. Zum einen jene, die von den Rebellentruppen zwangsrekrutiert wurden, und zum anderen diejenigen, die bei der freiwilligen Miliz, den Kamajohs, mitgemacht hatten. Die Kinder der Berufssoldaten, deren Väter oftmals nicht davor zurückschreckten, ihre eigenen Söhne und Töchter für den Kriegsdienst zu verpflichten, führen bis heute ein Schattendasein. Schließlich gehörten Kämpfen und Töten zum Soldatenalltag, und selbst wer als Kind oder Jugendlicher in das Kriegsgeschehen involviert war, bedarf in den Augen der Armee keiner gesonderten psychologischen Betreuung. Der Alltag erscheint diesen Kindern heute um vieles härter als ihr Dasein während des Kriegs.

Die Truppeneinheiten, die regelmäßig innerhalb des Landes verlegt werden, ziehen mittlerweile wie ein Heer heimatloser Nomaden von Provinz zu Provinz. Die Sprachen, die in den verschiedenen Distrikten gesprochen werden, unterscheiden sich voneinander. So bleiben zahlreiche Soldatenkinder in ihren Hütten sitzen, weil sie der jeweiligen Sprache, die gerade um sie herum gesprochen wird, nicht folgen können. Die Väter hingegen, befragt, warum sie nicht alleine durchs Land ziehen und ihre Familien an einem stabilen Ort wohnen lassen, antworten resigniert: »Wir haben ja sonst nichts, außer unseren Familien.« Vom Soldatenkind zum Kindersoldaten ist es daher oft nur ein kleiner Schritt.

In meiner Nähe sind ebenfalls Einheiten der Armee untergebracht. Und auf meinen täglichen Streifzügen durch die Nachbarschaft begegnen mir immer wieder die gleichen Kinder. Gar nicht scheu, laufen sie her und fragen jedes Mal, ob sie mich begleiten dürfen. Manchmal sind es fünf, manchmal zehn und mehr. Die Erwachsenen, die unter den Mangobäumen am Straßenrand sitzen, amüsieren sich dabei sichtlich über den vorbeiziehenden Trupp. Die Kleinsten sind meist drei und vier, die Größeren zehn und zwölf Jahre alt. Doch jedes neu hinzukommende Nachbarskind, das sich uns anschließen will, wird sofort scharf zurechtgewiesen. Das Sagen hat, wer gerade an der Hand der weißen Frau gehen darf, und so geht es streng hierarchisch nach hinten. Meine Versuche, auch mal andere Kinder nach vorn zu lassen, scheitern an den krampfhaften Umklammerungen und den schrillen Schimpftiraden der älteren Mädchen. Es gefällt ihnen, mir ihr Viertel zu zeigen, sie fühlen sich wichtig.

Ob sie in die Schule gehen, frage ich, da ich sie zu jeder Tageszeit auf der Straße sehe. »Ja!«, antworten alle wie aus einem Munde. Gut, ob sie denn auch schon lesen und schreiben könnten, frage ich weiter. »Ja!«, tönt es einhellig zurück, auch die Kindergartenkinder bekräftigen ihr Wissen mit einem überzeugten Kopfnicken. Wir setzen uns an einen schattigen Platz. Hauptattraktion für die Kinder ist mein gelber Notizblock mit dem großen Kugelschreiber. Die voll geschriebenen Seiten werden ehrfürchtig begutachtet.

»Bist du auch ein Soldat?«, platzt Martine plötzlich heraus. Ich traue meinen Ohren nicht. »Wieso, sehe ich denn aus wie ein Soldat?« »Nein, aber du arbeitest die ganze Zeit. Du gehst von Ort zu Ort, wie die Soldaten. Du kommst und dann gehst du wieder, wie die Soldaten.« »Aber ich habe doch kein Gewehr!«, verteidige ich mich hilflos. »Doch«, sagt Martine im Brustton der Überzeugung, »dein Stift ist dein Gewehr!«

»Und ihr geht also alle in die Schule?«, komme ich fassungslos wieder zum eigentlichen Thema zurück. »Ja«, sagen jetzt nur noch drei von den fünf, und schon bedeutend leiser. Ich gebe ihnen meinen Block, sie sollen mir etwas hineinschreiben. Der leuchtende Kugelschreiber reizt sie zwar sehr, aber die Mädchen trauen sich nicht. Schließlich fasst sich Martine, die Größte, ein Herz: »Von uns allen kann nur eine schreiben und lesen. Das ist Moumi, unsere mittlere Schwester. Wir sind fünf Geschwister. Aber nur eine von uns darf zur Schule gehen.«

Ich schenke jeder einen einfachen Kugelschreiber und lade sie ein, mit mir Buchstaben zu malen. Von der Idee sind sie begeistert. Den Stift geben sie sofort zurück. Er sei zu wertvoll, sagen sie. Sie hätten Angst, ihn zu verlieren, und außerdem Angst, dass man ihnen den Stift wegnimmt. Ich sage, ohne Stift könne man aber nicht schreiben lernen. Sie sehen es ein und halten die Kugelschreiber fest, als hinge ihr Leben davon ab. Dann fangen wir an. Die siebenjährige Moumi stürzt sich als Erste auf das Papier und präsentiert uns freudestrahlend eine Reihe ABC. Ihre vier Schwestern sind beschämt.

***

Die Märkte im Umkreis der Armeesiedlungen verströmen einen ganz eigenen Charme. Die Ware liegt am Straßenrand auf dem Boden, die Händler haben sich jeweils zwischen zwei Brettern verschanzt. Ihr Angebot ist ganz auf den Bedarf der Truppen ausgerichtet, und der verlangt sichtlich nach der Illusion von einer heilen Welt.

Ich finde verschnörkelte Spiegel in allen Größen und Formen, auf denen christliche Kitschmotive abgebildet sind: Jesus, auf sein offenes, blutendes Herz zeigend; Maria auf einer Wolke, von bunt schillernden Sternen umgeben; ein Heiliger mit schmachtendem Blick. Daneben gibt es für die Muslime Koransuren in Kalligraphie und vielerlei farbenfrohe Glücks- und Segensbringer. Seidenblumen sind im Sortiment, vorzugsweise in den Farben Gelb und Pink. Auch Hausrat kann man erwerben: Töpfe, Tiegel, Plastikschüsseln, überbreite Doppelbetten und Stühle. Daneben liegen Ziegelsteine und Video- und Musikkassetten. Und etwas weiter hinten hat sogar ein Goldschmied seine Werkstatt eröffnet, einen Holzverschlag von maximal zwei Quadratmetern. Er selbst sitzt schwarz und unsichtbar im dunklen Inneren und rührt mit einem kleinen Löffel in einem Tiegel herum. An dem Löffel klebt das Gold. Der Künstler hinter dem Löffel hingegen ist nur als völlig ausgezehrter Schatten zu erahnen.

Später, zu Gast bei einigen der hier lebenden Soldaten, treffe ich wieder auf Bestandteile der ersehnten Geborgenheit. Der vielleicht zehn Quadratmeter kleine Wohnraum ist geschmückt mit üppig arrangierten Seidenblumen in großen Vasen, diversen Heiligenpostern an den Wänden und Fußbodenfliesen in kunstvollem Blumenmuster. Auch hier überwiegt die Farbe Pink.

»Der Frieden ist ja schön und gut«, kommentiert bei meinem Besuch ein Offizier der Infanterie die Lage seines Landes skeptisch. »Aber was bringt uns der Frieden, wenn wir nicht überleben können? Wir leben in ärmeren Verhältnissen als je zuvor. Ich frage mich, warum wir uns zehn Jahre lang bekämpft haben, wenn andauernd alles schlechter wird.« »Und die Toten, sind die alle umsonst gestorben?«, frage ich ihn. »Es war Krieg«, antwortet er lapidar. »In jedem Krieg sterben die Leute umsonst.« Und seine Kinder? Will er die auch mal in der Armee sehen? »Ja, schon, es ist doch ein gutes Gefühl, wenn man etwas Wichtiges für sein Land tun kann.« »Mit dem Gewehr?«, frage ich. »Warum nicht mit dem Gewehr?«, sagt er und lacht.

Er verstehe die Lehrer, die Extragebühren kassierten. Wie sollten sie denn sonst über die Runden kommen? Und er verstehe die Staatsbediensteten, die Schmiergelder einstrichen, weil sie mit ihrem Gehalt nicht mal sich alleine ernähren könnten. »Wir werden gezwungen zur Korruption, leider. Wie, bitte schön, soll denn eine mehrköpfige Familie mit 35 Dollar im Monat auskommen? Es geht nicht. Deswegen muss man sich eben anderweitig zu helfen wissen.«

Nun, wo Frieden herrscht, haben die Soldaten nicht viel zu tun. Sie sitzen herum und versuchen mit Nebenjobs ihren kärglichen Sold aufzubessern. Sie warten auf bessere Zeiten, auf einen Wasseranschluss für ihre Hütten, auf Strom, auf die Einlösung von Versprechungen der Regierung, die längst verjährt sind. »Manchmal glaube ich, wir alle hier sitzen in einem großen Wagen«, sagt der Offizier schließlich resigniert, während er mich noch ein Stück des Wegs begleitet. »Derselbe Wagen, derselbe Fahrer, dieselben Passagiere. Und dauernd fahren wir im Kreis.« Wie lange sich die Armee das so noch gefallen lassen wolle, frage ich ihn zum Abschied, ohne zu putschen oder zu revoltieren? Er schaut mich hellwach an und schweigt.

# VERTRIEBENE

## *Hier ist alles ganz fremd für mich*

MOMOH, 10:

»Ich fürchte mich immer noch sehr. Hier in der Stadt ist nämlich alles ganz fremd für mich. Ich lebe jetzt bei meiner Tante. Sie hat mich bei sich aufgenommen. Da drüben, in der Hütte dort, wohnen wir. Sie ist eigentlich schon nett zu mir, aber ich habe trotzdem große Sehnsucht nach meiner Mama. Das kann ich meiner Tante natürlich nicht sagen. Es würde sie beleidigen. Meine Mama ist jetzt wieder in unserem Dorf, dort sind auch meine anderen Geschwister und Freunde. Hier habe ich noch keine richtigen Freunde gefunden. Manchmal darf ich mit den Jungs aus der Straße hier Ball spielen, das macht schon viel Spaß. Nur, so viel Zeit zum Spielen habe ich auch wieder nicht, weil ich meiner Tante jeden Tag helfe. Sie ist schon alt. Ich verkaufe Bananen für uns, in den Straßen. Einen festen Platz habe ich dafür nicht. Ich gehe so lange durch die Stadt, bis ich sie alle verkauft habe. Schließlich lässt sie mich ja bei sich wohnen und sie hat doch selbst nichts.

Eigentlich wäre ich viel lieber in meinem Dorf als hier in der Stadt, aber es gibt dort keine Schule mehr und meine Mama möchte unbedingt, dass ich zur Schule gehe. Ich will das auch, ich wünsche es mir sogar sehr. Wenn ich Glück habe, kann ich vielleicht wirklich bald in eine Schule gehen, das wäre wunderschön. Es hängt davon ab, ob meine Tante genügend Geld dafür hat. Aber ich glaube schon, jedenfalls hat sie so etwas gesagt. Dann gehe ich eben nach der Schule für sie Bananen verkaufen. Das macht mir nichts aus.

Ich will mich eigentlich überhaupt nicht an die Zeit von damals erinnern, denn ich bekomme immer noch große Angst, wenn ich daran denke. Aber ich möchte meine Geschichte trotzdem erzählen, weil ich finde, dass es die anderen Menschen ruhig erfahren sollen. Vielleicht ist es wichtig, es zu erzählen, damit so was nie wieder vorkommt.

Also ich war noch sehr klein, ungefähr fünf Jahre alt, und wir waren an dem Tag alle zu Hause, im Dorf. Meine Eltern, meine Geschwister und unsere Verwandten. Wir wohnten alle zusammen. Ich weiß noch, dass es abends war, als sie unser Dorf überfielen. Das ganze Dorf wurde gefangen genommen, meine Eltern auch. Dann haben sie uns zum Dorfplatz gebracht und dort mussten wir uns alle im Kreis auf den Boden setzen. Wir mussten sehr lange so sitzen. Zu essen gaben sie uns nichts, nur Wasser zu trinken. Ich glaube, wir sind drei Tage lang so gesessen. Ich weiß es nicht mehr.

Dann haben sie angefangen, einige Leute aus dem Dorf zu erschießen. Dabei hatte ich sehr große Angst. Meinen kleinen Bruder haben sie auch getötet. Vor meinen Augen. Ich saß nämlich direkt neben ihm. Ich dachte, jetzt bringen sie mich auch um, und habe angefangen zu weinen, aber stattdessen haben sie mich nur an einem Baum angebunden. Es bricht mir das Herz, wenn ich an meinen kleinen Bruder denke.

Irgendwann haben sie die Erwachsenen weggeschickt und zu allen Kindern gesagt, sie sollen mitkommen. Dann mussten wir alleine mit ihnen in den Busch. Meinen kleinen Bruder haben sie dort tot liegen gelassen. Das war ganz furchtbar für mich.

Ich musste dann mit den anderen Kindern ihre Beute tragen. Wir sind alles zu Fuß gegangen, mehrere Tage lang, das weiß ich noch genau. Zu essen bekamen wir nichts. Manche Kinder konnten nicht so schnell laufen, andere sind hingefallen. Die haben sie dann gleich mit einer Kugel getötet. Für mich war das Tragen auch sehr schwer, aber ich hatte so große Angst, dass ich ständig versucht habe, alles richtig zu machen.

Als wir dann in ihrem Lager waren, wurde ich einem der Anführer zugeteilt. Meine Aufgabe war es, für ihn und seine Frau Wasser und Holz zu holen und zu kochen. Ich hatte noch nie gekocht, und weil ich nicht wusste, wie es geht, hat mich die Frau des Anführers geschlagen. Ich bin viel geschlagen worden von diesen Leuten. Das Wasser holte ich von einem Fluss, der in der Nähe des Lagers war. Und das Feuerholz gab es ja im Wald. Sie haben mir dann gezeigt, wie man Reis und Kartoffelblätter kocht. Es gab viel Reis, als ich da war. Aber zu essen haben sie mir immer nur sehr wenig gegeben. Ich hatte andauernd Hunger und mein Bauch tat sehr weh. Wenn ich in den Wald zum Holzholen ging, habe ich manchmal eine Banane oder eine Mango gestohlen und die dann heimlich gegessen. Sie ließen mich alleine in den Wald, weil sie wussten, dass ich nicht weglaufen konnte. Das Lager war ja im Busch und ich hatte sowieso keine Ahnung, wo wir waren.

Ich habe überhaupt keine guten Erinnerungen an diese Zeit. Es waren zwar noch andere Kinder aus meinem Dorf da, aber wir waren verschiedenen Leuten zugeteilt worden und sahen uns deshalb nicht so oft.

Das Schlimmste für mich während meiner ganzen Zeit bei den Rebellen war die Erinnerung an meinen kleinen toten Bruder und dass ich nicht wusste, wo meine Eltern waren. Damals habe ich heimlich sehr oft geweint. Denn immer wenn sie gesehen haben, dass ich weine, haben sie mich geschlagen. Ich träumte sehr viel von meiner Familie, am meisten aber von meinem Bruder. Ich war damals viel allein und habe mich dann immer sehr gefürchtet. Deshalb fing ich eines Tages an, mit meinem Bruder zu sprechen. Ich habe ihn nämlich ganz dicht bei mir gespürt. Richtig sehen konnte ich ihn nicht, aber spüren. Ich habe auch viel zu ihm gebetet, dass er auf mich aufpassen soll. Gebete waren mein einziger Trost. Danach fühlte ich mich immer sehr beruhigt. Jedes Mal, wenn ich nicht schlafen konnte, habe ich gebetet. Ich glaube schon, dass Allah mich die ganze Zeit über gesehen hat.

Ich weiß nicht mehr, wie lange ich bei denen dort war. Ich weiß auch nicht, wo wir genau waren. Meine Aufgabe blieb immer die gleiche. Nach dem Aufstehen musste ich die Hütte fegen und Wasser holen. Dann Feuer machen und kochen. Damit war ich die ganze Zeit beschäftigt. Ich habe in dieser Zeit jeden Tag Angst gehabt, dass sie mich auch umbringen. Sie haben mir auch immer wieder damit gedroht. ›Wenn du uns nicht gehorchst, töten wir dich‹, haben sie gesagt. Aber sie haben mich immer nur geschlagen und jedes Mal viele Stunden an einem Baum angebunden, wenn ich etwas nicht richtig gemacht habe. Ich wusste nie, was ich nicht richtig gemacht hatte. Die Frau war sehr böse zu mir. Sie hat viel geschrien und mich oft mit einem Holzstecken oder mit einem Stück Draht verprügelt.

Jetzt, wenn ich wieder davon spreche, geht es mir gar nicht gut. Meine Brust tut so weh und alles brennt hier drin. Wenn ich höre, dass es immer noch Kinder gibt, die ein Gewehr tragen, dann macht mir das nur Angst. Ich habe nämlich sehr große Angst vor Gewehren. Ich musste nie eines tragen, ich war wohl zu klein. Ich musste auch nie kämpfen, nur putzen und kochen. Sie wollten mich immer nur für ihre Hausarbeit. Ich bin die ganze Zeit über bei demselben Anführer geblieben. Sie haben ein paar Mal das Lager gewechselt, dann mussten wir Kinder wieder das Gepäck tragen.

Geschlafen habe ich in dieser Zeit nur sehr wenig, weil ich dauernd solche Angst und so viel Bauchweh hatte. Wenn ich schlief, dann hatte ich immer nur schlimme Träume. Diese Träume habe ich heute aber auch noch sehr oft. Und ich bin immer noch sehr traurig.

Damals haben dann die Kamajohs das Lager überfallen. Es gab Kämpfe und der Mann, bei dem ich gewohnt habe, ist weggelaufen. Die Kamajohs nahmen mich dann zu sich mit. So kam ich in ihr Lager, wo die Milizen alle versteckt waren. Aber geholfen haben sie mir nicht. Für diese Leute musste ich auch wieder putzen und kochen. Ich weiß nicht, wer sie waren, ich kannte dort niemanden. Aber geschlagen haben sie mich auch sehr oft. Die waren gar nicht gut zu mir. Von den Kämpfen habe ich nichts mitbekommen. Wie alles aufgehört hat, das weiß ich nicht mehr.

Wenn mir so etwas jemals wieder passieren würde, dann würde ich einfach nicht mehr mitgehen. Nie wieder würde ich mit solchen Leuten mitgehen. Ja, vielleicht wäre es dann sogar besser, wenn sie mich auch umbrächten, wie meinen kleinen Bruder. Aber ich glaube, ich würde mich verteidigen oder einfach davonlaufen.

Wenn ich traurig bin, dann rede ich mit meiner Tante darüber. Das tut mir gut. Aber sie hat nichts gegen meinen Husten. Ich habe oft keine Stimme mehr und meine Brust tut so weh. Meine Mama hat mir immer was gegeben, wenn ich so einen Husten hatte. Ich wünsche mir, dass sie mich hier bald besuchen kommt. Und ich möchte endlich wieder bei ihr sein. Ich möchte heim.«

Momoh sitzt vor mir, steif und verschreckt wie ein verwundetes Tier. Seine Stimme ist heiser, im Laufe seiner Erzählung wird sie dünner und zunehmend leiser. Mitarbeiter von *Defense for the Children International* (DCI), einer nationalen NGO für die Rechte des Kindes, haben Momoh eines Tages auf der Straße aufgelesen. Er fiel ihnen auf, weil er den spielenden Kindern im Viertel immer nur zuschaute, ohne jemals mitzumachen. Er lief durch die Straßen, als hätte er sich verloren. Er hatte eine unsichtbare Grenze um sich gezogen, die jeden Menschen abwehrte, der ihm zu nahe kam. Auf die Frage, wo er denn herkomme, wusste Momoh damals keine Antwort. Seine Tante wie auch seine Eltern hat man im Laufe einer der langwierigen Familien-Zusammenführungen gefunden, bei der die Personalien des Kindes registriert und Angehörige über das Radio und Zeitungsannoncen gesucht werden.

Tausende von Kindern machen so ihre Eltern oder näheren Verwandten ausfindig, sofern diese noch am Leben sind. Oft dauert es Jahre, bis sich die Mitglieder einer Familie wieder in die Arme schließen können, da sie sich meist versprengt in Flüchtlingslagern, Drittländern oder wechselnden Durchgangsstationen aufhalten. Erschwerend kommt hinzu, dass die Kinder in der Regel ihr Alter nicht kennen und viele von ihnen so klein waren, als sie abhanden kamen, dass sie sich weder an ihren eigenen Namen noch an den ihres Dorfes erinnern. Also misst man sie, wiegt sie und stellt anhand ihrer Sprache zumindest die Ethnie fest, aus der sie stammen. So erlangt man ein vages Bild von ihrer Herkunft.

Es gibt inzwischen Normen, nach denen Kindern ein bestimmtes Alter und eine Identität zugewiesen werden. Und es gibt Fotografien, die dann wie Steckbriefe von Dorf zu Dorf wandern und dahin gehend beurteilt werden, ob dieses Kind jemandem ähnlich sieht, den man früher einmal kannte. Ganze Radiostationen, wie etwa die »Talking Drums«, die Buschtrommeln, widmen sich der Suche nach versprengten Angehörigen. Die Kinder selbst tragen auch zur Suche bei, indem sie markante Merkmale angeben, an die sie sich noch erinnern können: eine Narbe am Handgelenk der Mutter, einen breiten Fluss in der Nähe ihres Dorfes, Kosenamen, mit denen sie gerufen wurden, oder die Figur ihrer Großmutter.

Momoh ist schwer traumatisiert und wird damit weiterhin leben müssen. Für einen Berufsausbildungskurs im Rahmen eines der Demobilisierungsprogramme ist er zu klein, außerdem sind diese Programme ohnehin in ihrer Endphase. Für den regelmäßigen Besuch einer weiterführenden Schule ist seine Tante zu arm. Zugang zu einer der vielfältigen Kinderaktionen europäischer NGOs hat er als Straßenverkäufer nicht.

Diese NGOs kündigen, oft ohne Koordination mit staatlichen Stellen, ihre Dienste in großen Lettern an. Manchmal verbirgt sich hinter den Tafeln jedoch nichts weiter als ein leeres Büro, das nach dem Motto funktioniert: ein Schild, ein Laden, eine Kontonummer. Die Regierung hat diesem Heer von Neukolonialisten, die nach dem Krieg wie Heuschrecken über das Land hergefallen sind und oft nicht mehr tun als Spendengelder verwalten, inzwischen den Kampf angesagt. Sie zu orten ist jedoch schwierig, da sich die meisten von ihnen nirgendwo haben registrieren lassen.

»All diese vielen ausländischen Programme für Not leidende Kinder, die wir hier haben«, beklagt sich der Priester einer kleinen Gemeinde einmal bei mir, »was machen die hier eigentlich? Die glauben wohl, wir merken den Schwindel nicht. Kommen hierher, verdienen gut und unseren Kindern geht es jeden Tag gleich erbärmlich.« Ein Dorn im Auge sind diese Scheinfirmen auch den großen NGOs wie etwa *Safe the Children* oder dem *International Rescue Committee* (IRC) und anderen, die unter der Schirmherrschaft von UNICEF ihre Arbeit verrichten. Doch Kinderprogramme versprechen eben stets Profit.

Momoh wird weiterhin Albträume haben und an chronischer Halsentzündung leiden. Er wird sich künftig arrangieren müssen zwischen dem Bananenverkauf und dem ABC. Er wird sich nach seiner Mutter sehnen und sie vielleicht zweimal pro Jahr zu Gesicht bekommen. Sein Dorf ist weit weg. Der Weg dorthin existiert nicht mehr. Doch er wird damit fertig werden, sagen seine

Betreuer. Er hat auch keine andere Wahl als die, einfach weiterzuleben.

Und mit seinen seelischen Qualen steht er keineswegs alleine da. Im Gegenteil, Momoh befindet sich in bester Gesellschaft. Die meisten Kinder seiner Generation, sofern sie überhaupt noch am Leben sind, haben ähnliche Geschichten zu erzählen. Da macht es dann keinen Unterschied mehr, ob sie von den Rebellen entführt oder von Milizen oder Soldaten für deren Zwecke missbraucht wurden. Sicher, die Züchtigungsmethoden hatten jeweils ihre eigene Note, aber ob ein Fünfjähriger nun für die Rebellen der RUF oder für die Milizen der CDF als Arbeitssklave dienen musste, bleibt letztlich gleich.

In den folgenden Tagen sehe ich Momoh noch öfter. Einmal erkenne ich ihn von weitem, er sitzt auf einem Mauervorsprung, als ein paar Gleichaltrige auf ihn zukommen und ihn zum Spielen einladen. Er zögert erst, läuft dann aber hin. Sie haben einen Ball aus zerknülltem Papier an eine Schnur gebunden und wirbeln ihn durch die Luft. Jedes Kind springt in die Höhe, um den Papierball zu treffen. Momoh ist binnen kurzem versunken in das Spiel, hüpft umher wie ein richtiges Kind und lacht sogar ausgelassen. Dann rennt er plötzlich wieder davon. Ein anderes Mal läuft er auf mich zu, nur um mir die Hand zu geben und gleich wieder zu verschwinden. Bei unserem letzten Treffen versteckt er sich hinter einem Baum, kommt dann verschämt herangeschlichen und legt mir mit einem breiten Lächeln eine Staude Bananen in den Schoß.

***

Ich bin in Kenema, der drittgrößten Stadt Sierra Leones, die im Südosten liegt. Der Weg mit dem Auto hierher hat sechs Stunden gedauert. Dabei sind es nur rund 250 Kilometer, die den größten Diamantenumschlagplatz des Landes von der Hauptstadt trennen, aber die Straßen sind seit dem Krieg zerstört. Schlagloch reiht sich an Schlagloch, der Großteil der Strecke besteht ohnehin nur aus einer Sand- und Schotterpiste. Wir hatten Glück, denn in der Trockenzeit kommt man wenigstens voran. Setzt hingegen der Regen ein, verschwindet die Straße gänzlich im Schlamm.

Für John war die Fahrt die Wiederbelebung eines Albtraums. »Da waren die Stellungen der Rebellen. Von dort aus haben sie uns angegriffen!«, deutet er in die Landschaft. »Hier, hinter diesem Hügel, haben sie sich verschanzt und von dort drüben sind die Nigerianer eingezogen. So viele nigerianische Soldaten haben für uns ihr Leben gelassen und keiner von den Mächtigen dankt es ihnen heute!« Er zeigt mir geheime Stellungen und verwunschene Felder. Hier darf man nicht mehr hintreten, weil da noch die Geister der Toten umherirren, dort hat es ein Massaker gegeben. Hier stand einmal ein Dorf, das sie dem Erdboden gleichgemacht haben, dort war die Trennungslinie zwischen den Guten und den Bösen – bis sich die Linie dann verwischt hat und alle, Gute wie Böse, wahllos übereinander hergefallen sind.

Doch trotz seiner dramatischen Erinnerungen wirkt John gut gelaunt, was mich verwundert. Während er seine Schauergeschichten zum Besten gibt, lacht er herzlich und oft, als erzähle er mir nichts weiter als einen Witz. Es war eben Krieg und der Krieg ist vorbei. Nur bei seinem Lieblingsthema, dem des staatlichen Missmanagements, lacht John nicht. »Ich bin der Meinung, wir sollten unser Land den Weißen in die Hand geben«, überrascht er mich mitten in einer scharfen Kurve mit seinen Überlegungen zur Rettung der Nation, »dann hätten wir wenigstens eine funktionierende Verwaltung und keine Korruption mehr.« »Keine Korruption?!« John schaut mich mit einem Augenzwinkern an und lacht.

Die Straße führt uns durch kleine Dörfer hindurch, in denen Ziegenherden weiden und Kinder auf dem Feld arbeiten. Sie graben die Erde um, pflügen, stampfen und schleppen. Geräte sehe ich keine, Landwirtschaft wird hier noch per Handarbeit betrieben. Tief über den Boden gebeugt leisten Zehn- bis Zwölfjährige Schwerstarbeit. Der Schweiß rinnt ihnen in Strömen den Rücken hinunter. Aber das sei eben so, sagt John. Wer auf dem Land etwas essen will, muss sein Feld bestellen. Sonst könne man nicht überleben. Eine Schule gibt es in der nächstgrößeren Ortschaft, kilometerweit entfernt.

Die runden und viereckigen Lehmhütten sind mit Palmblättern bedeckt, die Menschen hier wohnen großzügiger als in der Stadt. Am Straßenrand sind mobile Märkte aufgebaut, verkauft wird, was es gerade gibt. Statt Kirchen oder Moscheen stehen, meist im Dorfzentrum, offene runde Versammlungshütten, die entweder den Namen »Christliches Zentrum« oder »Islamische Gemeinschaft« tragen. Koranschulen fallen mir auf und in nahezu jedem Ort ein Programm der Regierung: Programm zur Förderung der Landwirtschaft, Programm zur Reintegration, Programm zur Weiterbildung, Programm zur Rückführung und so fort. Jedes Programm ist mit staatlichen Geldern ausgestattet und soll den Wiederaufbau des Landes garantieren. Viele der großen Schilder an den Straßenrändern, die in dicken Lettern allen voran den Namen des federführenden Ministeriums hervorheben, sind allerdings verrostet, die Räumlichkeiten verwaist. Die Menschen sind auf ihre Felder und in ihren Alltag zurückgekehrt.

Auch so genannte NCDDR-Programme sehe ich in nahezu jeder Ortschaft. Die Programme des *National Committee for Disarmament, Demobilization and Reintegration* ehemaliger Kindersoldaten haben dem Land inzwischen nicht nur tausende von Schreinern, sondern ebenso viele Schneider beschert. Es hat gedauert, bis man die Berufssparten etwas breiter anlegte und den Mädchen zum Beispiel auch noch Friseurlehrgänge oder Batikkurse anbot. Die Jungen wurden vorwiegend zu Tischlern umerzogen, konnten ihre Berufswahl jedoch später um die des Auto- oder Motorradmechanikers erweitern. Glaubt man der Anzahl dieser Schilder, die auf dem Weg nach Kenema zu Dutzenden zu sehen sind, so fahren wir hier durch einen Staat friedlicher Handwerker, getragen von umerzogenen Jugendlichen, die nun mit ihren Buschmessern Betten schleifen und Stühle zimmern, statt Mitmenschen die Gliedmaßen abzuhacken. Doch obwohl die NCDDR-Programme zum Aushängeschild der Nation wurden, sind viele der hier »Umerzogenen« dennoch gestrandet. Zum einen, weil ganz Westafrika niemals so viele Schreiner und Schneider brauchen wird, wie in Sierra Leone in den letzten zwei Jahren ausgebildet wurden. Zum anderen, weil die Jugendlichen oft nur zum Schein ein Programm besuchen, um einen monatlichen Lohn von 60 000 Leonis zu bekommen und am Ende eine Erstausstattung mit Werkzeug entgegenzunehmen, die sie dann auf dem nächsten Markt verhökern.

»Manche Kinder haben uns falsche Identitäten angegeben«, gesteht der Kinderbeauftragte von UNAMSIL. »Sie waren in mehreren Programmen gleichzeitig registriert, um so an mehr Geld zu kommen. Und wieder andere waren niemals Mitglied von bewaffneten Gruppen. Aber im Programm haben sie Essen bekommen und deswegen sind sie geblieben. Wenn man bedenkt, in welcher Lage die Kinder hier leben, ist so ein Verhalten zwar nicht akzeptabel, aber verständlich.«

Die Schwindler wurden von den offiziellen Stellen zwar entlarvt, blieben damit aber auch wieder unbetreut. In anderen Fällen haben sich die Kinder gegenseitig angezeigt und all jene aus dem Programm befördert, die ihrer Meinung nach keinen Anspruch auf einen Platz hatten. Es ging ihnen schließlich ums tägliche Überleben, nicht um die Teilnahme an irgendeiner Beschäftigungstherapie.

»Zu welchem Programm gehörst du?«, fragen mich die Kinder an allen erdenklichen Stellen Sierra Leones immer wieder. Das ganze Land – ein einziges Programm. Theoretisch sollen die Kinder und Jugendlichen in den NCDDR-Programmen nicht nur eine Berufsausbildung als Lebensalternative erhalten, sondern auch geistig »umerzogen« werden: Nie wieder töten, lautet die Parole. Die Kinder sollen lernen, wie man Frieden bewahrt und sein Geld mit einer Arbeit verdient statt mit dem Gewehr.

Tatsächlich jedoch blieben die damals von UNICEF eingeleiteten und von der Regierung später übernommenen pädagogischen Maßnahmen auf halber Strecke stecken. Es standen schließlich nicht einmal genügend Mittel zur Verfügung, die allesamt schwer traumatisierten Kinder in ihren seelischen Nöten hinreichend zu betreuen. Wer Albträume und nächtliche Schweißausbrüche hatte, musste eben damit leben. Dafür ließ man die Jungen Tische zimmern und Motorräder reparieren und die Mädchen Kleider nähen und Stoffe färben. So sollten sie ihre Ängste abreagieren. Gewagt, aber durchaus erfolgreich war zumindest die Strategie, Kinder und Jugendliche aller bewaffneten Gruppierungen ohne Rücksicht auf ihre Herkunft zusammenzuwürfeln. Ehemalige Rebellenkinder mussten mit ihren vormaligen Feinden, den Milizen oder den Angehörigen der Armee, nun plötzlich die Werkbank teilen. Das funktionierte gut, zum Erstaunen aller.

Sobald sich ein Kindersoldat ergeben hatte und entwaffnet in einem Auffanglager angekommen war, bemühten sich die zuständigen Kinderhilfswerke, seine Identität zu klären. Wenn möglich, wurden als Erstes die Angehörigen ausfindig gemacht. Während der Wartezeit ließ man die Kinder, die ihre Familien manchmal jahrelang nicht mehr gesehen haben, notdürftig psychologisch betreuen.

Ziel der Demobilisierungsprogramme, die im Auftrag von UNICEF überall dort durchgeführt werden, wo Kinder in bewaffneten Konflikten kämpfen, ist es schließlich, die Kinder möglichst umgehend wieder in ihre Ursprungsgemeinschaft zurückzuführen. Die Gründe sind zum einen, dass gerade in Afrika, und dort vor allem in ländlichen Gebieten, ein Mensch ohne Verwandte nur schlechte Überlebenschancen hat, zum anderen, dass sich die Dorfgemeinschaft schließlich mit ihrer Jugend arrangieren muss.

Die Rückführung der Kinder freilich war jedes Mal ein heikler Schritt. Sie musste gerade nach den erfolgten Massakern in Sierra Leone behutsam vorbereitet werden. Sozialarbeiter überbrachten den Eltern zunächst die Nachricht, dass ihr verloren oder tot geglaubtes Kind nicht nur am Leben war, sondern auch nach Hause zurückkehren wollte. Dann wurden Fragen gestellt: »Wollt ihr euer Kind wieder zu euch nehmen? Wenn ja, werdet ihr es für das, was es getan hat, auch nicht nachträglich bestrafen?« Die Dorfgemeinschaft wurde konsultiert, ob sie einer Heimkehr des besagten Kindes grundsätzlich zustimmte. Wieder wurden Fragen gestellt: »Wollt ihr einen ehemaligen Rebellen unter euch haben?

Könnt ihr es ertragen, dass dieses Kind eure Verwandten ermordet und eure Hütten und Felder verwüstet hat?« Die Antwort lautete auch hier in der Regel: »Ja.« Sogar in den Fällen, bei denen die Kinder nachweislich, wenn auch gezwungenermaßen, an der Zerstörung ihrer eigenen Dörfer beteiligt gewesen waren.

Die Kinder selbst wurden natürlich ebenfalls nach ihren Präferenzen befragt. Sie äußerten mehrheitlich den Wunsch, nach Hause zurückzukehren und auf eine Schule zu gehen. Gab es in ihrer Ortschaft keine Schule, so suchte man für sie Pflegeeltern in der Stadt. Tausende von Familien haben inzwischen fremde Kinder bei sich aufgenommen, die, vertrieben oder verwaist, einen Platz in der Stadt benötigten. Einmal in einer Familie wieder eingegliedert, ließ man sie noch ein paar Monate lang von Betreuern begleiten, um sicherzustellen, dass es den Kindern auch wirklich gut ging. Ein ungeheurer Aufwand, wenn man bedenkt, dass letztlich für jedes der nahezu 7000 demobilisierten Kinder eine individuelle Lösung gefunden werden musste.

Die Ausbildungskurse der von UNICEF initiierten NCDDR-Programme dagegen dauerten nur sechs Monate. Danach sollte der Jugendliche bestenfalls nicht nur geistig geläutert, sondern auch beruflich für die Zukunft gerüstet sein. »Bei so vielen Kindern? Was sollten wir sonst machen? Mehr geht nicht. Danach müssen sie selbst klarkommen«, erklärt mir UNICEFs Kinderbeauftragter für Westafrika mit Bedauern. Dass die Programme zwar gut gemeint sind, die Kinder in der Regel aber dennoch auf halber Strecke zurücklassen, ist allen Beteiligten, auch der Regierung, bewusst.

»Wir bemühen uns um Schadensbegrenzung für die Zukunft. Was wir tun, ist ein Tropfen auf dem heißen Stein, wir wissen das. Und gerade das Gefühl, nie alle Kinder erreichen zu können, zu wenig Mittel zu haben, um noch mehr zu tun, macht uns auf Dauer unzufrieden. Dennoch, bei allen Schwächen, bezeichnen wir das Demobilisierungsprogramm in Sierra Leone als großen Erfolg. Schön wär's, wenn es auch in anderen Ländern so gut funktioniert hätte wie hier.«

Diejenigen, die keine Berufsausbildung wollten oder zu klein dafür waren, schickte UNICEF in die Schule. Auch das ein Weg zur Reintegration. Obwohl zunächst weder die Schulen noch die Eltern der übrigen Kinder davon begeistert waren, stellte sich heraus, dass alle von diesem Programm profitieren. Die Schulen bekamen als »Anreiz« ihre ohnehin dringend benötigte finanzielle Unterstützung und die ehemaligen Kindersoldaten wussten, dass sie sich nun keinen Ausrutscher mehr erlauben durften, wenn sie wieder den Anschluss an ihre Familien oder Dorfgemeinschaften bekommen wollten. Die anderen Kinder lernten darüber hinaus, mit Außenseitern umzugehen.

Den Abschlussberichten der UNICEF-Programme zufolge sollen sich gerade die ehemaligen Rebellenkinder dabei sehr gut bewährt haben. Zumindest in puncto Schule sind sie gut wieder eingegliedert worden. Hilfreich mag dabei sein, dass man den RUF-Kindern, vor allem den Kleinen unter ihnen, zugesteht, Opfer der damaligen Umstände gewesen zu sein. Auch die früheren Kamajohs, die Milizen der CDF, wurden gut reintegriert, wobei sie sich insgeheim ja auch als Helden der Nation fühlen. Nur die Kindersoldaten aus der Armee haben, wie gesagt, bis heute mit erheblichen Integrationsschwierigkeiten zu kämpfen.

Doch in Afrika zählt vor allem eins: die Zukunft. Deswegen blickt man auch nur ungern auf die Schmerzen der Vergangenheit zurück. »Ganz Sierra Leone ist traumatisiert«, konstatiert ein als ehrenamtlicher Sozialarbeiter tätiger Einheimischer mir gegenüber. »Ja und? Was nützt es uns, ein Traumabewältigungsprogramm einzuführen, wenn wir den Leuten keine Zukunft bieten? Was sollen sie über den Krieg reden und über ihre schweren Träume, wenn sie nicht wissen, wovon sie heute und morgen leben sollen? Diese ganzen Programme, das ist alles schön und gut, auch über den Krieg können wir mal wieder reden – aber nicht jetzt, sondern frühestens in ein paar Jahren, wenn wirklich alles vorbei ist und die Leute endlich ein besseres Leben führen.«

## *Jedes Mal, wenn er kam, mussten wir für ihn da sein*

Das bessere Leben lässt in Kenema indes noch auf sich warten. Täglich versinkt die Stadt unter einer undurchdringlichen, ockerroten Staubwolke, die sich in jeden Winkel legt. Seit dem Ende des Kriegs wurde noch keine einzige Straße des rund 50 000 Einwohner großen Orts geteert. Die dafür bereitgestellten öffentlichen Gelder haben dieses Provinznest nie erreicht. Manche Einwohner tragen das mit Fassung und Humor: »Welcome to Dust City« – »Willkommen in der Staubstadt« – steht auf einem überpinselten Ortsschild zu lesen. Andere äußern lautstark ihren Unmut gegenüber der Hauptstadt, die sie hier, mitten im Busch, ihren Husten- und Erstickungsanfällen, ihren entzündeten Augen und Atemwegen seit Jahren untätig überlässt.

Wer nicht anders kann und die viel befahrene Hangha Road, die Hauptstraße Kenemas, entlang muss, nimmt sich vorsichtshalber ein Tuch mit, um Augen, Nase und Mund notdürftig vor dem feinen Sand zu schützen. Laster, UN-Autos und Militärfahrzeuge donnern ungerührt durch den Ort, als gelte es, den Wettkampf im Staubaufwirbeln zu gewinnen. Der Staub legt sich auf die Gesichter der Kinder, die auf dem Rücken ihrer Mütter durch die Stadt getragen werden, und er legt sich auf die Lebensmittel, die hier nur noch in spärlicher Auswahl auf dem Markt zu finden sind. Er bedeckt jeden einzelnen der tropischen Riesenbäume in den Straßen, klebt in den Fensterritzen und verleiht der großen, weißgrün getünchten Hauptmoschee sogar einen Hauch von Pink.

Der Staub legt sich auch auf die Teetassen der Libanesen, die vor ihren Diamantenläden sitzen. Für ein Stück Brot muss man kilometerweit gehen, aber Edelsteinhändler finden sich an jeder Ecke. Diamond Road wird die Hangha Road deshalb auch genannt. Kenema ist schließlich nicht nur für den Staub, sondern auch für den verborgenen Reichtum unter seinen Ladentheken berühmt.

Dabei gleicht die Szenerie vor diesen Läden, die mit riesigen »Buy and Sell«-Lettern und funkelnden Achtecken für sich werben, allenfalls der eines schlechten Gangsterfilms: Schwarze bzw. weiße auf Hochglanz polierte Luxuskarossen fahren in regelmäßigen Abständen vor, Männer in weißen Anzügen und schwarzen Sonnenbrillen steigen aus. Dann verschwinden sie in den weitläufigen Innenräumen. Undurchsichtige Gestalten lehnen an der Wagentür und beobachten die Umgebung. Die großen Anwesen werden von Sicherheitsdiensten überwacht. Jedem ist bekannt, dass diejenigen Libanesen, die keine Edelsteine exportieren, entweder Supermärkte, Restaurants oder einen Hotelbetrieb führen. Die lukrativen Geschäftszweige sind längst unter den Ausländern verteilt. Das Karussell dreht sich auch hier genauso, wie mir der Offizier in Freetown schon gesagt hatte: Stets fahren dieselben Passagiere und stets fahren sie im Kreis. Animositäten schaukeln sich hoch und Abhängigkeiten entstehen. Die Einheimischen klagen, die Libanesen ruinierten ihr Land. Die Libanesen behaupten, sie gäben den Einheimischen wenigstens Arbeit. Und irgendwo dazwischen liegt ein großer Profit.

Abends sehe ich die Inhaber der Läden in eleganten Kaftanen entspannt auf ihren Balkonen sitzen. Sie rauchen Wasserpfeife, aus den Häusern tönen orientalische Klänge. Sie benehmen sich, als wären sie der lebendige Abglanz eines längst überholten Klischees aus dem Orient. Die libanesischen Geschäftsleute besitzen Generatoren und haben folglich Licht, während der Rest Kenemas jeden Abend in pechschwarzer Dunkelheit versinkt. Ginge es nach der Zahl der Edelsteine, die hier gehortet werden, so könnte die Stadt ihre Straßen mit Diamanten pflastern.

Auch in Kenema leben verschiedene Schichten nebeneinander her und jede in ihrem eigenen Kosmos: Binnenvertriebene neben Internationalen, Libanesen neben Einheimischen, Flüchtlinge neben Rückkehrern, UN-Soldaten neben ehemaligen Kriegstreibern.

Die Motorrad-Taxifahrer der Stadt, eine organisierte Gruppe cooler Halbstarker, verstehen sich ebenfalls als eigene Gesellschaftsschicht. Ihre Tücher und Schals fest um den Kopf gewickelt, sodass nur die verspiegelten Sonnenbrillen zum Vorschein kommen, rattern sie unermüdlich die Hangha Road auf und ab. Auf dem Rücksitz meist junge Mädchen. Die älteren Menschen gehen offenbar doch lieber zu Fuß. Offizielle Autotaxis gibt es nur 20 in der Stadt. Die Motorradgangs, die allesamt eine kämpferische Vergangenheit im Busch hinter sich haben, decken mit ihren Fahrdiensten zumindest eine Marktlücke ab, wenn auch keiner der Jungen eine offizielle Lizenz besitzt. Sie verdienen das, was auch die Libanesen hier hält: »quick money«, schnelles Geld. Der Taxibetrieb wird praktisch von ihnen kontrolliert. In der Stadt kursiert das Gerücht, dass diese Jugendlichen ihr staatliches Umerziehungsprogramm, wenn überhaupt, nur halbherzig absolviert hätten. Die Menschen meiden sie instinktiv. Den jungen Männern scheint das zu gefallen. Sie wenigstens haben nicht klein beigegeben, sie sind noch wer und dementsprechend benehmen sie sich. Wenn sie gerade nicht als Taxifahrer unterwegs sind, hocken sie zu lauten Hip-Hop-Klängen in herausfordernder Pose an Straßenecken zusammen und diskutieren.

»Wir brauchen uns nichts vorzumachen«, kommentiert ein Mitarbeiter vom *International Rescue Committee* (IRC) die Situation dieser Gangs. »Überall auf der Welt gibt es diese Gruppe von sozial schwachen Jugendlichen, die herumhängen, keine Ausbildung und keine Arbeit haben und dann ins kleinkriminelle Milieu abrutschen. Das ist hier nicht anders. Nur, dass diese Jungs schon eine Vergangenheit an der Front hinter sich haben. Sie wissen, wie man mit Waffen umgeht, sie haben Drogen konsumiert und interessieren sich nur für eins: für Geld. Wie sie das bekommen, ist ihnen letztlich egal. Und sobald sich hier irgendwo in der Region wieder ein Warlord meldet, sie anheuert und ihnen schicke Uhren und ein paar Dollars verspricht, werden sie vermutlich wieder an einem bewaffneten Konflikt teilnehmen. Es ist schade um sie, aber manche dieser Jugendlichen sind schon zu verdorben, als dass sie irgendein staatliches Programm noch auffangen könnte. Damit muss eben jede Gesellschaft leben.«

Der Staub hat sich mir auf die Zunge gelegt. Er schmeckt bitter.

Ich mache mich auf, Richtung Zentrum. Die Hangha Road zieht sich hin. Laut hupend donnern die Laster an mir vorbei, dann kommt endlich der Markt und somit eine Gelegenheit, abzubiegen. Rund um die Moschee gibt es kleine Teestuben. In der Nachmittagshitze hocken jetzt alte Männer darin und diskutieren. Etwas weiter hinten liegen die Baracken der Handwerker und Schrotthändler. Zwei kuriose Drogerien finden sich unter den Läden und unter einem großen Mangobaum bietet ein Heiler seine Dienste an. Seiner Schautafel entnehme ich, dass er auch Zähne zieht. An einem Stand daneben gibt es Comics und Bonbons für die Kleinen, die inmitten des Trubels selbstvergessen Fußball spielen.

In einer kleinen Seitenstraße hinter dem Markt mit seinem lautstarken orientalischen Treiben gerate ich zu den Werkstätten der Schneider. Offene Hütten, gestrichen in den Farben Blau oder Pink. Das Inventar ist denkbar einfach: ein paar Stoffe zur Auswahl, Schnittmuster an den Wänden, eine Nähmaschine und ein mit glühenden Kohlestücken gefülltes Bügeleisen auf dem Tisch. Kundschaft sieht man hier zwar selten, dennoch ist jeder mit einem Stück Stoff beschäftigt. Westliche Kleidung gibt es gebraucht zu kaufen, gleich nebenan auf dem Markt. Bei den fliegenden Händlern türmen sich getragene Turnschuhe, T-Shirts, Hemden und Jeans in riesigen Bergen. Die kunstvollen afrikanischen Gewänder müssen jedoch immer noch von Hand genäht werden – Schneider ist deswegen ein halbwegs ertragreicher Beruf.

Vor einer der Schneidereien stoße ich wieder auf ein großes Schild. »NCDDR-Frauenprogramm für Exkombattanten« steht darauf. Ein paar Mädchen sitzen im Inneren und reden. Verschämt bitten sie mich zu sich herein. Zainab ist eine von ihnen. Sie kaut an ihren Fingernägeln und weiß jetzt, wo ich da bin, nicht so recht, wohin mit sich. Sie habe von meinen Erkundigungen gehört, sagt sie. Sie würde gerne ihre Geschichte erzählen. Sie habe es sich gut überlegt. Ob ich immer Zeit hätte? Wie lange ich noch in Kenema bliebe? Wir verabreden uns für einen der nächsten Vormittage. Doch sie kommt nicht. Erscheint dafür am Nachmittag und sagt, sie habe die genaue Uhrzeit vergessen. Wir machen eine neue Uhrzeit aus, einen neuen Tag. Wieder stundenlanges Warten, bis sie schließlich in die Schneiderei kommt. Sie entschuldigt sich. Das Kochen habe länger gedauert, als sie geplant hatte. Entschlossen und gleichzeitig verunsichert fängt sie dann zu erzählen an.

ZAINAB, 18:

»Jeden Tag, wenn ich auf den Markt gehe, schaue ich bei den Schneidern vorbei und rede mit ihnen. Ich schaue ihnen zu, wie sie die Stoffe zuschneiden, Maß nehmen und dann ein Kleid zaubern. Das Zuschauen macht Freude, denn es ist ein Beruf, den ich auch einmal ausüben möchte. Unsere Stoffe hier sind so bunt und haben so wunderschöne Muster. Jedes Muster erzählt eine Geschichte. Man kann als Schneiderin oder als Färberin mit ganz wenig ganz viel erreichen: Schönheit. Das gefällt mir daran so besonders gut.

Ich stamme nicht aus Kenema. Ich bin in einem kleinen Ort an der Grenze zu Liberia geboren. Nach dem Krieg, nachdem das alles vorbei war, hat mich ein entfernter Verwandter meiner Mutter hier in der Stadt bei sich aufgenommen. Meine Eltern sind tot. Ich rechne es ihm sehr hoch an, dass er mich bei sich und seiner Familie wohnen lässt, denn wer nimmt denn schon so eine wie mich? Es geht mir dort gut, auch wenn ich nicht gerade sagen kann, dass ich in dieser Familie glücklich bin. Aber darum geht es ja auch gar nicht im Leben. Ich habe einen sauberen Schlafplatz bekommen und sie lassen mich mitessen. Mehr kann ich wirklich nicht erwarten. Das ist sehr viel, das ist mir durchaus bewusst. Sie müssten mich ja nicht bei sich wohnen lassen, sie haben überhaupt keine Verpflichtung dazu, nach allem, was passiert ist.

Abdul, so heißt mein entfernter Onkel, hat eine Frau und drei kleine Kinder. Auf die passe ich auch gelegentlich auf. Im Grunde bin ich für sie so etwas wie ein Hausmädchen, nur eben verwandt. Geld bekomme ich natürlich keines. Ich lebe ja schon umsonst bei ihnen. Meine Hauptaufgabe besteht darin, für die Familie einzukaufen und das Essen zuzubereiten. Und sauber zu machen. Das Kochen nimmt die meiste Zeit in Anspruch, denn wir wohnen ziemlich außerhalb von Kenema. Ich muss also jeden Morgen ein paar Kilometer weit zum Markt gehen, die Zutaten besorgen und dann wieder zurück. Ich gehe eigentlich immer zu Fuß, nur manchmal nimmt mich ein Junge auf dem Motorrad umsonst mit. Aber mein Onkel sieht das gar nicht gerne, deswegen lehne ich das Angebot oft ab.

Mit dem Kochen bin ich dann die längste Zeit des Tages beschäftigt. Ich mache meistens Reis und verschiedene Sorten von Blättern dazu. Unsere afrikanischen Speisen sind sehr langwierig in ihrer Zubereitung, es gibt kein Gericht, das schnell geht. Aber der Familie schmeckt mein Essen, und das ist gut.

Abdul schlägt mich nicht. Seine Frau ist zwar schwierig, aber ich kann es mit ihr aushalten. Ich bin eine fromme Muslima, bei uns herrschen sowieso etwas andere Sitten zu Hause. Wenn ich etwas freie Zeit für mich habe, träume ich von meiner Zukunft. Ich möchte mir einen kleinen Laden einrichten, Stoffe färben und Kleider nähen. Ich glaube, ich habe Talent dazu. Auf alle Fälle würde es mir sehr viel Freude machen. Und außerdem möchte ich gerne mein eigenes Geld verdienen und eines Tages von Abdul und seiner Familie unabhängig sein. Ich möchte mein eigenes Leben führen. Im Übrigen kann ich sowieso nicht ewig bei ihnen bleiben. Es wäre nicht richtig. Abdul ist nicht reich und jeder, der mitisst, ist eigentlich einer zu viel. Aber er würde mich behalten, bis ich verheiratet bin, das auf alle Fälle. Als Verwandter würde er sich nicht trauen, mich im Stich zu lassen. Ich bin diejenige, die eigentlich wegmöchte. Das kann ich ihm natürlich nicht offen sagen. Es ist bei uns zu Hause auch nie die Rede davon. Ich denke aber trotzdem dauernd an meine Zukunft.

Dass ich Schneiderin werden will, das weiß Abdul. Ich habe vielleicht bald Gelegenheit, einen Ausbildungsplatz in diesem Frauenprogramm hier zu bekommen. Das Schlechte ist nur, dass ich dann nicht mehr für die Familie einkaufen und kochen kann. Das gibt bestimmt ein Problem. Vielleicht schaffe ich ja beides, die Ausbildung und den Haushalt. Ich glaube nicht, dass mir Abdul die Teilnahme verbieten würde, solange ich meine Pflichten bei ihm zu Hause erfülle.

Die Frauen vom NCDDR-Programm haben mir auch angeboten, an einem Friseurlehrgang teilzunehmen, aber das interessiert mich überhaupt nicht. Außerdem muss man als Friseuse ja doch ein wenig Schreiben und Rechnen können. Ich war aber nie auf einer Schule. Und ich bin jetzt auch zu alt, um damit anzufangen. Ich würde mich schämen, neben Kindern zu sitzen. Nein, das kommt nicht in Frage. Und als Schneiderin bräuchte ich das sowieso nicht. Manchmal schäme ich mich schon dafür, dass ich Analphabetin bin. Aber es gibt viele Mädchen wie mich. Und eigentlich ist mir Schreiben und Lesen auch gar nicht wichtig.

Die NCDDR-Programme finde ich sehr gut. Wenn es die nicht gäbe, hätten wir ja gar keine Chance. Trotzdem kenne ich einige Mädchen aus der Zeit von früher, die sich nicht trauen, dorthin zu gehen. Das sind meistens die, die noch mit ihren Anführern zusammenleben. Die meisten haben ja auch Kinder mit diesen Männern, sie sind inzwischen also so etwas wie eine Familie. Und zu was sollten sie dann noch in ein Programm?

Ich habe, Allah sei Dank, keine Kinder bekommen, damals. Da hatte ich sehr großes Glück. Ich war 12, als die RUF unseren Ort überfiel. An den Abend des Überfalls kann ich mich noch erinnern, nur an mein Leben davor, an meine Kindheit, habe ich überhaupt keine Erinnerung mehr. Meine Erinnerung an früher fängt eigentlich erst mit dem Überfall an.

Zuerst hatten wir uns noch alle, wie jeden Abend, im Busch versteckt. Wir hatten so eine Art Aufpasser in unserem Ort. Einen alten, blinden Mann. Die Erwachsenen vertrauten ihm. Er hatte in der Nacht vor dem Überfall einen besonderen Traum und allen Leuten angeordnet, aus dem Busch wieder in ihre Häuser zurückzukehren. Also kehrten wir zurück. Doch gerade an dem Abend kamen die Rebellen.

Es war spätabends und dunkel, wir schliefen schon alle. Die Erwachsenen liefen sofort weg, als sie die Schreie der Rebellen im Ort hörten. Ich wachte von dem Lärm auf, und als ich merkte, dass meine Eltern nicht mehr da waren, versteckte ich mich mit zwei anderen Kindern unterm Bett. Die beiden waren kleiner als ich. Der alte Mann war im Ort geblieben und nicht in den Busch geflohen. Die Erwachsenen dachten damals wohl, wenn die Rebellen niemanden im Ort sehen, gehen sie gleich wieder. Aber es kam ganz anders. Die RUF begann mit dem alten Mann zu diskutieren. Er sollte verraten, wo alle Leute waren. Der sagte aber nichts. Dann kamen sie in unsere Hütten und durchsuchten jede einzelne. Sie hatten alle Gewehre und waren sehr laut. Ich konnte hören, wie sie Witze machten, vielleicht waren sie auch betrunken oder hatten Drogen genommen oder so. Jedenfalls lag ich mit den zwei kleineren Kindern unter dem Bett. Wir zitterten vor Angst. Dann trat einer der Rebellen mit seinem Fuß das Bett beiseite und so fanden sie uns – wie auch die anderen Kinder im Ort. Alle Kinder waren nämlich unter Schränke und Betten gekrochen. Sie ließen uns alle in einer Reihe antreten und befahlen uns, ruhig stehen zu bleiben. Der alte Mann begann mit dem Anführer zu verhandeln, er sagte, sie sollten uns Kinder in Ruhe lassen und dafür würde er ihnen Lebensmittel und Geld geben. Aber der Anführer hörte nicht auf ihn. Er schickte seine Männer in den Busch, um unsere Eltern zu suchen. Meine Eltern wurden dabei von den Rebellen getötet. Den alten Mann ließen sie am Leben. Dann nahmen sie mich und die anderen Kinder aus dem Ort mit.

Zuerst mussten wir ungefähr zehn Kilometer zu Fuß gehen, mitten in der Nacht. Ich wusste nicht, wo sie uns hinbrachten. Wir alle hatten Angst. Als wir dann bei ihrem Lager angekommen waren, nahmen sie zuerst die Mädchen raus, mich auch. Einer der Männer brachte mich in seine Hütte. Ich möchte mich daran jetzt eigentlich nicht erinnern. Jedenfalls haben sie mir sehr wehgetan. Sie haben mich vergewaltigt. Nicht nur einer, sondern der Anführer zuerst und dann andere Rebellen. Ich weiß nur noch, dass ich Todesangst und sehr starke Schmerzen hatte. Sie sagten mir, das gehöre dazu, damit ich eine von ihnen würde. Ich konnte mich nicht wehren. Das ging dann so weiter, die ganze Zeit. Jedes Mal, wenn einer zu mir kam, nahm er sich, was er wollte. Sie haben uns streng verboten zu schreien. Ich hatte andauernd Bauchschmerzen, aber sie haben nichts dagegen gemacht.

Ich wurde dann einem Colonel zugeteilt. Er hatte eine Frau und hielt sich noch drei Mädchen wie mich. Je höher der Rang unter den Rebellen, desto mehr Mädchen hielten sie sich. Wir mussten immer für sie da sein. Die Frau hat es einfach so hingenommen, obwohl sie ja sah, dass wir noch sehr jung waren. Geholfen hat sie uns nicht. Ich glaube, sie hätte auch gar nichts tun können. Zum Putzen und Wasserholen hatte der Colonel eine SBU, eine ›Small Boys Unit‹, kleine Jungs. Er war eben jemand und es gefiel ihm, viele Bedienstete um sich zu haben. Er war auch oft weg, aber jedes Mal, wenn er kam, mussten wir alle für ihn da sein. Die kleinen Jungen haben mir damals sehr Leid getan, aber wir wurden getrennt in verschiedenen Räumen gehalten und so konnten wir fast nie miteinander reden. In der ersten Zeit musste ich auch mithelfen, das Essen zu bereiten. Ich musste den Reis stampfen. Das fiel mir sehr schwer. Außerdem ging es mir die ganze Zeit nicht gut. Ich hatte sehr starke Bauchschmerzen und auch Hunger. Denn das Essen, das uns die Frau gab, war schlecht.

Im Lager der Rebellen gab es kein Salz. Salz war damals rationiert und sehr teuer. Wenn jemand mit einem Päckchen erwischt wurde, dann haben sie ihn dafür umgebracht. Ich habe monatelang mein Essen ohne Salz bekommen. Daraufhin wurde ich dann sehr krank, ich wäre damals fast gestorben. Medizin gab es keine. Mein Colonel hat mir schließlich Salz besorgt und es mir gegeben. Daraufhin sind meine Beine so stark angeschwollen, dass ich lange Zeit nicht mehr gehen konnte. Mein ganzer Körper tat weh. Aber auch in diesem Zustand kamen die Männer immer wieder zu mir und wollten was von mir. Sie haben mich nie in Ruhe gelassen.

Zu jener Zeit gab es schwere Kämpfe in der Gegend. Die ECOMOG-Truppen warfen Bomben auf unser Lager und die Kamajohs führten immer wieder Überfälle durch. Die RUF-Leute sind dann immer weggelaufen, in den Busch, und haben uns allein zurückgelassen. Wir mussten uns alleine verstecken. Dabei hatte ich jedes Mal sehr große Angst, denn die Kamajohs hätten uns sofort umgebracht, wenn sie uns gefunden hätten.

Einmal haben wir die Rebellen zur Rede gestellt und sie gefragt, warum sie uns überhaupt entführt hätten, wenn sie uns doch nur sitzen ließen. Daraufhin sind sie sehr böse geworden. Jedes Mal, wenn der Anführer böse wurde, sagte er uns, wir sollten uns nackt ausziehen und in einer Reihe aufstellen, wir würden jetzt ›gewaschen‹ werden. Davor hatten wir sehr große Angst. Denn ›waschen‹ bedeutete töten. Manchmal haben sie dabei wirklich ein paar Kinder umgebracht, andere Male haben sie uns einfach nur Angst gemacht.

Geredet haben die RUF nie mit mir. Mir hat nie einer der Männer irgendetwas erklärt. Sie sagten immer nur, sie würden für unsere Rechte kämpfen und wir würden nun zu ihnen gehören.

Einmal, als wieder Kämpfe waren, bin ich mit zwei anderen Mädchen davongelaufen. Wir kamen bis ins nächste Dorf. Aber dort haben sie uns erwischt und zurückgebracht. Als wir wieder in unserem Lager waren, haben sie uns in einen Raum gezerrt und uns mit einer Rasierklinge ihre Initialen unter der Kehle eingeritzt – ›R U F‹. Hier, da sind die Narben. Es hat ungeheuerlich wehgetan. Sie haben nur eine einzige Rasierklinge dafür benutzt, die war schon ganz stumpf. Sie sagten, so, nun könnte wenigstens jeder sehen, zu wem wir wirklich gehörten. Das haben sie mit allen Kindern so gemacht, die versucht hatten, davonzulaufen. Es war unglaublich grausam. Dafür hasse ich diese Männer heute noch. Wir waren gezeichnet und konnten nicht mehr weg. Hätte ein Mensch unsere Initialen gesehen, man hätte uns sofort umgebracht. Also waren wir erst recht wieder Gefangene. Ich hatte damals keine Angst mehr, dass sie mich umbringen würden, und habe ihnen auch ins Gesicht gesagt, wie grausam sie seien. Aber sie haben nur gelacht.

Die Wunden entzündeten sich dann und fingen an zu eitern, ich bekam hohes Fieber. Auch da habe ich keine Medizin bekommen, ich konnte nur Blätter darauflegen. Als die Schnitte dann endlich verheilt waren, hatte ich ganz große, dicke, hässliche Narben. Das macht mich heute noch sehr wütend. Inzwischen behandle ich die Narben jeden Tag mit einem Kräuteröl, das mir eine Heilerin gegeben hat. Sie sagt, damit würden sie verschwinden. Wenigstens sind sie schon etwas kleiner geworden. Vielleicht werden sie ja wirklich eines Tages unsichtbar.

Wie es zur Befreiung kam, weiß ich nicht mehr genau. Ich weiß nur, dass wir alle beisammen blieben. Der Colonel, seine Frau und wir drei Mädchen lebten weiterhin in einem Haus. Auch die anderen Kinder blieben in ihren Rebellenfamilien. Eines Tages befahl uns unser Anführer, gemeinsam in ein NCDDR-Programm zu gehen. Damals hatten die Rebellen schon ihre Waffen abgegeben und sich ergeben. Wir alle kamen in dasselbe NCDDR-Programm, bei dem wir lernten, wie man Seife herstellt. Es war schon komisch. Auf einmal kochten alle Rebellen Seife, statt zu kämpfen. Wir Kinder haben für die Teilnahme am Programm auch Geld bekommen, aber das nahmen uns die Rebellen sofort ab. Zu der Zeit lebten wir alle wie Familien zusammen. Ich habe allerdings keinen einzigen Menschen von denen jemals gemocht. In der Nacht kam der Colonel weiterhin zu mir und zu den anderen Mädchen.

Irgendwann habe ich ihnen dann gesagt, dass ich wegwollte, jetzt, wo der Krieg vorbei sei. Der Colonel fand das gar nicht gut. Er sagte dauernd, er sei jetzt meine Familie. Also lief ich mittendrin aus dem NCDDR-Programm weg. Ich bin heimlich ganz früh am Morgen abgehauen. Seitdem habe ich keinen aus meiner RUF-Familie jemals wieder gesehen. In einem Ort traf ich dann auf eine NGO und die hat mir geholfen, meinen Onkel hier in Kenema zu finden, denn meine Eltern sind ja tot. Meine Verwandten waren damals sehr glücklich, als sie mich wieder sahen, denn sie dachten, ich sei schon längst tot.

Als klar war, dass mich Abdul bei sich aufnehmen würde, hat er mich zum Imam gebracht. Der hat dann gemeinsam mit einem Beamten aus der Stadtverwaltung von Kenema eine Zeremonie abgehalten für mich. Sie haben Allah gedankt, dass ich am Leben geblieben war und gerettet wurde. Und sie haben mich in ihrer Gemeinschaft offiziell wieder aufgenommen. Das war ein sehr schönes Fest für mich. Es hat mir innerlich sehr gut getan. Seitdem fühle ich mich auch nicht mehr so schmutzig. Ich glaube fest an Allah und ich bete viel zu ihm, ich glaube, er hilft mir. Er hat mir auch, während ich bei den Rebellen lebte, immer wieder geholfen und mich getröstet.

Obwohl es mir nun besser geht, denke ich sehr häufig an die Zeit von damals zurück. Ich frage mich, warum sie das alles mit mir gemacht haben. Mein Körper, vor allem mein Bauch, tut mir immer noch sehr weh. Albträume habe ich aber keine mehr. Jedes Mal, wenn ich an diese Zeit denke, dann spüre ich vor allem eins: ungeheure Wut. Sie haben mich entführt, meine Eltern getötet und mich missbraucht. Sie haben meinen Körper geschändet. Und wozu? Ich kann keinen Sinn darin erkennen. Das, was sie mir angetan haben, werde ich ihnen nie verzeihen.

Im Grunde haben sie mein Leben zerstört, das macht mich sehr bitter. Aber ich bin ja erst 18 und habe noch eine Zukunft. Heiraten möchte ich vorerst nicht. Die Ausbildung zur Schneiderin ist mir viel wichtiger. Und wenn ich dann mal einen eigenen Laden habe und mir dann mal ein netter Junge begegnet, vielleicht, ja, vielleicht gründe ich dann

**auch eine Familie mit ihm. Kinder möchte ich nämlich schon bekommen.«**

Zainabs Narben unter ihrem Hals bilden sich tatsächlich schon leicht zurück. Das Öl der Heilerin hilft. Ihren Onkel Abdul bekomme ich nicht zu Gesicht. Aber er hat ihr zumindest die Erlaubnis gegeben zu sprechen. »Das mit der Familie ist schwierig«, räumt Moses von *Defense for the Children International* (DCI) später ein. Er kümmert sich um das Mädchen und will ihr den Platz in dem Schneiderinnen-Programm vermitteln. »Ihre Leute wissen, was sie durchgemacht hat, aber es ist eben auch eine Schande für sie. Deswegen blicken sie nicht gerne darauf zurück. Dabei hat Zainab noch Glück. Viele der Mädchen, die von ihren Kommandanten als Sexsklavinnen gehalten wurden, müssen sich heute ihren Lebensunterhalt als Prostituierte verdienen, weil sie niemand sonst mehr will. Man wirft ihnen vor, sie seien selbst schuld. Man sagt, sie hätten sich mit denen eingelassen, von ihnen Kinder gekriegt. Dass die Mädchen damals selbst noch Kinder waren, entführt und vergewaltigt wurden, wird dabei oft übersehen. Und die Kinder, die aus diesen Verbindungen geboren wurden, haben es in unserer Gesellschaft besonders schwer. Die Menschen wollen nicht mehr an die Gräueltaten von gestern erinnert werden. Und wenn sie dann auf diese jungen Frauen und Mütter treffen, entladen sie ihre Wut, indem sie die Mädchen als Soldatenhuren beschimpfen. Dabei konnten die ja gar nichts dafür. Das ist auch ein Grund, warum ein Großteil dieser Mädchen in Sierra Leone als Vertriebene lebt. Die wenigsten können nämlich in ihre ursprüngliche Gemeinschaft zurück.«

Wenn also ein Jugendlicher, aus welchen Gründen auch immer, an keinem der allmählich auslaufenden NCDDR-Programme teilnimmt, verzichtet er damit nicht nur auf eine Berufsausbildung und den monatlichen Lohn, sondern auch auf die moralische Unterstützung, die diese Programme den jungen Menschen bieten wollen. Gemeinsames Lernen und Arbeiten, neue Perspektiven für die Zukunft suchen, über die Erlebnisse der Vergangenheit mit anderen Jugendlichen reden – das versuchen die Programme, wenn auch nur notdürftig.

Doch wie so oft in Afrika gelten auch hier für die Mädchen, die immerhin ein Drittel der Kinder in bewaffneten Konflikten stellen, andere Maßstäbe. Sie erhalten nur unter erschwerten Bedingungen Zugang zu einem Programm. Viele der ehemaligen Sexsklavinnen leben noch immer mit ihren einstigen Entführern zusammen, kümmern sich um den Haushalt und die gemeinsamen Kinder und haben sich in ihr eheliches Schicksal gefügt. Andere haben in ihrer Not tatsächlich Beziehungen zu ihren Männern entwickelt. Sie sprechen von wahrer Liebe, und wenn man sie nach ihren Gefühlen fragt, verteidigen sie die Rolle ihrer Peiniger im Krieg und versuchen so, sich mit ihrer Situation zurechtzufinden.

Diejenigen Mädchen, die nach ihrem Dienst an der Front zu Verwandten oder sogar in ihre eigene Familie zurückkehren, schickt man nicht selten umgehend an den Kochtopf. Ihre Angehörigen sehen oft nicht einmal ein, warum man sie auf eine Schule gehen lassen sollte. Für die Mädchen bedeutet das, ein Leben im Abseits zu führen, ganz wie zuvor. Reintegriert werden müssen vor allem die jungen Männer, glaubt man. Den jungen Frauen wurden psychosoziale Hilfestellungen dagegen häufig verwehrt. Die Mädchen in Kenemas Schneiderinnen-Programm haben diese Erfahrung gemacht. Ob Opfer oder Täterin, die Grenzen sind längst verwischt.

Der heiße, rötliche Spätnachmittag geht allmählich in einen schwarz-blauen Abend über. Immer mehr Menschen strömen auf den Markt, Händler preisen ihre Waren an, die Teestuben füllen sich. »Das Unfassbare an den Geschehnissen unseres vergangenen Kriegs ist, dass es überhaupt so weit kommen konnte«, sagt mein Freund von DCI betrübt. »Wir verstehen es nicht. Wie konnten sie nur Kinder zwingen, die Hütten ihrer Eltern anzuzünden? Kleine Mädchen zu ihren Gespielinnen machen? Achtjährigen das Töten beibringen? Jeder Mensch hier, der über diesen Markt geht, kann dir eine grauenvolle Geschichte erzählen. Jedes Kind. Solange wir aber die Ursache dafür nicht verstehen, ändert sich wohl auch in Zukunft nichts.«

Geschichten gibt es in der Tat genug. Manche kann man in den Augen der Menschen lesen. »Wir hatten mal ein Mädchen hier, die das Pech hatte, Kind eines Soldaten zu sein«, fährt er fort. »Sie war sogar die Lieblingstochter ihres Vaters. Sie hat uns erzählt, wie ihr Vater eines Tages gegen Ende des Kriegs in seiner Zivilkleidung da vorn die Straße entlangging, als ihn ein paar Kamajohs erkannten. Sie stellten ihn, beschimpften ihn, zur Armee zu gehören, zogen ihre Macheten und zerteilten den Mann in Stücke. Mitten in der Stadt. Die Umstehenden konnten zusehen, schrien um Hilfe, rannten zur Familie des Mädchens, die gleich dahinten wohnt. Die Kleine kam herbeigelaufen, schließlich war sie ja das Lieblingskind, fand ihren Vater sterbend auf der Straße liegen, beugte sich über ihn und hörte noch, wie er sagte, Gott würde sie beschützen. Das Mädchen war damals 11 Jahre alt. Und die Kamajohs? Die blieben daneben stehen, beschimpften das Kind und drohten ihr, dasselbe mit ihr zu machen, wenn sie auch nur eine Träne für diesen Verräter vergießen würde. Er habe es schließlich nicht anders verdient. Sie erzählte uns, sie habe dann einen Schreikrampf bekommen und die Nachbarn hätten sie weggebracht.

Das Tragische an dieser Geschichte ist, dass diese Dinge häufig vorkamen. Die Kamajohs waren Zivilisten wie wir. Sie waren nicht die Rebellen, denen man die ganzen Ungeheuerlichkeiten heute noch vorwirft. Es waren normale Bürger, Kinder und Jugendliche, die damit angaben, ihr Land vor der RUF zu verteidigen. Also bitte, woher kommt dieser Hass? Und dieses Mädchen hat uns schließlich erzählt, dass sie die Mörder ihres Vaters immer noch regelmäßig in diesem Viertel sieht, dass die Stadt voll ist von solchen Leuten. Wie soll sie da jemals Frieden finden?«

***

Auf diesen Frieden, den es doch nur zaghaft gibt, bauen umso stärker die christlichen Kirchen. Ganz in der Nähe der Moschee, in einer Seitenstraße, finde ich die größte katholische Kirche Kenemas. In ihrem Umkreis ist es, im Gegensatz zum bunten Treiben rund um die Moschee, nur am Sonntag stark belebt. Dann allerdings überwiegt auch hier die Festtagsstimmung und die wilde Entschlossenheit der Gläubigen, dem Leben, komme was wolle, eine wunderbare Zukunft abzugewinnen.

Die christlichen Prediger begrüßen diesen Wunsch. Sie hoffen nicht nur auf den Frieden, sie ordnen ihn regelrecht an. Zahlreiche Menschen sind mangels äußerer und innerer Hilfestellungen nach dem Krieg zum Christentum übergetreten, um in den diversen Gemeinschaften die Kraft zum Neuanfang zu finden. Dazu gehören auch viele junge Mädchen, die hoffen, mit dem Religionswechsel einer Mehrehe entgehen zu können. Die Muslime würden nicht so viele Feste organisieren, begründen die einen den Glaubenswechsel. Ihre Freundinnen und Nachbarn hätten sie überredet, sagen die anderen. Manchmal führen sie auch die Lehrer, dann wieder die Kollegen an. Zehntausende von Vertriebenen wollen schließlich zusammengehören und eine neue Gemeinschaft bilden. Mit den neuen Lebensumständen werden in den Menschen neue Bedürfnisse geweckt.

Die christlichen Kirchen, die weitaus heftiger um neue Mitglieder werben, als die Muslime dies tun, profitieren davon. Sie organisieren Männer-, Frauen- und Kinderclubs. Bibelkreise werden ins Leben gerufen, Chöre zusammengestellt und Musikgruppen gegründet. Ehrenamtliche Helfer erteilen den Kindern am Nachmittag Religionsunterricht.

Die Gläubigen greifen tief in ihre Taschen, um zerstörte Gemeindesäle, Pfarrhäuser oder ganze Kirchen wieder aufzubauen. Feste werden gefeiert, bei denen regelmäßig Spendenkörbe herumgereicht werden. Die Gemeinden leben von der Solidarität der Mitglieder. Wenn jemand einmal nicht zum Sonntagsgottesdienst erscheint, besucht ihn daraufhin eine besorgte Delegation. Manch einem wird dieses Übermaß an überwachender Nähe dann doch ein wenig zu viel, aber Abkehr vom Glauben wird nicht gern gesehen.

Zum Ansporn rufen die Prediger ihre Herden Sonntag für Sonntag zur Versöhnung auf, beschwören Tugenden wie Geduld und Vergebung. Sie sagen, es ginge nicht anders. An Gott liege es, für Gerechtigkeit zu sorgen, nicht am Menschen. Alle Wunden und Schmerzen würden verheilen, wenn nur der Glaube stark genug wäre.

Immerhin, viele dieser Gemeinden leisten tatsächlich aktiven Friedensdienst, indem sie gedanklich weniger um Begriffe wie Schuld und Sühne kreisen denn um Nächstenliebe und Barmherzigkeit. Sie veranstalten auch interreligiöse Gesprächsgruppen und versuchen so von der Basis aus, den allesamt seelisch verwundeten Menschen wieder einen Weg zu weisen. Dennoch sind sich manche der diversen Prediger ihrer Rolle und Macht durchaus bewusst.

Einige ereifern sich in ihrem missionarischen Wirken allerdings dermaßen, dass man schon neue Konfrontationen befürchtet: religiöse Auseinandersetzungen, die es bisher in Sierra Leone noch nicht gegeben hat.

Auch die Imame rufen zur Versöhnung auf. Die islamischen Gemeinschaften engagieren sich ebenfalls in Sozialdiensten und in der Friedensarbeit, wenngleich sie nicht so in Erscheinung treten wie die Christen.

Die Stammesältesten der Dörfer tragen ebenfalls aktiv zur Versöhnung bei, indem sie Reinigungsrituale und Zeremonien abhalten. »Die afrikanischen Riten, die an den Kindern durchgeführt wurden, hatten große Wirkung«, erklärt mir Moses. »Die Kinder, ob Christen oder Muslime, haben gespürt, dass ihnen vergeben wird, dass die Gemeinschaft sie wieder bei sich aufnimmt, dass man sie liebt, sich ihretwegen Sorgen macht. Und darum geht es doch letztlich. Immerhin haben uns ja auch Exrebellen von geheimen Initiationen und schwarzer Magie berichtet, bei denen ihnen angeblich die Kraft zum Töten übertragen wurde. Nach diesen Kulthandlungen glaubten sie, nun mit übernatürlichen Kräften ausgestattet zu sein, und zogen so in den Krieg. Wer weiß, vielleicht verfügten sie ja auch über magische Kräfte. Anders lässt sich dieser Wahnsinn sonst nämlich nicht verstehen.«

Der Krieg und die Gewalt hätten sich damals verselbstständigt, höre ich immer wieder. Kein Mensch habe an seine Auswüchse geglaubt. Jeder habe gehofft, der Spuk würde bald vorübergehen. Denn es kann doch nur ein Spuk gewesen sein, sagen sie. Ratlosigkeit herrscht bei den Politikern vor, beim Volk und bei den ehemaligen Rebellen. Ratlos ist man auch in der Armee. Nie wieder soll so etwas geschehen, darin sind sie sich einig. Aber wie dieses »Nie wieder« zu schaffen ist, dafür gibt es noch keine Antwort.

In der Praxis bedeutet das: Bis die Antwort gefunden ist, müssen die Menschen dort weiterhin Nacht für Nacht in der Finsternis versinken, sich mit Taschenlampen den Weg durch Schlaglöcher bahnen, den Kindern Kerosinlampen oder eine Kerze zum Lernen anzünden und täglich Staub einatmen. Und sie werden auch weiterhin nur sechs Monate im Jahr wirklich befahrbare Straßen haben, keine Mittel für eine Ausbildung aufbringen können, nicht genügend Geld haben, um satt zu werden, und hilflos zusehen, wie die Neugeborenen nach ein paar Monaten an rätselhaften Krankheiten oder an Unterernährung sterben. Es bleibt ihnen nichts anderes übrig, als den Poliokranken ihr Dasein auf dem Fußboden zuzuweisen, weil ein Gefährt für Behinderte unerschwinglich ist. Und sie werden weiterhin das Palmöl einschränken, weil es jeden Monat teurer wird, und den Reis aus Pakistan einführen, weil die Bauern vom Land ihren fruchtbaren Boden verlassen, da es in ihren Dörfern noch weniger gibt, was ihnen lebenswert erscheint.

Angesichts der offensichtlichen Sinnlosigkeit der Lage bedeutet das aber auch, dem kollektiven Trauma einen gehörigen Tritt zu geben: Feste zu feiern, Musik zu machen, Tanzpartys zu veranstalten und in Festgottesdiensten den Allmächtigen zu preisen, dafür, dass man wenigstens am Leben ist.

»Am liebsten wäre es mir, wir könnten alle führenden Politiker in Afrika zu unseren Workshops für Kriegsopfer einladen«, wünscht sich die ugandische Psychologin aus dem Flugzeug, der ich in Kenema wieder begegne. »Ich würde sie am liebsten zwingen, daran teilzunehmen. Wenn es nach mir ginge, müssten sie ein paar Tage ruhig sitzen bleiben, ohne sich aufzuspielen. Und dann würde ich zum Beispiel die Folteropfer reden lassen. Und die Kindersoldaten. Und die Menschen, die täglich Hunger haben. Und ich würde die Analphabeten vorführen. Und die Aidswaisen. Und dann sollten sie mal sehen, was für Nationen sie sich da herangezüchtet haben, unsere Herrscher. Aber das ist es ja. Sie nehmen an keinem Workshop teil. Sie haben nämlich nur ein einziges Interesse: sich selbst.

Unseren NGOs und den internationalen Organisationen fällt dafür regelmäßig die ehrenvolle Aufgabe zu, die Opfer zu betreuen. Wir dürfen den Überlebenden das Gefühl vermitteln, dass es durchaus normal ist, mit Albträumen und seelischen Schmerzen zu leben. Wir erklären ihnen, dass sie mit ihrem unermesslichen Leiden nicht allein dastehen, sondern es ganzen Nationen genauso geht. Und wenn wir dann mal den Politikern begegnen, bei irgendwelchen offiziellen Anlässen, klopfen sie uns auf die Schulter und loben unsere Arbeit. Wir würden den Menschen den Glauben an sich selbst zurückgeben, sagen sie. Das sei wichtig für Afrikas Zukunft. Und dann gehen sie wieder und widmen sich ihren Geschäften und ihrem Machterhalt. Und sie merken nicht einmal, was für erbärmliche Figuren sie dabei abgeben.«

Doch alle Empörung hilft nichts, im Gegenteil. Ziemlich frustriert erzählt sie mir, dass ihre eigene NGO, das *Center for Victims of Torture* (CVT), ihre Arbeit mit Folteropfern und Kriegstraumatisierten aufgrund der immer geringeren Mittel nun auch einschränken wird. Das ist keineswegs eine Folge schlechter Arbeit, nur eben ein Resultat knapper Kassen. Als wäre das ein Trost, wurden ihre Leute dafür nun auch von Liberia angefordert und von der Republik Elfenbeinküste.

Auch ihre Mitarbeiter sind, wenn man so will, die Nachhut. Sie kehren die Scherben zusammen und kitten an den verstümmelten Seelen, was noch zu kitten ist. Nur die Frage nach dem Sinn des Ganzen drängt sich auch ihnen immer wieder auf.

## *Wenn du das nicht machst, bist du tot*

Es ist Feiertag und sehr heiß. Auf den Straßen flanieren Frauen und Männer in ihren schönsten Gewändern, auch die Kinder haben sie in prachtvolle Kleider gehüllt. Mädchen mit kunstvollen Frisuren, die ihnen ihre älteren Schwestern extra für diesen Anlass gesteckt haben, staksen wie kleine Prinzessinnen durch den roten Sand. Die kleinen Jungen tragen würdevoll ihre Sonntagsanzüge und eleganten Hemden spazieren. Ganz Kenema ist in Festtagsstimmung.

Die Muslime begehen heute das Opferfest, eines der wichtigsten islamischen Feste überhaupt. An diesem Tag wird zur Erinnerung an das Opfer Abrahams ein Schaf geschächtet und sein Fleisch an die Armen verteilt. So fordert es der Koran von jedem frommen Muslim. Außerdem beendet das »Große Fest«, wie es auch genannt wird, den Pilgermonat und ist damit krönender Abschluss für jeden Muslim, der sich auf den Weg nach Mekka gemacht hat, um dort einmal in seinem Leben die Kaaba, in die der heilige Stein Abrahams eingemauert ist, zu umrunden. Und die Christen Kenemas feiern, wenn auch verhaltener, ganz selbstverständlich mit. Schöne alte Männer sind auf den Straßen zu sehen, heute in bunte, leuchtende Kaftane gehüllt. Sie beglückwünschen sich, lachen, reden. Der ockerrote Staub Kenemas wird an diesem Tag mit kühlem Indigoblau und Flaschengrün durchsetzt, mit leuchtend weißer Seide und warmem Kakaobraun.

Viel Fleisch an die Armen zu verteilen gibt es nicht, da nahezu jeder hier selbst arm ist. Schließlich leben 85 Prozent der Sierra-Leoner immer noch unter der Armutsgrenze, also mit weniger als einem US-Dollar pro Tag. Dafür haben die Libanesen nun Gelegenheit, sich großherzig für den lukrativen Aufenthalt in diesem Land zu bedanken. Und sie kommen ihrer Pflicht gewissenhaft nach: Hier gibt es einen extra Sack Reis für eine Familie, dort eine Mahlzeit für eine andere. Die Libanesen können es sich leisten, die Landbevölkerung blickt dafür bewundernd zu ihnen auf. Ist sie doch unendlich dankbar für die Anstellung als Fahrer oder Wachmann, als Laufbursche oder Hausmädchen.

Wie viel die Edelsteine tatsächlich wert sind, von denen ihre Bosse leben, wissen die Menschen hier ohnehin nicht. Sie ahnen es allenfalls und machen sich dann selbst auf, welche zu finden. Doch auch damit kommen sie in der Regel nicht weit. Wer einen Diamanten gefunden hat, landet wieder in den »Buy and Sell«-Läden von Kenema und auch dann gibt es selten mehr als einen großen Sack Reis und ein paar Geldscheine für die glücklichen Finder.

Eine halb verfallene Baracke am Rand der Hangha Road wirbt mit der Aufschrift »The Millennium Tea«. Auf ein paar bunten Plastikstühlen vergnügt sich eine Gruppe alter Männer bei einem Glas Tee. Vor dem »Jackpot«, einem heruntergekommenen Nachtlokal, sehe ich wieder die Motorradtaxi-Gang in großer Pose herumhängen. Ganz offensichtlich warten sie auf Mädchen.

In einem von Palmen und Mangobäumen durchsäumten Wohnviertel hinter der Moschee sitzen die daheim gebliebenen Familien auf ihrer Veranda und reden. Frisch gewaschene Wäsche liegt zum Trocknen auf dem Sandboden in der Sonne, weiße Tücher auf Rot. Die Kinder spielen Verstecken in durchlöcherten und ausgebrannten Autowracks, die hier – eine abschreckende Erinnerung an den Krieg – irgendwann in den Straßengräben hängen geblieben sind. Bis auf ein paar Stände mit Getränken und Süßigkeiten haben die Geschäfte heute geschlossen.

Nur die kleinen Kinder laufen, wie an Werktagen auch, mit ihren Wasserpäckchen, Erdnüssen und geschälten Früchten durch die belebte Gegend. Ein etwa Achtjähriger in kurzen Shorts hat einen Schulranzen umhängen und sitzt alleine auf einem Mauervorsprung. Vor sich hat er eine Messingplatte mit Orangen. Neben ihm spielen Nachbarskinder Fangen, er schaut ihnen zu. In der Hand hält er ein großes Messer, mit dem er Frucht um Frucht schält. Die Orangen sind riesengroß in seinen kleinen Händen, das Messer ebenfalls. Er ritzt vorsichtige, kunstvolle Schnitte in die Fruchtschale, dreht und wendet sie hin und her, spießt sie selbstvergessen auf. Dann schält er weiter, löst die Schale von der Frucht, legt sie behutsam, als handle es sich um sein Spiel an diesem Nachmittag, Stück für Stück neben sich auf die Mauer, arrangiert die Schalen in kleine Gruppen und widmet sich wieder der Frucht. Nun zieht er die weiße Haut vorsichtig mit dem Messer ab, Millimeter für Millimeter. Er lässt keine Unebenheit zu und zieht, schabt und schält so lange, bis die Orange schließlich wie ein formvollendetes Kunstwerk vor ihm liegt. Dann legt er sie in die Mitte des Tellers und beginnt mit der nächsten Frucht. Die Kinder um ihn herum beachten ihn nicht. Sein Rücken wird unter dem Gewicht der Tasche rund und runder. Irgendwann entledigt er sich des braunen Ungetüms, träumt vor sich hin und wartet darauf, dass ihm vielleicht eines der Kinder eine Orange abkauft. Aber heute hat er kein Glück. Zwei Stunden später nimmt er sich schließlich selbst eine Frucht, schlürft ihren Saft heraus, packt seinen Ranzen und die restlichen Orangen und verschwindet.

***

Jetzt ist es Spätnachmittag. Auf einer schattigen Veranda sitzt ein 17-jähriger Junge in einem viel zu großen T-Shirt vor mir und schaut mich abwartend an. Sein ehrenamtlicher Betreuer hat ihm einen großen Teller Reis mit Kartoffelblättern auf den Schoß gestellt. Ob es mir was ausmache, wenn er zuerst was äße, fragt er mich. Aus dem Haus tönt kreolische Tanzmusik. Er habe gehört, dass da jemand aus Europa was aufschreibt. Deshalb sei er gekommen. Er würde gerne erzählen, wie das so war, damals mit ihm. Er möchte, dass man seine Geschichte erfährt.

OSMAN, 17:

»Ich bin nicht von hier, ich komme von der Küste, aus dem Süden. Aber ich lebe schon länger in Kenema. Ich habe hier einen Platz in einem Programm bekommen, in dem wir aus Schrott neue Gegenstände bauen. Eisenkanister für Öl oder Benzin, Wassertanks und Rohre und so. Das ist eine Arbeit, die mir großen Spaß macht. Mein Lehrer hier hat mich bei sich aufgenommen. Er lässt mich bei sich umsonst essen und wohnen. Mir macht es nichts aus, in einem fremden Ort und bei meinem Lehrer zu wohnen, denn er ist ein guter Mensch. Und seit 1993, als ich von den Rebellen gefangen wurde, bis zum Jahr 2002, als man mir die Waffen abgenommen hat, habe ich sowieso immer nur mit irgendwelchen fremden Leuten gelebt. Meine Eltern und Verwandten habe ich seither nie wieder gesehen. Ganz am Anfang, damals, fand ich das nicht so gut, bis dahin hatte ich ja immer nur bei meiner Familie gelebt. Aber jetzt ist es mir egal.

Wie das alles angefangen hat damals, weiß ich noch ganz genau. So, als ob es gestern gewesen wäre. Wir waren zu der Zeit gerade zu einer Tante geflüchtet, als die RUF auch ihr Dorf überfiel. Alle Leute rannten bei dem Überfall in Panik weg, alle gleichzeitig. Und alle rannten sie in alle möglichen Richtungen. Ich nahm auch eine Richtung, aber eben gerade die falsche. Ich rannte nämlich mitten in die Rebellen hinein. Ein junger Mann hielt mich plötzlich am Arm fest und sagte mir, er würde mich jetzt umbringen. Aber seine älteren Kumpels überzeugten ihn, mich am Leben zu lassen. Sie sagten, sie könnten mich noch gut gebrauchen. Also brachte mich der junge Mann nicht um. Stattdessen gab er mir sein Gewehr und seinen Sack und sagte, ich solle das nun für ihn tragen. Dann brachten sie mich weg. Seither habe ich niemanden von meinen Leuten jemals wieder gesehen.

In der Anfangszeit haben sie mich als ›Small Boy‹ eingesetzt, also als Träger und für ihre Hausarbeit. Das dauerte aber gar nicht lange. Ich hatte die Leute schnell durchschaut und gesehen, wie sie mit denen umgingen, die sich gegen ihre Befehle wehrten. Ich wollte unbedingt am Leben bleiben, also habe ich mich sofort gefügt. Ich habe mich sogar bald mit einigen von ihnen angefreundet oder vielmehr so getan, als ob. Ich war zwar noch klein, aber mein Leben war mir eben wichtig. Wenn man sich nicht gut mit ihnen verstanden hat, haben sie einen ganz schön mies behandelt.

Nachdem sie keine Probleme mit mir hatten, sagten sie dann schon nach ein paar Monaten zu mir, sie würden mich trainieren. Ich sagte ihnen sofort, dass ich nichts dagegen hätte. Zuerst übten wir mit Stöcken, aber nicht lange. Dann gaben sie uns Gewehre und brachten uns bei, wie man schießt und so. Auch wie man Handgranaten zündet, das habe ich alles gelernt. Die Ausbildung dauerte ungefähr ein halbes Jahr. Wir mussten täglich üben. Dafür haben sie uns sogar in ein Extralager gebracht, weg von den anderen. Uns wurde gesagt, wir hätten eine Mission zu erfüllen. Und dass jede Mission gelingen müsste, sonst würden sie uns töten, das haben sie dazugesagt. Die haben sowieso jeden Tag damit gedroht, uns zu töten. Angst um mein Leben hatte ich damals immer noch, aber da sie mit mir eigentlich immer zufrieden waren, hat sich das dann auch wieder gelegt. Also irgendwie waren das schon verrückte Zeiten damals. Ich habe wirklich schon sehr viel erlebt.

Nach dem Training wurden wir wieder zu den anderen zurückgebracht und durften mit den Erwachsenen mitkämpfen. Das war irgendwie schon ein gutes Gefühl. Vor jedem Einsatz erklärten sie uns kurz, was wir machen sollten, unsere Mission eben. Oft mussten wir zuerst als Spione vorangehen. Der Anführer gab nie große Erklärungen, immer nur kurz vor einem Angriff. Wir sollten zum Beispiel den Feind ausspionieren, also herausfinden, wo die CDF oder die Armee versteckt war. Oder prüfen, wie viele Leute in einem Dorf waren und was sie dort an Tieren und Essen hatten. Dann kamen wir zurück und mussten Bericht erstatten. Als Nächstes schickte uns der Anführer wieder los und wir mussten Handgranaten auf die Stellungen der Feinde werfen. Wenn alle tot waren, sind wir hingelaufen und haben den Männern ihre Waffen, ihre Kleidung und ihren Proviant abgenommen.

Dörfer haben wir auch überfallen, vor allem dann, wenn uns die Nahrung ausging. Das war mir nicht so angenehm, Hütten anzünden und einfach Zivilisten töten zu müssen, aber sie zwangen uns dazu. Dauernd hieß es: ›Wenn du das nicht machst, bist du tot.‹ Also habe ich es gemacht. Wir haben den Leuten auch ihre Hühner und Ziegen gestohlen. Auf die größeren Missionen sind nicht nur wir Kinder geschickt worden, auch die Erwachsenen kamen mit, aber die Kinder gingen immer voraus. Der Anführer hielt sich hinten versteckt und gab von dort aus seine Befehle.

Ich habe viele Kinder bei den Angriffen sterben sehen, das war hart, denn sie waren meine Kumpels, aber ich war trotzdem jedes Mal froh, dass es nicht mich erwischt hatte. Zu der Zeit, als wir gemeinsam so viel kämpften, hatte ich die RUF-Leute schon ziemlich gern. Immerhin haben wir ja alles geteilt. Wir haben zusammen gelebt, zusammen gekämpft und uns zusammen versteckt. Wenn wir einen Ort erobert hatten und uns irgendein Kamajoh oder Soldat gefunden hätte, wären wir gemeinsam gestorben. Wir wussten das und es hat dazu geführt, dass wir Freunde wurden. Später, als ich größer war, haben sie mich auch immer mitgenommen, wenn es einen Sieg zu feiern gab, zu den Frauen und so.

Also, das war irgendwie schon eine gute Zeit damals. In unserer Truppe haben übrigens auch viele Mädchen mit dem Gewehr gekämpft. Die waren oft noch brutaler als wir. Mit denen haben wir uns auch gut verstanden, wir waren eben ein richtiger Verbund, außerdem saßen wir sowieso im selben Boot.

Trotzdem, das Gefühl, das uns verband damals, war eher das der Kameradschaft, nicht wie das in einer Familie. An meine Familie habe ich sowieso nicht mehr gedacht. Es war eben so, wie es im Krieg üblich ist. Eben noch hat man mit seinem Kumpel irgendwo im Busch zusammen gesessen und im nächsten Moment lag er tot neben dir, weil wir vom Feind überrascht worden waren. Es ging dauernd so. Wir hatten keine ruhige Minute. Da fühlt man sich nicht gerade wie in einer Familie.

Jeder von uns, der seine Mission gut gemacht hatte, wurde befördert. Dann durfte man selbst Befehle geben. Ich bin öfter befördert worden. Ich bekam auch schon früh eine tiefe Stimme. Da trauten sich die anderen dann sowieso nicht mehr, mich ständig wegen irgendwelcher Kleinigkeiten herumzukommandieren. Ich habe es bis zum Sergeant gebracht. Da hatte ich dann eine Gruppe von 15 Kindern unter mir, die mir gehorchen musste. Eigentlich hatte ich die alle recht gern. Ich habe sogar dafür gesorgt, dass in meiner Truppe nicht immer die Kleinsten an die vordere Front mussten. Und wenn ein Kind verletzt war, dann habe ich ihm, so gut es ging, auch geholfen.

Das waren Zeiten damals! Manchmal muss ich direkt darüber lachen. Wenn ich mich heute daran zurückerinnere, kann ich mir gar nicht mehr vorstellen, dass wir das alles wirklich erlebt haben. Manchmal denke ich sogar, ich habe alles nur geträumt. Doch in solchen Momenten brauche ich nur in den Spiegel zu sehen und meine Narbe am Kopf betasten. Ich bin nämlich einmal bei einem Angriff sehr schwer verletzt worden. Dass ich das damals überlebt habe, ist sowieso ein Wunder. Mich hat ein Granatsplitter am Kopf getroffen.

Vor dem Angriff hatte unser Anführer noch gesagt, wir müssten diesmal unbedingt siegen, sonst würden wir alle sterben. Immer dasselbe eben. Also sind wir ganz schnell weit vorgerückt, ohne Deckung, und da ist es dann passiert. Der Feind hat uns von hinten überrascht. Die waren in der Überzahl. Die hätten uns fertig gemacht. Einer von meinen Jungs hat eine Granate geworfen und ein Splitter davon hat mich am Kopf getroffen. Ich hatte eine ganz tiefe Wunde, das Fleisch hing mir ins Gesicht. Dabei mussten wir ja weiterkämpfen. Das war eigentlich das erste Mal, dass es mir gereicht hat. Ich wollte daraufhin nicht mehr an die Front. Aber sie haben mich verarztet, mir gesagt, das wird schon wieder, und mir Kokain gegeben.

Wir alle haben regelmäßig Kokain bekommen. ›Dann haltet ihr länger durch‹, haben sie uns gesagt. Das mit den Drogen war nicht gut, aber während der Angriffe hat es schon gewirkt. Wir haben uns einfach auf den Feind gestürzt und gekämpft und man hat das alles irgendwie nicht so richtig mitbekommen. Nur hinterher ging es einem immer beschissen.

Meine Wunde verheilte trotzdem nicht richtig. Ich bekam einen ganz geschwollenen Kopf. Ich muss wohl fürchterlich ausgesehen haben, damals, aber was soll's. So waren sie eben, diese Zeiten an der Front.

Ich bin viel rumgekommen. Wir fingen im Osten zu kämpfen an und dann im Norden, dort, wo der große Boss saß. Dann im Süden und schließlich im Westen, ja, bis wir dann am 6. Januar 1999 Freetown einnehmen konnten. Das waren schon herbe Zeiten. Ich habe alles mitgekriegt, weil ich ja schon ziemlich von Anfang an dabei war. Es hieß, wir kämpften für die Freiheit und für unsere Rechte. Das klang schon gut.

Ans Weglaufen habe ich kein einziges Mal gedacht. Wo hätte ich denn hingehen sollen? Und richtige Angst hatte ich eigentlich nur vor den Kamajohs. Die hätten uns nämlich alle sofort erledigt, wenn sie einen von uns erwischt hätten. Also, wenn mir einer von denen zu nahe gekommen wäre, hätte ich ihn eben zuerst getötet. Ganz einfach.

Unser Anführer schickte uns Kinder oft als Zivilisten verkleidet auf Erkundungstour. Wir alle hatten ein Code-Wort bekommen, damit wir uns von den Kamajohs unterscheiden konnten. Die hatten ja auch keine Uniform, so wusste man nie, wer vor einem stand. Das war schon sehr aufregend. Sobald wir von den Erkundungstouren zurückkamen, konnte unser Anführer den Angriff vorbereiten. Manchmal war unsere Truppe dann 100 oder 200 Mann stark.

Einmal im Norden, mitten im Dschungel, habe ich etwas Seltsames erlebt, das ich mir bis heute nicht erklären kann. Wir hatten unser Lager aufgebaut, als plötzlich ein Helikopter kam und landete. Unser Anführer lief hin und redete mit den Männern in dem Helikopter. Und ich sah, dass da lauter Weiße drinsaßen. Sie verhandelten ziemlich lange, die Männer stiegen aber nicht aus. Am Schluss haben sie dem Anführer dann mehrere kleine Päckchen übergeben und dann flog der Helikopter wieder davon. Ich habe mich damals schon gefragt, was Weiße mit unserem Krieg zu tun haben. Ich habe den Anführer auch gefragt, wer die Männer waren, aber er hat mir darauf nie eine Antwort gegeben.

Geld haben wir von den Anführern nie bekommen, nur Essen und Kleidung. Es war sehr hart. Wenn einer von uns mal ein paar Gramm Salz gefunden hatte, musste er die auch sofort abgeben. Wir durften nichts Eigenes behalten.

Wir haben schon ein besonderes Leben geführt damals, doch stolz auf mich war ich während der ganzen Zeit eigentlich doch nicht. Ich habe nie vergessen, dass ich das alles nur mitgemacht habe, weil ich am Leben bleiben wollte. Meine Kumpels waren gut. Aber dass das Töten Spaß macht, das kann man wirklich nicht behaupten. Heute, wenn ich daran zurückdenke, bin ich sogar erschüttert, wie ich das all die Jahre ausgehalten habe, denn ich habe Furchtbares gesehen. Es ist nur so im Krieg, irgendwann vergisst man das alles und wenn es jeden Tag nur um ›Angriff, Angriff, Angriff‹ geht, dann kommt man auch nicht zum Nachdenken. Wir sind ja ständig davongelaufen, weil uns die anderen gejagt haben. Natürlich haben wir in all den Jahren auch immer wieder gesiegt, aber trotzdem waren die Kamajohs und Soldaten letztlich stärker.

Den letzten Kriegstag habe ich in der Stadt Daru erlebt. Sie haben uns aufgefordert, uns zu ergeben. Ich habe nicht lange überlegt, bin zu den ECOMOG-Soldaten hin und habe mein Gewehr abgegeben. Eigentlich war das gefährlich, denn einigen von uns haben sie die Gewehre abgenommen und sie dann getötet, aber mich haben sie gehen lassen. Ich bin dann alleine bis nach Kenema gekommen. Hier hat mir eine NGO geholfen. Die haben als Erstes meine Kopfwunde richtig behandelt, denn die war immer noch nicht verheilt. Sie haben mich zu den Ärzten geschickt, die haben mich operiert und mir Medikamente gegeben. Ich habe immer noch sehr starke Kopfschmerzen, vor allem wenn es wärmer wird. Manchmal kann ich den Tag nur mit Schmerztabletten überstehen, aber da hilft alles nichts. Wenigstens bin ich am Leben.

Inzwischen habe ich großen Abstand zu den Ereignissen von damals. Wie gesagt, ich kann es oft gar nicht fassen, dass ich das alles wirklich erlebt habe. Von meinen Kumpels von damals sehe ich viele hier, aber heute will ich mit ihnen nichts mehr zu tun haben. Manche von denen haben sich immer noch nicht verändert. Die warten nur auf die nächste Möglichkeit zum Krieg.

Ich habe es an der Front zwar sehr weit gebracht und alle waren zufrieden mit mir, aber trotzdem, kämpfen möchte ich nicht mehr. Der Lehrer, bei dem ich jetzt bin, möchte einen guten Menschen aus mir machen. Die RUF-Leute waren zwar nett zu mir, aber sie haben mir eigentlich nur Schlechtes beigebracht. Allen Kindern haben sie nur Schlechtes beigebracht. Das finde ich nicht gut und ich bin auch der Meinung, dass diese Leute heute bestraft gehören. Zumindest die Anführer, die uns gefangen genommen und andere Kinder entführt haben.

Ich habe für meine Zukunft nur einen Wunsch: dass der Beruf, den ich erlerne, mir weiterhilft. Mein Lehrer ist sehr an meinem Fortschritt interessiert und auch er ist sehr zufrieden mit mir. Er möchte nicht, dass ich kriminell werden muss wie die anderen, nur um eine Zukunft zu haben. Und das mit den Eisenkanistern macht mir auch wirklich Spaß. Ich hoffe nur, dass ich später davon auch wirklich leben kann.«

Osman hat Hände wie ein alter Mann. Während er erzählt, lacht er oft. Er redet ohne Unterlass, nicht stockend oder gar stotternd, wie so viele andere, denen ich begegnet bin. Er hat keine Schule besucht, bei seinem Lehrer aber Schreiben und Lesen gelernt. Er sagt, dass er heute die Straßenseite wechsle, wenn ihm einer seiner ehemaligen Kumpanen zu nahe käme. Und er hat ihnen ausrichten lassen, dass er an keinem ihrer Zeitvertreibe mehr interessiert sei, dass sie ihn in Frieden lassen sollten. Er hat das mit Nachdruck getan.

Wie er so dasitzt, gleicht er einem gutmütigen Kriegsveteran. Den Terror, den er mit verbreitet hat, sieht man ihm nicht an. Er ist 17 und hat den Blick eines 50-Jährigen. Schlecht träumen würde er nicht, es gehe ihm gut bis auf das andauernde Kopfweh, meint er noch zum Abschluss. Dann steht er auf, bedankt sich. Ich bedanke mich auch und frage ihn, wie er sich jetzt fühle. Gut, sagt er. Seine Geschichte habe er nämlich noch niemandem so ausführlich erzählt, auch seinem Lehrer nicht. Und er verspricht, sich künftig in einem Jugendclub für Veteranen zu engagieren. Dann macht er sich auf den Weg zu seiner Schrotthandlung.

Meine Gastgeber von DCI indes fühlen sich gar nicht gut. Osmans Geschichte hörten sie heute zum ersten Mal. Dutzenden von anderen ehemaligen Kindersoldaten haben sie bereits zugehört und immer wieder bleiben sie ratlos und empört zurück. Dabei haben sie selbst den Krieg in seiner ganzen Rohheit durchlebt. Sie haben eigene Schmerzen und Verluste zu beklagen und mit nicht verheilten Wunden zu kämpfen, nach denen sie keiner fragt. Denn viele derjenigen, die sich in Hilfsprogrammen engagieren, die Kinder von den Straßen auflesen und deren Angehörige kontaktieren, ihnen Ausbildungsplätze vermitteln und für die Kleinen eine Schulausstattung organisieren, haben selbst auf unterschiedlichste Weise am Krieg teilgenommen. Mit einer Hand voll Mitstreitern versuchen sie, den Kindern in Sierra Leone zu helfen. Doch bleibt ihnen immer nur das Gefühl, zu wenig zu tun, keine Chance zu haben, diese Kinder jemals in eine bessere Zukunft zu führen. Und immer wieder stellt sich auch ihnen die Frage nach dem Warum.

Zu unseren Treffen gesellt sich schließlich auch ein ehemaliger Kamajoh dazu, der zwar noch engen Kontakt zu den Soldaten der Armee pflegt, sich ansonsten aber in Friedensinitiativen engagiert. Die einseitigen Darstellungen von Seiten der RUF und der Armee würden ihn ärgern, gesteht er mir bei einer Gelegenheit leise. Mit der Gerechtigkeit in Sierra Leone sei es seiner Meinung nach leider immer noch nicht weit her.

JAMES, 22:

»Also ich liebe mein Land. Deshalb habe ich damals auch keine Sekunde gezögert, mich den CDF anzuschließen. Kamajoh, das klingt heute so verwegen. Wir haben uns verteidigt, weiter nichts. Die Armee war dazu ja offenbar nicht in der Lage. Hätten wir denn tatenlos zusehen sollen, wie die RUF weiterhin unsere Dörfer und Felder verbrennt und die Menschen in Stücke teilt? Wir waren ohnehin nur Zivilisten, so war es jedenfalls von Anfang an gedacht. Sagt ja auch der Name schon: Zivile Verteidigungstruppen. Und heute wollen sie uns die ganze Schuld in die Schuhe schieben, aber so leicht geht das nicht. Als hätten wir Sierra Leone in den Krieg gestürzt, das ist ja lächerlich. Wer hätte denn sonst die Rebellen aufhalten können? Die ECOMOG-Soldaten kamen doch von ganz woanders her. Wie soll sich denn ein Nigerianer in unserer Provinz auskennen? Wie soll er denn die Verstecke finden? Das ist doch ein Witz. Also haben wir ihnen geholfen. Wir haben die RUF-Leute ausspioniert und den Soldaten heiße Tipps gegeben, ihnen geheime Wege gezeigt und sie zu den Lagern der Rebellen geführt. Wir haben aufgepasst, unsere Dörfer und Städte bewacht und die Rebellen vertrieben.

Ja, vielleicht haben es einige von uns auch zu weit getrieben. Sicher, auch wir haben Leute umgebracht. Aber ob jemand das wollte, hing von jedem Einzelnen ab. Mich zum Beispiel hat ein Rebell auch einmal angegriffen. Damals, als sie unser Dorf überfielen. Er hat mich zusammen mit anderen in einen Raum eingesperrt, dann ist er mit einem Messer wiedergekommen und hat es mir in den Oberarm gestochen. Hier, da ist die Narbe.

Und ich? Ich hatte ja nichts zu verlieren. Also habe ich angefangen, mit dem Typen zu reden. Schließlich kannte ich ihn ja, er war aus unserer Gegend. Ich habe ihn gefragt, was das soll, wieso er bei diesen Irren mitmacht. Er hat irgendeinen Blödsinn erzählt von Kampf um Freiheit und Recht und so. ›Und das bekommt ihr, wenn du mich in den Arm stichst, oder was?‹, habe ich ihn angebrüllt. Da hat er aufgehört und sich entschuldigt. Er hat sich entschuldigt, das muss man sich mal vorstellen. Ich wollte ihn noch überreden, bei uns mitzumachen und wirklich was für unser Land zu tun, aber er ließ uns in dem Raum zurück und rannte davon. Ich hatte wohl noch Glück, dass ich ihn kannte. Ich habe die meisten in unserer Gegend von denen sowieso gekannt. Und mit jedem, mit dem ich konnte, habe ich geredet. Die wussten nicht, in was sie da hineingeraten waren. Angegriffen hat mich dann keiner mehr.

Ja, Entführungen und so. Davon hatten wir schon auch gehört. Wahrscheinlich ließ man ihnen keine Wahl, den Kindern, meine ich. Die Erwachsenen wussten sehr wohl, was sie wollten. Geld und Diamanten, darum ging es Foday Sankoh und seinen Anführern doch. Die haben doch nicht etwa im Ernst geglaubt, die Regierung zu stürzen?

Den Rebellen ging es doch nie um das Volk. Man verstümmelt doch nicht Tausende seiner eigenen Leute und bringt den Rest um, wenn man an die Macht will. Was hätten sie denn am Ende bekommen? Macht ohne Volk!

Unsere Ortschaft hat es trotzdem erwischt. Ich komme aus dem Süden. Wir wurden vertrieben, mussten fliehen. Die haben alles zerstört. Ich habe mich dann den Soldaten angeschlossen und blieb bei ihnen, bis der Krieg zu Ende war. Jetzt lebe ich in der Stadt. Seither bin ich nicht mehr zu Hause gewesen. Wer weiß, wie es da aussieht. Ich kann jetzt nicht mehr zurück.

Aber dass sie uns jetzt vor das Kriegsgericht zerren wollen, uns und nicht die RUF, das finde ich total daneben. Die Rebellen haben eine Amnestie bekommen und unsere Leute werden verurteilt. Alle haben mitgemacht damals. Alle. Und wer wird bestraft? Die, die der Regierung nicht in den Kram passen. Wie immer. Das sieht doch auch jeder. Ich jedenfalls bereue nichts. Ich habe schließlich nur für den Frieden gekämpft.«

# FLÜCHTLINGE

## *Und dann stelle ich mir vor, ich wäre wieder zu Hause*

Die blauen Plastikplanen auf den Dächern der Lehmhütten leuchten schon von weitem. Wir fahren die rote Staubstraße entlang, durch endlose Palmenhaine und winzige Dörfer. Steile Hügel geht es hinauf und hinunter, von oben haben wir jeweils grandiose Ausblicke in Richtung Liberia. Die Sonne steht senkrecht am Himmel und taucht den undurchdringlichen Dschungel in ein grelles Grün. Dann, nach einer schmalen Kurve, verengt sich die Straße noch einmal. Ein paar Marktstände tauchen am Straßenrand auf, mit wenigen Gemüsesorten im Angebot. Frauen sitzen dahinter und dösen. Neben ihnen spielen halb nackte Kinder. Und plötzlich liegen auf einem gerodeten Feld hunderte kleiner blauer Dächer vor uns, die zu hunderten gleichförmiger Hütten gehören. Eine steht neben der anderen, zwischen ihnen führen breite, graue Sandstraßen hindurch. Eine gelbbraune Lehmstadt steht da mitten im Busch: Tobanda. Wir sind in einem Flüchtlingslager.

Die kleinen Kinder verstecken sich zuerst hinter den Bäumen und springen dann plötzlich hervor. Sie rufen »Hello!«, lachen und winken. Ein paar Erwachsene lächeln scheu, manche winken. Die Jugendlichen schauen dem weißen Auto herausfordernd nach, lachen nicht und winken auch nicht. Die alten Menschen sitzen gebückt unter schattigen Bäumen, heben müde die Hand zum Gruß. Dann kommen wir an und steigen aus. Ein Empfangskomitee erwartet uns bereits. Die Sonne blendet gnadenlos. Ich werde in eine kreisrunde Versammlungshütte geführt und sehe für Augenblicke nichts. Was ich spüre, ist andächtiges Schweigen. Man setzt mich behutsam auf einen Stuhl, vor mir steht ein großer langer Tisch. Keiner spricht.

Allmählich gewöhnen sich meine Augen an die Dunkelheit und ganz allmählich erkenne ich auch, wer da vor mir sitzt. Augenpaar um Augenpaar ist auf den langen Tisch geheftet, die Hütte ist bis auf den letzten Platz gefüllt. Kinder und Jugendliche sitzen in den vorderen Bänken, die älteren Menschen bescheiden dahinter. Der ehrenamtliche Vorsitzende des Flüchtlingslagers, Mister Spencer, beginnt mit einer feierlichen Rede. Er liest sie ab von dem eng beschriebenen Papier in seiner Hand. Zwei Seiten gewählte Worte zur Lage der Menschen, für die er spricht, aber auch zwei Seiten voller Dank.

Rund 7500 Flüchtlinge aus Liberia sind seit dem Frühjahr 2003 nach Tobanda gekommen. Die Jüngsten waren ungeborene Kinder, als ihre Mütter über die Grenze gingen, der älteste Bewohner ist gerade 82 Jahre alt geworden. Ihre Unterkünfte haben sie sich alle selbst gebaut, das Material dafür bekamen sie gestellt. Jede Hütte kann vier Personen Obdach geben, hinter jeder liegt ein winziges Feld. Monatliche Essensrationen kommen vom *World Food Program* (WFP), das Flüchtlinge weltweit mit Nahrung versorgt, mehrere NGOs und Partner des UNHCR kümmern sich um den notwendigen Rest. Die kleinen Gärten hinter den Hütten sind für den Eigenanbau gedacht. Das Saatgut dafür wird gestellt.

In Sierra Leone ist Tobanda als jüngstes Flüchtlingslager so etwas wie ein Pilotprojekt. Die Devise lautet: weg von der Abhängigkeit, hin zur Selbstbestimmung. Deshalb werden den Flüchtlingen hier mehr Eigenverantwortung und mehr Engagement abverlangt, sie führen das Camp in Selbstverwaltung. Der Vorsitzende weiß das zu schätzen. Er hat sich genauso freiwillig für seinen Posten aufstellen lassen wie die acht Mitglieder des Ältestenrats und des Beschwerdekomitees. Auch die Arbeitsgruppen für Ge-

Die Diamantenminen von Sierra Leone

Blick auf die Bucht von Freetown

Spielende Kinder und Straßenverkäufer in Kenema

Marktszene in Tobanda

Junge Mütter: drei Ehefrauen von Exmilizen in Tobanda

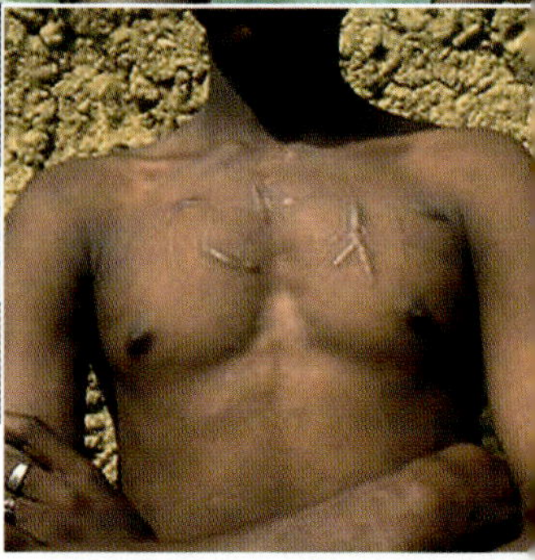

Gruppe von ehemaligen Kindersoldaten (CAFF) in Tobanda

14-jähriger Kindersoldat, Mitglied der Kamajohs (oben)

Ehemaliger Kindersoldat, der mit 13 Jahren von der Revolutionary United Front (RUF) entführt und nach einem Fluchtversuch mit deren Initialen gebrandmarkt wurde (oben rechts)

CAFF-Junge Saa Vani, ca. 12 Jahre alt, Tobanda (rechts)

UNHCR-»Way Station«, Zwischenstation für Rückkehrer in Kailahun

Sierra-Leoner Flüchtlinge kehren aus Guinea über den Grenzfluss Moa in die Heimat zurück.

Kinder aus der Koranschule in Kailahun

Alihaji Lamin, ältester Vorsitzender des Aberdeen War Amputee Camps, mit seinen Eisenprothesen

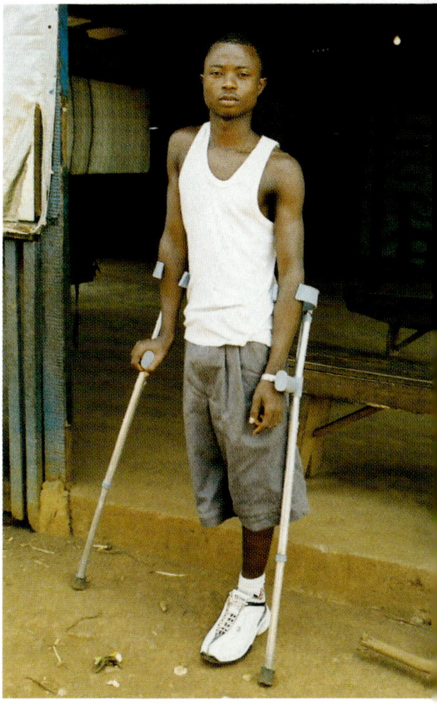

Suleiman, 17 (links), und Mohammed, 19 (rechts), Aberdeen War Amputee Camp

Schulklasse im Family Homes Movement (FHM)

Kinder aus dem Family Homes Movement (FHM) üben am Strand Breakdance.

sundheitsfragen, Nahrung, Landwirtschaft, Unterkunft und Sicherheit arbeiten freiwillig daran, dass das Leben im Flüchtlingslager funktioniert. In Tobanda wird so nicht nur verwaltet, sondern auch das Miteinander geübt.

Nachdem der Vorsitzende seine Rede beendet hat, ergreift der Älteste das Wort. Ich habe das Gefühl, mitten in einer afrikanischen Dorfversammlung zu sein. Das Rederecht erfolgt ganz strikt nach Hierarchie. Immerhin dürfen die Frauen ebenfalls sprechen. Auch sie haben jeweils zur Hälfte Posten in den Komitees übernommen. Jede von ihnen bringt ihre wichtigsten Anliegen vor. Die Kinder rutschen derweil unruhig auf den Bänken hin und her, werden aber scharf dazu angehalten, still zu sitzen und zu schweigen.

Endlich sind auch sie an der Reihe. Keiner traut sich jetzt. In der vorderen Bank boxen sich zwar ein paar aufmunternd in die Seite, doch außer verschämtem Kichern ist nichts zu hören. Dem Vorsitzenden wird es zu bunt. Immerhin will er mir eine Schar folgsamer Kinder vorführen. Es sind schließlich nicht irgendwelche Kinder, die zu dieser Versammlung sowieso keinen Zutritt hätten, sondern rund 20 CAFF, wie er sie – jetzt schon leicht aufgebracht – bei ihrem Camp-Namen nennt. CAFF steht für *Children Associated with Fighting Forces*, die Kinder sind also ehemalige Soldaten aus Liberia.

Ein circa Zehnjähriger fasst schließlich als Erster Mut, steht auf, begrüßt mich im Namen der CAFF und stellt sich vor. Dem Vorsitzenden aber reicht das nicht. So wird mir eine 20-fache, verschämte Begrüßung zuteil, von Mädchen und Jungen, kleinen und fast schon erwachsenen.

Sie kleben auf den Bänken nebeneinander wie ein eingeschworenes Rudel. In Liberia haben sie zwar verschiedenen Milizen angehört, doch hier bilden sie eine einzige Gruppe. Es gehe ihnen gut, sagen alle einstimmig. Sie gingen auch alle gern in die Schule. Der Vorsitzende nickt zufrieden. Die Älteren fügen noch hinzu, sie würden gerne auf eine höhere Schule gehen, wenn es denn ein Angebot und genügend Lehrer gäbe. Der Älteste unter ihnen sagt sogar, er möchte unbedingt studieren. Sobald sich ein Kind erhebt und zum Sprechen ansetzt, blicken alle in der Hütte mit Argusaugen auf das Kind. Es werden Manieren erwartet und richtige Antworten. Es wird geprüft, ob die CAFF bereits so weit gezähmt sind, dass man sie unbewacht auf eine Fremde loslassen kann. Aber sie werden nicht losgelassen. Mir erscheinen sie im ersten Augenblick wie ganz normale Kinder. Sobald sich die Spannung gelegt hat, scherzen und lachen wir sogar ein wenig. Die CAFF sind aber keine normalen Kinder, sie bemühen sich nur sehr, wie solche zu wirken. Später, im Laufe ihrer Geschichten, höre ich: Glücklich sind sie nicht.

Wild und ausgelassen toben indessen die Kleinsten der Kleinen durch das Flüchtlingslager. Mister Spencer nimmt mich auf einen Rundgang mit. Ganze Scharen von Kindern kommen zu uns gelaufen und hängen sich freudestrahlend an uns. Er wedelt sie weg, als wären sie eine Schar lästiger Fliegen. Kindergeschrei während seiner Erklärungen duldet er nicht.

Die Menschen haben sich vorläufig eingerichtet. Eng sei es und eben nicht das eigene Zuhause, sagen alle, die uns in ihre Hütten bitten. Immer wieder höre ich: »Unsere Familien wurden umgebracht, unsere Häuser angezündet«, aber überlebt hätten sie und nur das zähle. Dennoch, der Schrecken des plötzlichen Aufbruchs, die Ungewissheit, was nun kommen wird, stecken ihnen in den Knochen. Über Tobanda hängt ein großes Fragezeichen.

Die Dörfer dieser Liberianer wurden größtenteils in den letzten Kriegsmonaten im Sommer 2003 verwüstet. Sie alle sind Hals über Kopf in den Busch geflüchtet und konnten sich nach Sierra Leone retten. Mit nichts weiter als den Kleidern auf dem Leib und vielleicht noch ein paar Hühnern im Gepäck. Zeit, das Nötigste mitzunehmen, hatten sie nicht.

Jetzt sitzen die Frauen vor den Hütten und sortieren oder zerstampfen Getreide, andere machen sich an der Feuerstelle zu schaffen. Ein paar haben bereits früh ihren Minigarten bestellt und verkaufen ihren Ertrag auf dem kleinen, privaten Markt. Andere Frauen haben gut besuchte Workshops organisiert. Erwachsene Analphabeten können bei ihnen Schreiben und Lesen üben, Interessierte erlernen einen Beruf. Sie alle arbeiten für ihre Zukunft, wollen nicht untätig in der sengenden Hitze sitzen und warten, bis eines Tages vielleicht doch noch der Frieden über ihr Land kommt. Mister Spencer fragt die Leute, wie es ihnen geht, gibt ihnen Hinweise und wirkt sichtlich zufrieden.

Ein paar Männer und Frauen haben ein »Team zur Bekämpfung häuslicher Gewalt« gegründet. »Der Körper einer Frau ist kein Schlachtfeld«, steht groß auf ihren T-Shirts. Wenn es zu Übergriffen kommt, können sich Betroffene bei ihnen melden. Dann gibt es Gesprächsrunden und Schelte für die Männer, an den Abenden manchmal auch einstudierte Pantomimen oder Einakter, die das Thema »Gewalt gegen Frauen« aufarbeiten. »Sensibilisierung« nennt man das hier. Die Frauen wollen mit ihrem Team erreichen, dass häusliche Gewalt nicht mehr gesellschaftsfähig ist. Das Flüchtlingslager ist somit eine soziale Bildungsstätte, sowohl für die Kinder als auch für die Erwachsenen.

»Zum einen werden die Leute hier beschäftigt«, sagt mir Mohammed, einer der für Tobanda zuständigen Mitarbeiter von UNHCR. »Damit gewinnen sie ihr Selbstvertrauen wieder. Zum anderen wollen wir, dass die Flüchtlinge ihr künftiges Schicksal so früh wie möglich wieder selbst in die Hand nehmen. Es bringt nichts, wenn Zehntausende in Abhängigkeit verharren und nur auf die nächste Essensration warten. Wir haben zurzeit noch 55 000 Flüchtlinge aus Liberia in Sierra Leone zu versorgen. Je eher sie selbstständig werden, desto leichter tun sie sich nach ihrer Rückkehr. Außerdem wollen wir niemanden zum Bleiben ermuntern. Wir bieten ihnen Schutz und Hilfe für den Übergang. Aber Jahre in einem Flüchtlingslager zu verbringen, das strebt heute niemand mehr an.«

Einige dieser Umerziehungsprogramme haben in Westafrika schon gefruchtet. So kamen zum Beispiel tausende von Sierra-Leonern mit einer neuen Grundausrüstung für ihr Leben aus dem Exil zurück. Frauengruppen, die heute in der Gesellschaft aktiv sind, haben ihr Know-how nicht selten in Flüchtlingslagern vermittelt bekommen. Analphabeten konnten endlich Lesen und Schreiben lernen und sozial Benachteiligten, wie etwa Witwen oder körperlich Behinderten, ermöglichte man den Zugang zu einem Beruf. Denn der Krieg hinterlässt nicht nur Tote und Waisen, er stürzt regelmäßig ganze Generationen in neue Formen der Armut.

Frauen, die grundsätzlich weniger Rechte haben, können zum Beispiel in Afrika nicht allein existieren, da sie auch als Witwen keinen Anspruch auf Besitz haben. Auf die Felder und in die Hütten, die ihren Männern gehörten, dürfen sie ohne diese nicht mehr zurück. Wohin dann also mit einem Heer von Witwen und ihren Kindern? So startete man quer durch den Kontinent den Versuch, sie in Kleinunternehmerinnen zu verwandeln. Die Ironie dabei ist, dass sie erst alles verlieren und Flüchtlinge werden mussten, um überhaupt eine Chance auf Zukunft zu bekommen.

Auf dem Boden krabbeln Babys neben ihren kochenden Müttern umher, Kinder mit Blähbäuchen stellen sich vor uns auf den Weg und wollen fotografiert werden. Viele sind zu klein, um sich an den Krieg und die Flucht zu erinnern. Für die Größeren scheint das Flüchtlingslager ein einziges Abenteuer zu sein. Spielzeug gibt es nicht. Dafür können sie mit leeren Blechdosen Fußball spielen oder Hühner jagen, Steine aufsammeln und nach den reifen Mangofrüchten auf den Bäumen werfen. Manche Männer beschäftigen sich, indem sie Brunnen graben. Andere sitzen sichtlich niedergeschlagen vor ihren Hütten. Die imprägnierten blauen Plastikplanen, die jetzt aus der Nähe wie blaue Punkte über dem Lager leuchten, dienen ihnen als Mückenschutz.

In einem kleinen grünen Zelt, mitten unter den Lehmhütten, hat der Schulmanager sein Büro. Geregelten Unterricht gibt es nur für die Kleinen. Als Lehrer wird eingesetzt, wer Lehrer war oder sich dazu berufen fühlt. Auch sie arbeiten auf freiwilliger Basis. Da nicht mehr alle ihre Zeugnisse mit auf die Flucht nehmen konnten, hat das *International Rescue Committee* (IRC) die Angaben und Fähigkeiten der Lehrkräfte überprüft. Allerdings wurden viele der Schüler inzwischen wieder alleine gelassen, denn ihre

Lehrer sind teilweise schon nach Liberia zurückgekehrt. Ihr Heimweh war offenbar stärker als die berufliche Pflichterfüllung.

»Wir haben Mittel zur Verfügung gestellt bekommen und können den Leuten, die hier unterrichten, nun wenigstens ein kleines Gehalt bezahlen. Das soll als Anreiz dienen«, sagt der Manager. »Außerdem machen wir Supervision. Nur für die Jugendlichen über 14 ist es frustrierend, denn eine höhere Schulausbildung gibt es bei uns nicht.«

Ich darf in eines der Zelte schauen. Hier wird gerade das Sonnensystem durchgenommen, im nächsten Raum wird Mathematik unterrichtet, der Dreisatz. In den Bänken sitzen verschämte Jugendliche, denen der Schweiß in Strömen herunterläuft. Die Lehrer und Mister Spencer fordern bei meinem Eintritt: »Aufstehen! Grüßen! Setzen!« Es wird ihnen brav gehorcht.

»Wir nehmen uns schon auch regelmäßig die Lehrer zur Brust«, räumt der Beauftragte von IRC anschließend ein. »Vor allem was die CAFF-Kinder betrifft. Sie sind schließlich schwer traumatisiert und wir möchten ja, dass sie gerne in die Schule gehen. Also halten wir die Lehrkräfte dazu an, die Kinder nicht willkürlich anzuschreien oder zu schlagen. Das ist zwar sonst so üblich, aber in diesen Fällen geht es nun wirklich nicht.« Die Lehrer sähen es ein, wenn auch die Überzeugungsarbeit manchmal nicht ganz so einfach sei. Traumatisierte Erwachsene und Kinder bekommen ein Gesprächsprogramm bei CVT vermittelt, das ein kleines Büro unterhält. Und auch hier engagieren sich die Flüchtlinge.

Sesay, ein etwa 19-Jähriger, ist einer von ihnen. Er träumt davon, Psychologe zu werden. Zu lesen hat er nichts. Zugang zu einer Universität ohnehin nicht. Dafür kümmert er sich als freiwilliger Kinderbeauftragter um die CAFF und hört den Berichten der Folteropfer zu. »Man hat den Menschen bei uns die Ellbogen auf dem Rücken zusammengebunden. Daran sind sie fast erstickt. Und die Leute berichten von Schlägen und natürlich von vielen Vergewaltigungen. Die CAFF sind übrigens auch häufig sexuell missbraucht worden und nicht nur die Mädchen. Es sind grauenvolle Geschichten, die wir hier erzählt bekommen, aber ich höre trotzdem aufmerksam zu. Viele Flüchtlinge gehen erst zum Feldlazarett, weil sie unerträgliche Schmerzen haben. Die Ärzte schicken sie dann zu uns. Die Menschen glauben meistens, sie seien körperlich krank.«

Sesay wird still. »Ich wäre zwar lieber auf einer Universität«, fügt er noch hinzu, »ich sehne mich nach Büchern und Texten, nach irgendetwas, das meinen Geist anregt. Aber solange ich hier bin, geht das nicht.« Er hat seine sämtlichen Angehörigen im Krieg verloren. Er ist nun, wie er sagt, »allein auf der Welt«. Er träumt von Europa oder Amerika, einem Studienplatz irgendwo. Er wünscht sich einen Ort mit vielen Büchern. »Die Arbeit mit den CAFF tut mir gut. Ihnen geht es schließlich nicht sehr viel anders als mir«, räumt er ein und verweist auf seine eigene Vergangenheit als Kämpfer im Busch. »Die Zeit früher und jetzt in diesem Flüchtlingslager«, sagt er, »das ist vorerst meine Lebensuniversität.«

Neben dem Eingang haben die *Ärzte ohne Grenzen* (*Médicins sans Frontières*, MSF) ihr Feldlazarett errichtet. Ein paar Betten stehen für die Notfälle bereit, ansonsten werden hier Gelbfieber und Malaria kuriert. Mister Spencer ist fast ein bisschen stolz auf seine »Stadt«. Wenn Flüchtlinge Fragen haben, kommen sie zu ihm. Er ist wer und er fühlt sich wichtig, doch eine finanzielle Entschädigung für seine täglichen Dienste bekommt er nicht. Auch der Ältestenrat nimmt keine Belohnung entgegen. »Wir Alten haben uns aufstellen lassen, weil wir etwas für unser Volk tun wollen«, erklärt mir der 76-jährige Tigan Mansaray ein wenig später in würdevollem Ton. Er sitzt in einer schattigen Palmhütte und stellt mir seine Mitberater vor.

»Zuerst mussten wir vor allem die aufgebrachten Gemüter beruhigen. Es gab Spannungen zwischen den Leuten. Wer auf der Flucht ist, kann schnell überreagieren. Die meisten fühlten sich in ihrer Ehre gekränkt – wegen irgendwelcher Kleinigkeiten zwar, aber für einen Flüchtling wird eine Kleinigkeit schnell zum Problem. Also haben wir mit den Leuten geredet. Und wenn sie sich dann gegenseitig entschuldigt hatten, ging es wieder gut. Inzwischen hat sich das aggressive Verhalten gelegt. Wir haben nicht mal ethnische Streitigkeiten hier. Das ist für uns alle eine sehr schöne Erfahrung. Wir beweisen uns nämlich täglich, dass wir durchaus friedlich zusammenleben können. In Liberia haben sich die verschiedenen Stämme aus diesem Grund immerhin umgebracht. Wir mussten sogar deshalb fliehen. Und nun sitzen wir alle in einem Lager und stellen fest, dass unsere unterschiedlichen Stammeszugehörigkeiten eigentlich gar kein Problem sind.«

Sie möchten alle bald wieder nach Hause zurück, sagen sie, doch für die meisten gibt es dieses Zuhause nicht mehr. »Dann muss ich eben wieder von vorne anfangen«, meint der alte Herr entschieden. »Ich werde schon noch die Kraft aufbringen, mir noch einmal eine neue Hütte zu bauen. Nach all dem, was wir erlebt haben, möchten wir vor allem dafür sorgen, dass es sich nicht mehr wiederholt. Wir wollen zurück und mit unseren Dorfbewohnern darüber reden.«

Ich frage ihn, ob er sich erklären kann, wie es zu den Auswüchsen kam. Bis zum Krieg hatte man in Liberia doch friedlich zusammengelebt. »Ethnische Spannungen gab es schon. Wir hatten einen Stamm, der nach und nach die Macht an sich gerissen hat. Das wollten sich die anderen nicht mehr länger bieten lassen. Nur, auf einmal war das Land mit Waffen übersät. Während die Engländer noch in der Region waren, ist es nie so weit gekommen. Da hatten die Menschen aber auch Arbeit. Und wenn man Arbeit und genügend zu essen hat, denkt man nicht so schnell ans Kriegführen. Die Jugend ist irgendwann nur noch tatenlos bei uns herumgesessen. Bis dann Charles Taylor kam und ihnen fünf Dollar und ein Gewehr gab. Dafür haben sie buchstäblich alles gmacht.«

Die anderen Alten des Rats, unter ihnen auch Matata Turay, eine Frau, sitzen andächtig um Mister Mansaray herum und nicken. Genau so war es: nicht genug zu essen, unterschwellige Spannungen und dann Krieg. Der Krieg sei aber von anderen Ländern gefördert worden, darin sind sie sich in ihren hilflosen Spekulationen einig. Jetzt fühlen sie sich berufen, für eine friedlichere Zukunft zu sorgen. Der Ältestenrat besteht aus Christen und Muslimen. »Wenn ich mit 81 noch um mein Leben laufen kann«, lacht Mister Zuzah, »dann kann ich auch noch was für meine Gemeinschaft tun. Die Jugend in Liberia hat unser Land zerstört. Die Kinder haben unsere Dörfer angezündet. Und jetzt sitzen sie auch hier, unsere CAFF. Was haben sie schon gewonnen? Wir Alten müssen künftig wieder den Weg weisen. Unsere Jugend hat ihn nämlich längst verloren.«

Zum Abschluss unseres Gesprächs hebt Tigan Mansaray beschwörend die Hände zum Himmel. Allah und der Gott der Christen müssten nun dringend helfen, sagt er. »Wir brauchen ein Auskommen. Denn ohne das gibt es keinen Frieden. Und dann müssen alle Waffen im Meer versenkt werden. Und dann«, fährt er begeistert fort, »müssen wir Stammesältesten zusammenkommen und uns für die vergangenen Verbrechen entschuldigen. Und dann müssen wir unsere Leute anleiten, damit sie so etwas nie wieder tun.« Und die Politiker? »Die können weiter reden«, sagt der weise Mann und schaut mich gütig und traurig zugleich an.

Eine junge Frau kommt zu uns, setzt sich neben mich und macht mir verstohlen ein paar Zeichen. Der Ältestenrat wendet sich wieder seinem Tagesgeschäft zu, Victoria führt mich nach draußen. »Die Alten reden zwar viel, aber eigentlich hört hier keiner wirklich auf sie«, stellt sie nüchtern fest und fragt, ob ich sie zu ein paar entlegenen Hütten begleiten möchte. Sie ist die Vorsitzende des Flüchtlingslagers, das weibliche Gegenstück zu Mister Spencer. Doch auch sie nehmen die Flüchtlinge offenbar nicht so ganz ernst. Die 23-Jährige verbirgt unter ihren rotblond gefärbten Haaren und dem verwegenen Hut einen bitteren Blick. Sie nutzt den Weg, um mir detailgenau zu beschreiben, wie sie aus Liberia geflüchtet ist. Wie dort zuvor die Milizen ihren Bruder mit 21 Kugeln erschossen hatten, wie sie neben ihm auf einer Straße in Monrovia zusammengebrochen war. Sie erzählt, dass sie einen Mann in Liberia hat, den sie nie wieder sehen will, und ein fünfjähriges Kind, mit dem sie allein geflüchtet ist. Sie sagt, ihr Bruder sei der einzige Mensch gewesen, dem sie habe vertrauen können.

Sie sagt, die Menschen seien schlecht und ihre Landsleute sowieso. Sie habe sich als Vorsitzende aufstellen und wählen lassen, weil sie dachte, etwas bewegen zu können. Es ließe sich aber nichts bewegen. Nicht in so einer Situation. In ihre Heimat möchte sie nie wieder zurück. Sie werde versuchen, in die nächstgrößere Stadt Sierra Leones zu gehen. Dort würden sie und ihr Kind dann schon irgendwie überleben. Jetzt wird ihr Blick ganz finster. Sie habe es satt: den Krieg und den Tod, die Männer, die Armut, das Flüchtlingsdasein und überhaupt dieses ganze Leben.

Wir sind da. In einem abgelegenen Winkel des Lagers, an einem abschüssigen Hang, liegen zwei Hütten eng beieinander. Sechs Mädchen wohnen hier in einer Gemeinschaft zusammen: junge Mütter mit ihren Babys, die jüngste ist 15 Jahre alt. Sie alle haben eines gemeinsam: Man sieht sie hier nicht gern. Ihre Männer befinden sich in Gewahrsam, in einem von der UN militärisch bewachten Camp. Besuchsrecht gab es bisher nur zweimal im Jahr. Die Mädchen haben als Ehefrauen der liberianischen Kämpfer zu den Milizen gehört. Ihre Männer hätten sie freiwillig gewählt, betonen sie trotzig. Jetzt stehen sie da mit ihren Kindern auf dem Arm und müssen sich die Vorhaltungen der anderen anhören. Jedes Mal, wenn sie sich die monatliche Essensration abholten, würden sie beschimpft, beklagen sie sich. Sie hätten Angst. Man habe sie bedroht. Sie wollten weg. Sie hätten schließlich nichts Schlimmes getan. Ihre Männer hätten getötet, nicht sie. Trotzdem seien es gute Männer, wiederholen sie immer wieder. Sie alle sind schwer traumatisiert. Helfen kann man ihnen dennoch nicht. Victoria schaut mich triumphierend an, ganz so, als wäre damit ihre Grundeinstellung bestätigt.

Die Mädchen sagen, sie möchten in ein Berufsprogramm. Schneiderinnen wollen sie werden. Dem steht an sich nichts im Wege, wären da nicht die Feindseligkeiten der anderen Flüchtlingsfrauen. Doch bei allen Bemühungen um friedliche Koexistenz unter den Lagerbewohnern verlangen diese jungen Frauen offenbar zu viel. Die Campverwaltung weiß um das Problem. Auch das Beschwerdekomitee versuchte schon zu schlichten, bislang ohne Erfolg. »Die Menschen weigern sich«, räumt Siah Fayah, eine der vier Frauen des Komitees, ein. »Wenn sie diese Mädchen sehen, haben sie gleich wieder deren Männer vor Augen. Und genau wegen denen sitzen wir schließlich alle hier.«

Gegen Abend kommt eine Gruppe junger Männer von der Feldarbeit in das Flüchtlingslager zurück. Ein paar sierra-leonische Dorfbewohner der Umgebung haben sie kurzfristig eingestellt. Abgesehen von diesen Gelegenheitsjobs haben die Flüchtlinge keine Möglichkeit, Geld zu verdienen.

Wichtig ist die gute Nachbarschaft mit der örtlichen Bevölkerung, gerade in afrikanischen Ländern, die weltweit die größte Anzahl an Flüchtlingen aufnehmen. Um Rivalitäten zu vermeiden, werden deshalb auch stets die Einheimischen in die Förderungsprogramme eingebunden. Es ist nämlich schon vorgekommen, dass Flüchtlinge mehr zu essen hatten als die Menschen in den Dörfern der Umgebung. Diese fatalen Fehler versucht man seither zu vermeiden. So gibt es jetzt zum Beispiel gemeinsame Schulprogramme, Wasseranlagen oder Verteilung von Saatgut an alle. Da stets die Regierungen die Flächen für die Flüchtlingslager zur Verfügung stellen, bemühen sie sich, diese in ihre ohnehin unterentwickelten Gebiete zu legen. Nicht selten tragen daher die Flüchtlinge durch ihre bloße Anwesenheit zum Aufschwung einer Region bei. Aufschwung heißt hier: Zugang zu einem Arzt zu erhalten, sauberes Wasser und vielleicht einen Brunnen im Dorf zu haben und mit viel Glück auch Schulunterricht für die Kinder zu bekommen.

Mister Spencer fängt mich bei den jungen Müttern ab, kommt herbeigelaufen und winkt. Er habe einen Termin mit den CAFF arrangiert, sagt er. Er habe ihnen eingeschärft, in ihren Hütten zu bleiben, bis wir kämen. Er legt größten Wert darauf, dass alles seine Ordnung hat. »Die Dinge müssen funktionieren«, meint er selbstüberzeugt, während er mich quer durch das Camp zu den Wohnstätten der Kinder führt. »Liberia ist seit 1847 das älteste eigenständige Land Afrikas. Wir haben uns unsere Verfassung in Anlehnung an die amerikanische gegeben. Darauf sind wir sehr stolz. Wir, als Flüchtlinge in Sierra Leone, sind unserem Ruf deshalb auch etwas schuldig. Wir möchten mit gutem Beispiel vorangehen und dazu gehören Respekt und Verantwortung: den Einheimischen gegenüber, die uns aufgenommen haben, und den Mächten aus der westlichen Welt gegenüber, die uns in unserer Not helfen.« Den Schlächter Charles Taylor erwähnt Mister Spencer lieber nicht. Ich frage ihn, wovon er in seiner Heimat gelebt habe. Er habe ein Stück Land gehabt. Aber das sei jetzt vermutlich weg, fügt er finster hinzu und zieht sich seine Baseballkappe tiefer ins Gesicht.

***

Die CAFF indessen hielten sich brav an die Anweisungen. Kein Einziger hätte es gewagt, sich von seiner Hütte wegzubewegen. Sie wohnen nahe beisammen, manche Kinder haben hier ihre Eltern wiedergefunden, andere leben bei Pflegefamilien. Als Gruppe fühlen sie sich stark. Die Kleinsten sind zehn, elf, die älteren 14 und 15 Jahre alt. »Am Anfang haben sie sich dauernd danebenbenommen«, klagt Mister Spencer. »In der Schule wollten sie immer auffallen. Sie waren bockig und stur. Aggressiv gegen die anderen. Nur untereinander hielten sie zusammen.« Das widerspenstige Rudel scheint seine Geduld schon öfter überstrapaziert zu haben. Dann aber wurden Betreuerinnen für sie gefunden, auch dies ein ehrenamtlicher Posten: Frauen, die sich nur um die Belange dieser Kinder kümmerten. Seither ginge es besser. Offenbar täte ihnen die liebevolle Aufmerksamkeit gut, meint Spencer, kann eine leichte Verwunderung aber dennoch nicht unterdrücken.

Sarah ist eine von diesen Betreuerinnen. Sie hat drei Kinder unter ihrer Obhut, die mit allen Problemen zu ihr kommen. »Unser Vorsitzender versteht das eben nicht«, meint sie nachsichtig. »Diese Kinder muss man ganz anders behandeln als die anderen. Sicher haben sie sich am Anfang aufgespielt. Was sie aber vor allem benötigen, ist eins: Zuwendung.« Die externen Betreuerinnen haben bei den Kindern inzwischen einen solchen Vertrauensbonus, dass sie mit ihren Sorgen lieber zu ihnen gehen als zu ihren eigenen Müttern oder Pflegeeltern. Sarah ist ruhig und sanft. Sie ist selbst noch ein junges Mädchen.

Vorsichtig klopft sie an eine der Hütten, um ein 14-jähriges Mädchen zum Mitkommen einzuladen. Die tritt verschreckt heraus, möchte aber nicht zu den anderen. Sia lebt allein mit ihrer Schwester hier. Sie ist zwar auch eine CAFF, doch das Verwegene der anderen Mädchen fehlt ihr. Es gefalle ihr hier, sagt sie mit zu Boden gesenktem Blick. In die Schule will sie nicht. Sie habe Sehnsucht nach Liberia und nach den anderen aus ihrer Miliz. »Wir waren Freunde. Hier kenne ich niemanden außer meiner Schwester.« Sehnsucht habe sie auch nach ihrem Mann. Ja, sie sei verheiratet, erzählt sie stockend. Ihr Mann sei aber auch in Gewahrsam. Nein, Kinder habe sie noch keine. Später möchte sie einmal Teppichmuster entwerfen. Dann entschuldigt sie sich und zieht sich wieder in sich selbst zurück. Während ihr Sarah noch ein paar Mitteilungen macht, steht Mister Spencer hilflos in der Sonne. »Es ist schwer mit diesen Kindern. Manche wollen einfach immer noch nicht.«

Wir gehen weiter. Ganz in der Nähe erwarten uns acht Kinder. Dicht gedrängt sitzen sie vor dem Eingang einer Hütte und wirken sichtlich aufgeregt. »Jetzt sagt wenigstens ihr etwas Anständiges«, ordnet ihnen der Vorsitzende an. Sie trauen sich nicht, zu grinsen. Erst drucksen sie herum, gehen dann aber überraschend in die Offensive: Nein, es gefalle ihnen überhaupt nicht hier, sagen sie wie aus einem Munde und warten gespannt die Reaktion der Erwachsenen ab. Keine drei Minuten dauert es und wir sind umringt von sämtlichen Anwohnern. Neugierig und skeptisch stehen sie im Kreis um uns herum. Sie wollen hören, was die Kinder zu sagen haben, und möchten so ihre eigenen Ängste beschwichtigen. 20 CAFF unter über 7000 Flüchtlingen sind eine verschwindend geringe Zahl. Trotzdem passen sie nicht ins Bild. Irgendwann scheint sich die Jugend verselbstständigt zu haben. Die Erwachsenen verstehen sie schlichtweg nicht.

Ich frage Saa, einen vielleicht 14-Jährigen, was er tun möchte, wenn er wieder in Liberia ist. »Landrover-Fahrer werden«, sagt er und grinst. Und sofort melden sich drei weitere, die genau das Gleiche wollen. Unmut regt sich unter den Nachbarn. »Wieso denn Landrover-Fahrer? Alles, was ihr wollt, ist hinter irgendeinem Steuer sitzen! Das ist doch kein Beruf!« Die Kinder schauen verlegen zu Boden. »Doch«, fügt Saa trotzig hinzu, »als Fahrer verdiene ich wenigstens genügend Geld. In Liberia habe ich auch schon Geld verdient.« »Ja, indem du Leute überfallen hast!«, tönt es aufgebracht von hinten. Mister Spencer bittet um Ruhe. Saa macht ein betretenes Gesicht.

»Der Nächste!«, fordert der Vorsitzende. Sarah, die versucht, sich zurückzuhalten, verdreht die Augen. William, ein schüchterner 15-Jähriger, meldet sich. »Wir haben nicht alle freiwillig mitgemacht. Manche von uns wurden gezwungen.« Jetzt horchen die Nachbarn plötzlich auf. »Und ich, ich möchte einmal Arzt werden«, fügt er kleinlaut hinzu. »Das ist eine gute Antwort«, lobt der Vorsitzende und William erhält allgemeine Anerkennung in der Runde.

Manche dieser Kinder gehen in die Schule, die Landrover-Fahrer in spe nicht. Ein Junge, der an einem Schneiderkurs teilnimmt, sagt, er gehe nicht in die Schule, weil er doch einen Beruf erlernen will. In puncto Krieg sind sie sich einig: Sie wollen den Frieden, sagen sie alle wie aus einem Mund. Gut auswendig gelernt, denke ich. Die Nachbarn atmen hörbar auf. Wir scherzen wieder, auch wenn die Blicke der Kinder jetzt ganz andere Geschichten verraten. Manche haben immer noch gelb unterlaufene Augen, andere einen wachen, tief verschreckten Blick. Ich sehe sie noch ein paar Mal, sie sind immer gemeinsam unterwegs. »Bis jetzt haben uns die CAFF trotzdem noch keinerlei Schwierigkeiten gemacht«, sagt Mister Spencer versöhnlich. »Sie wissen eben, dass sie etwas Besonderes sind.«

SAA, 12:

»Das hier ist das erste Mal in meinem Leben, dass ich Flüchtling bin. Andere von uns waren früher auch schon in anderen Lagern, aber ich kannte so etwas noch nicht. Ich bin allein hierher gekommen. Die UN-Truppen haben mich und andere Kinder mit einem Helikopter aus Liberia ausgeflogen. Dann kamen wir in eine Übergangsstelle und dann hierher.

Mir gefällt es hier überhaupt nicht. Ich möchte so bald wie möglich wieder nach Liberia zurück. Wo ich dann hingehen soll, weiß ich noch nicht, denn meine Eltern sind verschwunden. Ich weiß nicht, wo sie sind. Die Leute von der NGO haben sie noch nicht gefunden. Ich habe sie jetzt seit drei Jahren nicht mehr gesehen. Ich habe niemanden hier. Sarah, unsere Betreuerin, ja, die ist schon nett. Aber ich möchte trotzdem bald weg.

Man hat mich zu einer Pflegefamilie gebracht. Weil ich einer der Kleinsten bin, darf ich noch nicht alleine wohnen, wie manche anderen CAFF. Ich glaube aber, ich könnte auch schon alleine wohnen oder mit anderen zusammen. Aber das in der fremden Familie fällt mir schwer.

Ich weiß es nicht genau, aber ich glaube, ich bin 12. Das müsste stimmen. Denn in Liberia war ich schon auf der Schule, damals in der dritten Klasse, und das ist drei Jahre her. Ich habe alles nachgerechnet. Dieser bescheuerte Krieg hat mich nicht nur von meinen Eltern getrennt, sondern mich auch in der Schule zwei Jahre zurückgeworfen. Jetzt bin ich hier wieder in der dritten Klasse. Das regt mich ungeheuerlich auf. Mich regt hier überhaupt alles auf. In den Hütten ist es so eng. Und man hat keinen eigenen Platz für sich. Und die Leute von gegenüber schauen dauernd, was ich mache. Und nie habe ich meine Ruhe. Ich habe auch keine Hefte und Stifte für die Schule. Und Spielsachen haben wir hier sowieso nicht. Ich wünsche mir zum Beispiel so sehr einen Ball. Aber das alles gibt es hier nicht.

Ich fühle mich so verloren. Die anderen CAFF sind schon meine Freunde, wir halten zusammen, weil wir ja alle diese Extra-Behandlung hier bekommen. Manche von denen sind schon ganz in Ordnung. Andere bilden sich immer noch was auf ihre Kämpfe ein. Aber eigentlich will ich mit überhaupt niemandem hier irgendetwas zu tun haben. Ich kannte keines der anderen Kinder. In Liberia habe ich zu einer anderen Truppe gehört. Und jetzt heißt es, wir seien alle gleich. Dabei haben wir ganz unterschiedliche Erlebnisse gehabt. Das war alles nicht so einfach, wie die Älteren jetzt meinen. Wir werden andauernd zurechtgewiesen. Und als CAFF schauen alle auf dich.

Ich rede nicht über den Krieg. Die haben mich gezwungen. Ich wollte das nie. Ich finde sowieso, dass alle Menschen auf der Welt ihre Waffen abgeben sollten. Uns haben sie die Waffen auch abgenommen. Das war sehr gut so. Ich konnte das Kämpfen sowieso nie ausstehen. Ich will nie wieder einen Krieg. Warum können die Menschen nicht in Frieden leben? Bei uns in Liberia und anderswo? Ich verstehe das überhaupt nicht. Ich mag keine Menschen, die töten und stehlen, mir sind die alle zuwider.

Die Pflegefamilie, in die sie mich gesteckt haben, ist ja ganz nett. Die haben auch noch zwei eigene Kinder. Wir schlafen in einem Raum, aber ich gehöre eben nicht dazu. Das spüre ich ganz genau. Es sind nicht meine Leute. Ich denke oft, was wohl aus meinen Eltern und Geschwistern geworden ist. Es ist schon ein sehr komisches Gefühl, so ganz alleine auf der Welt zu sein. Jeder von denen, die eigentlich für mich sorgen sollten, ist weg. Eigentlich müsste jetzt meine Großmutter für mich da sein oder ein Onkel. Aber ich habe, glaube ich, niemanden mehr. Das ging damals alles so schnell. Und dann war ich weg.

Vielleicht sind sie tot. Ich hoffe nicht. Wenn ich nach Liberia zurückkomme, werde ich selbst nach meinen Leuten suchen. Irgendwo werde ich hoffentlich einen finden. Obwohl man mir hier schon gesagt hat, das ginge nicht so einfach, und die vom Roten Kreuz haben mir auch versprochen weiterzusuchen. Ich habe über die nämlich schon ein paar Briefe geschickt.

Ich kann sehr gut schreiben und trotzdem bin ich wieder in der dritten Klasse. Das ist alles gar nicht gut. Auf die Briefe habe ich aber nie eine Antwort bekommen. Ich weiß auch nicht. Mich beunruhigt das alles sehr.

Es gibt eben keinen Platz auf der Welt, der so schön ist wie zu Hause. Ich bin das erste Mal ganz alleine und ich habe mir auch vorgenommen, es zu schaffen. Ich weiß sogar schon, was ich mal werden will: Lehrer. Ich möchte Kinder unterrichten und ihnen beibringen, dass dieser ganze Unsinn mit einem Krieg nie wieder vorkommen darf. Ich mag die Schule überhaupt sehr gerne. Mein Lehrer hier hat mir jetzt versprochen, dass ich vielleicht bald doch noch eine Klasse höher darf. Ich habe sowieso schon so viel kostbare Zeit verloren. Das macht mich richtig wütend. Was haben sich die eigentlich gedacht, damals? Keiner hat uns gefragt, was wir wollen. Also zumindest mich hat keiner gefragt. Die haben mich einfach mitgenommen.

Dass wir jetzt hier in Sierra Leone wohnen können und dass wir auch was zu essen bekommen, das finde ich schon sehr gut. Aber es ist trotzdem ein fremder Ort und ich mag keine fremden Orte. Ich mag auch nicht lauter fremde Menschen um mich herum. Jeder hat irgendwelche Probleme, ich glaube nicht, dass sich Flüchtlinge jemals wohl fühlen können. Es ist ein ganz furchtbarer Zustand. Ich weiß ja auch nicht, wie es weitergehen soll. Keiner hier weiß es. Wir alle wollen zurück. Die anderen CAFF sagen das übrigens auch. Aber wir müssen wohl warten, bis der Frieden kommt.

Wenn ich mal groß bin, dann möchte ich auch eine Familie haben und viele Kinder. Und dann werde ich dafür sorgen, dass keiner von uns verloren geht. Manchmal bin ich richtig wütend auf meine Eltern. Aber die meiste Zeit bin ich nur sehr traurig.

Ich träume sehr schlecht und deshalb haben sie mich hier in das Traumaprogramm geschickt. Den Leuten dort musste ich dann erzählen, was mit mir passiert ist. Sie haben mich getröstet. Und ich sehe ja auch, dass es genügend andere gibt, die in meiner Lage sind. Jetzt gehe ich da aber nicht mehr hin. Ich möchte mich auf die Schule konzentrieren und so schnell wie möglich ein paar Klassen überspringen. Das ist mir wichtiger und sonst gibt es für uns hier ja ohnehin nichts zu tun. Es ist entsetzlich langweilig.

Flüchtling sein müssen ist überhaupt nicht gut. Wenn ich wenigstens bei meinen eigenen Leuten wäre oder bei meinen Eltern. Aber nun werde ich wohl sehen müssen, wie ich alleine zurechtkomme. Die Pflegefamilie kümmert sich schon um mich. Aber ich bin einsam. Ich fühle mich sehr oft ganz allein. Und dann stelle ich mir vor, ich wäre wieder zu Hause. Und dann merke ich wieder, dass ich eigentlich hier bin. Das regt mich jedes Mal auf.

Das ist kein Leben hier. Ich bin sehr oft wirklich verzweifelt. Dann ziehe ich mich irgendwohin zurück, wo mich keiner sieht, und dann weine ich. Ich wünsche es keinem Kind, dass es so leben muss wie wir. Und ich wünsche auch keinem Kind, dass es in einen Krieg mitgenommen wird. Die Welt sollte dafür sorgen, dass das aufhört. Es ist nämlich nur eine riesige Ungerechtigkeit. Sonst nichts.«

## *Ich habe niemanden mehr, zu dem ich zurückgehen kann*

Rund um die Städte Bo und Kenema gibt es noch sieben weitere Flüchtlingslager des UNHCR, in denen derzeit an die 55 000 Liberianer untergekommen sind. Manche von ihnen sind schon zu Beginn der Unruhen hierher gebracht worden und haben Jahre des Wartens als Flüchtlinge in Sierra Leone hinter sich. Sie sind nicht nur müde, sondern mit sich und der Welt rundum unzufrieden. Ab einem gewissen Punkt kippen auch die noch so Engagierten um und harren nur noch der Dinge, die da kommen. Eigeninitiative wird zwar auch in den anderen Camps groß geschrieben, aber Menschen, die teilweise jede Hoffnung verloren haben, zu außerordentlichen inneren Anstrengungen zu bewegen, ist schwer. Die Atmosphäre ist deshalb nicht überall so hoffnungsfroh wie in Tobanda, auch unter den Jugendlichen nicht, die sich langweilen und ihren Frust irgendwo abzuladen versuchen.

Sämtliche CAFF-Kinder sind gemäß ihrer Bedürfnisse auf die verschiedenen Camps verteilt worden. Dabei bemüht man sich ausdrücklich, sie von militärischen Einrichtungen fern zu halten. Zum einen sollen die Flüchtlinge nicht mit zu vielen der ehemaligen Kindersoldaten konfrontiert werden, zum anderen brauchen sie eine Sonderbetreuung, die nur für kleinere Gruppen geleistet werden kann.

Einigen der Jugendlichen, die zwischen 16 und 18 Jahre alt sind, erlaubt man, alleine zu wohnen. Sie dürfen ihre eigenen Hütten in den Flüchtlingslagern beziehen. Ehrenamtliche Pflegemütter oder benachbarte Familien willigten ein, für sie da zu sein, wenn sie Hilfe benötigen.

Auf meinem Streifzug mit Alex, einem Mitarbeiter des UNHCR, durch das Flüchtlingslager Bandajuma winkt uns in einer entlegenen Ecke ein etwa 17-jähriger Junge zu sich. Er wohne nun allein, verkündet er. Er habe eine freistehende Hütte bezogen, die von Rückkehrern längst geräumt worden sei. Er habe sich sogar sein eigenes Bett gebaut. Der Raum wirkt richtig gemütlich. Seinen wenigen Besitz hat der junge Mann ordentlich in einer Ecke gestapelt, vor der Hütte kochte er sich seinen Reis. Er wird ihn gemeinsam mit einer Nachbarsfamilie essen. Seine alten Kumpane seien ihm auf die Nerven gegangen, sagt er. Er habe ein neues Leben beginnen wollen, sie aber hätten das nicht zugelassen. Also sei er weggezogen, ans andere Ende des Camps. Nun ließen sie ihn in Frieden, allenfalls zum Basketballspielen treffe man sich. Er habe Arbeit auf einem nahe gelegenen Feld gefunden, fügt er hinzu. Und er wolle möglichst bald wieder in ein normales Leben zurück.

Der Vertrauensbeweis uns gegenüber ist groß. Normalerweise lässt der Junge niemanden mehr an sich heran, geschweige denn in seine Behausung hinein. Er hat sein Leben in die Hand genommen, er wird es schaffen, meint Alex zuversichtlich. Von der Vergangenheit wolle er nicht mehr reden, sagt der Junge, die versuche er abzulegen wie einen bösen Traum – auch wenn sie ihn in seinen Träumen immer wieder heimsucht.

Inzwischen haben rund 30 Männer eine Versammlung einberufen. Nach Jahren im Camp möchten sie nun verschiedene Arbeitsgruppen bilden, unter anderem auch hier ein Team zur Verhinderung von häuslicher Gewalt. Die Diskussion zieht sich hin. Sie versuchen, sich zu arrangieren. Lange Listen mit Material, das sie benötigen, werden abgegeben. Alex bemüht sich, ihnen zu vermitteln, dass der Sinn ihrer Arbeitsgruppe nicht in der Anzahl der Taschenlampen liege, die sie sich unter anderem für »nächtliche Einsätze« wünschen. Sie sind schwer zu überzeugen. Ohne Material könnten sie nichts bewirken, meinen sie. Allmählich einigt man sich auf einen Kompromiss.

Sie wollen eigentlich auch alle bald wieder nach Liberia zurück. Wie es dort weitergehen soll, ist ihnen jedoch unklar. Ein Mann um die 50 hebt die Hand und sagt, er möchte sich freiwillig als Lehrer für Analphabeten melden. Zustimmung in der Runde. Fünf weitere Männer melden sich. Ja, auch sie könnten sich an der »Schule für Erwachsene« beteiligen. Ein anderer schlägt zögerlich vor, vielleicht mal eine Theatergruppe zu gründen. Gerade bei Vorhaben wie der Verhinderung von häuslicher Gewalt oder der Gesundheitsaufklärung ließen sich die Inhalte so unterhaltsamer vermitteln. Außerdem würden sie nicht alle die Stammessprachen der anderen Flüchtlinge verstehen. Wieder gibt es Zustimmung.

So tasten sich die Männer vorwärts, von unsicheren Vorschlägen bis hin zum halb fertigen Projekt, das zum Abschluss des Meetings in seinen Umrissen auf einer Tafel festgehalten wird. Es sind Versuche, damit sie ihr Selbstvertrauen nicht vollständig verlieren. Als ich gehe, kommt einer der Männer auf mich zu und möchte noch einmal für alle sprechen: »Wir sind offenbar schon zu lange hier. Es tut den Menschen nicht gut, wenn sie dasitzen müssen und warten, bis sich in ihrer Heimat ein Frieden stabilisiert. Alles verloren zu haben, aber nichts tun zu können, das ist es, was uns alle hier bedrückt.«

## SISKO, 17:

»Jawohl, ich bin ein ausgebildeter Kämpfer! Das ist mein Beruf. Ja und? In Liberia wird weiter gekämpft? Schade, dass ich nicht dabei bin, sondern hier herumsitze. Was? Das Demobilisierungsprogramm geht nicht voran? Die Leute geben ihre Gewehre nicht ab? Die Jungs dort haben Recht. Sollen sie ihre Waffen doch erst hergeben, wenn sie auch anständig Geld dafür bekommen.

Wie bitte? Ich soll gesagt haben, dass ich freiwillig in ein Flüchtlingslager will? Daran kann ich mich nicht mehr erinnern. Warum haben sie mich nicht zu den gefangenen Soldaten gesperrt. Da gehöre ich hin. Zu den Kämpfern. Das sind meine Leute. Hier bin ich doch auch nur eingesperrt. Was wird mir denn hier schon geboten? Ich pfeife aufs Basketballspielen! Ich bin doch kein Kind mehr. Was ich schon alles erlebt und getan habe, das kann sich wirklich sehen lassen. Ich war berühmt, damals. Wir alle sind die eigentlichen Helden. Ich habe damals kein schlechtes Leben geführt. Essen, Frauen, schicke Uhren, Geld. Und die Kleinen habe ich herumkommandiert. Die haben mir alle gehorcht.

Und jetzt wollen die von der NGO, dass ich mich ›bessere‹, und auch die anderen Familien behandeln mich hier wie ein kleines Kind. Und da soll ich mich nicht aufregen. Hier, da sieht man noch meine ganzen Narben, die ich aus den Kämpfen mitgebracht habe. Einmal wäre ich sogar fast verbrannt. Aber ich habe es überlebt. Das alles und mehr habe ich ausgehalten. Und dann holen sie mich aus dem Lager für ehemalige Soldaten und bringen mich hierher. Und wozu? Es kümmert sich ja doch keiner um mich. Meine Eltern sind tot. Ich habe niemanden mehr, zu dem ich zurückgehen kann. Hier gibt es nichts. Keinen Spaß, keine Spiele, keine Abwechslung. Schule? Interessiert mich nicht. Ich will zurück nach Liberia. Dort kenne ich meine Leute und meine Leute kennen mich. Ich finde dann schon einen Weg, wie ich klarkomme. Nicht mal das Essen, das wir hier bekommen, ist genug. Die Hütten sind eng. Und überhaupt. Ihr habt doch alle sowieso keine Ahnung. Sollen mich doch alle in Frieden lassen.«

Die Mitarbeiter der NGOs und des UNHCR, die sich um die langjährigen Flüchtlinge kümmern, sind, gerade wenn es um die CAFF-Jugendlichen geht, Ansprechpartner, Betreuer, Coach und Sozialarbeiter in einem. Sie sehen zwar deren Lage mit Besorgnis, schätzen die Situation aber nüchtern ein. Es sei eben illusorisch, manche der ehemaligen Kindersoldaten in friedliebende Bürger zu verwandeln. Weder UNICEF noch sonst eine internationale Organisation oder NGO könne über Nacht tausende Kinder in Afrika umerziehen, denen von vornherein keine Chance gegeben wurde: weder eine Schulausbildung noch eine befriedigende Aussicht auf Arbeit. Jeder von ihnen habe nur versucht, irgendwie zu überleben.

Gerade die Kinder in Liberia hätten sich zu großen Teilen freiwillig bei den Milizen gemeldet, sagen mir die Mitarbeiter vom *International Rescue Committee* (IRC), die überwiegende Zahl von ihnen sei nicht entführt oder gezwungen worden wie die Kinder in Sierra Leone. Für sie sei der Krieg eine Mischung aus Abenteuer und Machtspiel – es mag für pubertierende Halbwüchsige ja auch ein grandioses Gefühl sein, mit ihren Gewehren einen ganzen Staat in der Hand zu haben und verschreckte Erwachsene zu terrorisieren. Doch gerade die Kindersoldaten aus Liberia wurden von ihren Anführern weiterverkauft, zum Beispiel an die Elfenbeinküste. Es sind Kinder, aber diese Kinder sind nicht Orangenverkäufer oder Minenarbeiter, sondern eben Söldner von Beruf. Für die Jüngsten unter ihnen gebe es gewiss noch eine Chance wie auch für jene, die über ihr Handeln reflektierten. Künftig werde man jedoch in bewaffneten Konflikten mit noch anwachsenden Heeren von Kindern rechnen müssen.

Wo es Krieg gibt, gibt es Soldaten, so will es die Logik. Und wenn das Kämpfen zur einzigen Überlebensquelle geworden ist, werden eben auch Kinder zu Soldaten. Bei aller Bereitwilligkeit der Kinder sind es aber doch die Erwachsenen, die die Kinder anwerben und sie mit ein paar Dollar belohnen – und mit Kokain.

# RÜCKKEHRER

## *Dort, über dem Fluss, ist unser Zuhause*

Wer aus einem Flüchtlingslager wieder in die Welt hinaus entlassen wird, muss zuerst zur Registrierung in eine so genannte Durchgangsstation. Außerhalb des kleinen Ortes Kailahun, an der Grenze zu Guinea, gibt es eine solche Way Station. Die Rückkehrer bleiben einen oder zwei Tage, erledigen ihre Formalitäten, werden mit Hilfsgütern versorgt und gehen von dort in ihre Dörfer zurück.

Kailahun ist eine verschlafene Grenzstadt, mitten im Busch. Sie liegt am Grenzfluss Moa, zwischen meterhohem Urwald, der Kaserne der UN-Truppen, der Wellblechsiedlung der einheimischen Soldaten und der Way Station, wobei eigentlich ganz Kailahun eine einzige Durchgangsstation ist. Wir haben über vier Stunden für die rund 72 Kilometer von Kenema hierher gebraucht. Vier Stunden fuhren wir rote Feldwege entlang durch den undurchdringlichen, dunkelgrünen Busch.

Kailahun ist berühmt und berüchtigt. Hier im äußersten Osten Sierra Leones begann der Krieg 1991 und hier endete er 2002. Bis zuletzt haben sich die afrikanischen ECOMOG-Streitkräfte, die Rebellen und die Milizen der CDF hier bekämpft. In Kailahun wurden noch in den letzten Kriegsmonaten ganze Horden von Kindersoldaten befreit und in Auffanglager überführt.

»8909 Kilometer nach Islamabad« steht auf einem zentralen Straßenschild am Ortseingang. Der verblichene Pfeil darauf deutet aufmunternd nach Nordosten. Gleich daneben steht ein neues Gebäude: »Pakistanischer Treffpunkt«. Dahinter erhebt sich wie eine Festung die wieder errichtete Moschee. Eine Hütte mit ein paar Plastikstühlen davor, eines der beiden Restaurants im Ort, nennt sich »Friedensgarten«. Sofern die beiden Inhaberinnen auf dem Markt etwas auftreiben, gibt es hier täglich zwei Stunden lang ein Reisgericht.

Hühner und Ziegen gehen zwischen UN-Soldaten ungeniert auf den Straßen spazieren. »Ewige Freundschaft mit Pakistan« steht in großen Lettern auch über einem Telefonkarten-Stand. Die Pakistanis, die hier in großer Zahl stationiert sind, verleihen dieser Garnisonsstadt einen Hauch von orientalischer Exotik. Sie sind zwar als fremde Friedenstruppen hier, haben aber Anschluss gesucht an die sierra-leonischen Muslime, auch sie vom Heimweh getrieben.

Auf der breiten staubigen Hauptstraße hocken dutzende Kinder und verkaufen abgezählte Erdnüsse in kleinen Paketen. 100 Leonis kostet die Hand voll, die manchem eine Abendmahlzeit ersetzt. Hinter einem Stand mit Getränken sitzt ein etwa achtjähriger Junge auf einem wackligen Hocker und lernt Koransuren auswendig. Sein Lehrer, vielleicht 16 Jahre alt, sitzt mit einem langen Zeigestab ernst und konzentriert daneben. Ein Rudel streunender Hunde jagt die Hühner, ein etwa Fünfjähriger hebt einen großen Stein und wirft ihn nach den Tieren. Der Muezzin indessen ruft zum Abendgebet.

Die kleine Stadt muss während der Kolonialzeit einmal wunderschön gewesen sein. Doch wo einst prachtvolle Villen waren, stehen heute nur noch die Skelette eines Kriegs: brüchige Fassaden in Pastelltönen, gelb, zartgrün und wieder einmal pink, feinziselierte Holzbalkone, behutsam verzierte Ziegel. Ein Blick in die Häuser hinein offenbart eingestürzte Treppenhäuser und verbrannte Innenräume. Die wenigen halbwegs instand gesetzten Kolonialvillen beherbergen internationale Organisationen, NGOs und Büros staatlicher Programme. Die meisten Menschen Kailahuns dagegen leben in Wellblechverschlägen mit grün, weiß und blau leuchtenden Dächern – Reste von Zeltplanen ehemaliger Auffang- und Flüchtlingslager.

Neben der Moschee liegt der Markt. Das Angebot ist im Vergleich zur Auswahl in Kenema um vieles spärlicher. Ein paar Händler verkaufen tropische Früchte, andere Süßkartoffeln, wieder andere etwas Gemüse. Ein kleines Mädchen trägt einen Stapel frisch gebackenes Brot über den Platz. Die Kinder, die nicht gerade einem Geschäft nachgehen, toben durch die drei Straßen, aus denen der Ort im Wesentlichen besteht.

Ein paar Jugendliche hängen in kleinen Gruppen auf dem Markt herum. Einer von ihnen schlendert lässig auf mich zu, schaut mich abschätzig an, hält die Hand auf und fordert, sehr um einen coolen Ton bemüht: »Hey du! Gib mir Geld.« Zerlumpt, mit verschlagenem Blick steht er da, seine Freunde feuern ihn lachend aus dem Hintergrund an. Ich teile ihm bestimmt, aber freundlich mit, dass er mit diesem Ton wahrscheinlich bei keinem Fremden sehr weit käme. Mit einem verächtlichen Achselzucken zieht er wieder ab.

In einer kleinen Talsenke spiegelt sich im Abendlicht ein Rinnsal. Neben ein paar laut zeternden Enten waschen die Menschen ihre Wäsche und sie waschen sich. Überall steigen Rauchsäulen hoch, es riecht nach verbrannter Holzkohle. Das große Dorf versinkt allmählich in einer Mischung aus Weißgelb und Aschgrau. Es versinkt in Staub und Rauch.

Einheimische, Binnenvertriebene, Flüchtlinge, Rückkehrer, Internationale, ehemalige Rebellen, ehemalige Kamajohs, Soldaten – der ganze Kosmos einer möglichen westafrikanischen Existenz trifft sich hier und lebt an diesem Marktflecken. Das lethargisch wirkende Kailahun beherbergt Hängengebliebene von vor dem Krieg und nach dem Krieg, Zukunftslose und Hoffnungsvolle, Gelegenheitsarbeiter, Söldner, Schmuggler und Bauern. Und es beherbergt ein ganzes Heer von halbwegs »umerzogenen« Jugendlichen.

Wer nach Kailahun kommt, glaubt sich am Ende der Welt. Wer hier bleibt, weiß sich inmitten der afrikanischen Realität. Wer hier überleben will, muss schlau sein und zu allem bereit. Irgendwie fangen sie sich doch gegenseitig auf, die Gestrandeten des Kriegs, die Veteranen, die Kriegsversehrten und die vielen Zwangsamputierten, die man überall sieht. Der verfallene Charme der Stadt und die wilden Geschichten aus der jüngsten Vergangenheit hüllen sie ein. Es werden Geschäfte gemacht, unter der Hand. Nachts werden Waren von und nach Guinea über den Fluss geschmuggelt und tagsüber ein paar Felder bestellt. Ein karges Überleben zwar, doch immerhin ein Überleben.

Auf meinem Spaziergang durch den Ort stoße ich ausnahmsweise einmal nicht auf das sonst in jedem größeren Dorf übliche Demobilisierungsprogramm, sondern auf ein ganzes Demobilisierungsmenü. Bedarf scheint es offenbar genug zu geben. Hinter dem Schild des einen Programms werden Betten gebaut, gegenüber Tische und Stühle angefertigt, in der nächsten Hütte Stoffe gefärbt. Dann folgt eine Häuserzeile mit den notorischen Schneidern. Hinter einem anderen Schild bieten sie eine Ausbildung zum Elektriker an, wieder daneben können die Jugendlichen Motorradmechaniker werden. Schräg gegenüber gibt es Friseurlehrgänge. Etwas weiter hinten ist die Abteilung Kunsthandwerk angesiedelt. Und um die Ecke üben zukünftige Automechaniker an verrosteten, ausgeschlachteten Wagen. Überall sehe ich arbeitende Jugendliche, Mädchen wie Jungen, die schon ab sieben Uhr morgens schwer beschäftigt sind. Besonders Vertrauen erweckend wirken sie nicht. Die wenigen wirklich Einheimischen, die ich hier treffe, halten nichts von den vielen NCDDR-Programmen. Sie sind skeptisch. Zu genau erinnern sie sich, wie das war, während des Kriegs. »Wenn man irgendeinem von denen da einen Geldschein in die Hand drückt, dann tötet er auch wieder«, sagt ein Händler vom Markt. »Die gehen doch nur in die Programme, um das Geld abzustauben. Wir trauen ihnen deswegen noch lange nicht.« Doch die Jugendlichen kümmern sich nicht darum. Sie haben ihr Auskommen und bleiben unter sich. Auch sie sind ohnehin nur Vertriebene, Hängengebliebene. Einheimische sind die wenigsten unter ihnen.

ABDUL, 21:

»Jedes Mal, wenn ich irgendwo auf der Welt war und an Kailahun dachte, weitete sich mein Herz. Ich verging vor Sehnsucht. Ja, der Ort ist zwar ganz klein, aber für mich gibt es keinen schöneren Ort in ganz Sierra Leone. Ich bin nämlich in Kailahun geboren. Da hinten, gegenüber der Moschee, wo die kleine Straße nach links abzweigt, dort stand unsere Hütte. Mein Vater hatte sie uns damals aus Lehmziegeln gebaut, mit einem Palmdach darüber. Sie war sehr einfach, aber unser Zuhause. Ich fand als Kind immer, wir hätten die schönste Hütte im Ort. Ich denke sehr gern an diese Zeit zurück.

Ich fühlte mich als Kind sehr wohl in Kailahun. Der Ort ist klein, die Menschen kennen sich. Für mich war es damals wie ein Leben im Paradies. Mein Vater war Lehrer und er besaß ein kleines Feld, auf dem meine Mutter Gemüse für uns anbaute. Meine Eltern verstanden sich gut, wir hatten überhaupt ein sehr ruhiges, harmonisches Leben. Ich kann sagen, dass ich hier eigentlich eine glückliche Kindheit verbracht habe.

Mein Vater war ein sehr besonnener, ernster und gütiger Mann, die Menschen respektierten ihn im Ort. Auch meine Mutter, die heute noch hier lebt, ist eine ganz wunderbare Frau. Sie kann zwar weder schreiben noch lesen, aber sie hat uns, mir und meinen drei Geschwistern, sehr viel von ihrem ursprünglichen Wissen weitergegeben. Sie ist ein besonderer Mensch, ganz einfach und doch voller Würde. Ich bin sehr stolz auf sie und ich habe große Achtung vor ihr.

Der Krieg hat ja hier bei uns in der Gegend angefangen. Mein Vater wollte deswegen fort. Als ich das erste Mal in meinem Leben fliehen musste, war ich acht. Wir mussten ja nicht weit, nur über den Fluss. Trotzdem wurde damit mein unbeschwertes Dasein im Paradies jäh beendet. Ich weiß noch, wie mein Vater zuerst ein Gebet sprach, dann segnete er uns, und dann packten er und meine Mutter die nötigsten Dinge und wir flüchteten nach Guinea. Ich nahm damals ein Küken mit, das ich besonders liebte. Mein Vater schärfte mir unterwegs noch ein, es ja nicht aus den Augen zu lassen.

Mit unserer Ankunft im Flüchtlingslager änderte sich schlagartig mein ganzes Leben. Wir blieben acht Jahre dort. Das hätten sich meine Eltern zu Anfang bestimmt nicht träumen lassen. Wir waren ja gar nicht weit von der Grenze entfernt. Mein Vater sagte immer, dort, über dem Fluss, ist unser Zuhause. Und doch hat er sein Zuhause nie wieder gesehen.

An diese ersten acht Jahre in Guinea denke ich nicht sehr gerne zurück. Am Anfang war es für uns Kinder noch neu und aufregend. Aber irgendwann wurde jeder Tag endlos. Ein Tag war wie der andere. Mein Vater ist in dieser Zeit sehr trübsinnig geworden und auch meine Mutter wurde immer stiller. Ich konnte im Camp auf die Grundschule gehen, damit war ich beschäftigt. Für mich war es nicht so schlimm wie für meine Eltern. Als ich zehn Jahre alt war, beschloss ich, wenigstens Französisch zu lernen, um die Zeit zu nutzen. Um uns herum sprachen ja, außer den Sierra-Leonern, alle nur Französisch. Offenbar habe ich ein Talent für Sprachen und als Kind lernt man ohnehin schnell. Ein Guineer von einer NGO gab mir privaten Unterricht, es machte mir auch Spaß und somit war ich bald der Einzige in unserer Familie, der auch die fremde Landessprache beherrschte. Damit fühlte ich mich natürlich ungeheuer wichtig, denn mein Vater konnte sich nur auf Englisch und in unserer Stammessprache verständigen.

Ich wurde von meinen Eltern also für alle möglichen Verhandlungen mit den Einheimischen eingesetzt, und wenn wir mal einen Ausflug in den nächsten Ort zum Markt machten, durfte ich übersetzen. Das waren regelrechte Ausflüge, denn der nächste Ort war fünf Kilometer entfernt. Die Leute in Guinea wollten keine Fremden in ihrer Nähe haben, sie hatten auch Angst, dass unter den Flüchtlingen Rebellen sein könnten und wir mit unserer Anwesenheit den Bürgerkrieg in ihr Land ›exportieren‹ würden. Sie behandelten uns eigentlich nicht besonders gut. Aber wenn man ihre Sprache konnte, dann waren sie gleich um vieles freundlicher.

Als ich 14 Jahre alt war, hörte ich im Camp von Stipendien für Flüchtlingskinder und bewarb mich um eines in der Hauptstadt Conakry. Meine Eltern ließen mich gehen. Ich kam damals ganz alleine in Conakry an und fühlte mich plötzlich wie ein erwachsener Mann. So völlig auf mich gestellt. Ich hatte mich um eine Ausbildung zum Hotelkaufmann beworben und erlernte dieses Metier von Grund auf. Ich hatte einen Platz in einem großen Hotel bekommen. Dort durchlief ich alle Stationen, die man in einem Hotel eben durchlaufen muss, also Bote, Kofferträger, Tellerwäscher, Kellner und so weiter. Auch die ganz einfachen Tätigkeiten machten mir große Freude, ich hatte das Gefühl, den richtigen Beruf gewählt zu haben. Das hat mich sehr gestärkt. Im Hotel hatte ich Gelegenheit, Französisch und auch wieder Englisch zu sprechen, in Französisch war ich mittlerweile perfekt. Mein Vorgesetzter war sehr zufrieden mit mir und so durfte ich dann endlich auch an der Rezeption mitarbeiten, Gäste begrüßen und so fort. Ich war damals glücklich, obwohl mir meine Familie fehlte und ich mich in Conakry als Ausländer nie besonders heimisch fühlte.

Zu dieser Zeit lebten wir Stipendiaten, wir waren insgesamt fünf, in einem Zimmer beisammen und für unsere Lehrzeit bekamen wir auch einen geringen Lohn. Nach zwei Jahren war das Stipendium aber abgelaufen und obwohl ich mich sehr bewährt hatte, wusste ich, dass ich als sierra-leonischer Flüchtling in Guinea keine Arbeit finden würde. Also beschloss ich, allein nach Sierra Leone zurückzukehren, und machte mich auf den Weg nach Freetown. Damals war ich 16. Allerdings hatte ich den Zeitpunkt für meine Rückkehr denkbar ungünstig gewählt, denn kurze Zeit, nachdem ich angekommen war, ich war noch dabei, mich überhaupt erst einmal zu orientieren, überfielen die RUF-Rebellen die Stadt. Der berühmte 6. Januar 1999 ereignete sich ein paar Wochen danach.

Ja, und damit musste ich gleich wieder Hals über Kopf fliehen. Aber nach Guinea wollte ich trotzdem nicht zurück. Deshalb habe ich mich erst in Freetown und in der Umgebung versteckt und Unterschlupf gesucht und dann habe ich durch einen ungeheuren Zufall meinen leiblichen kleinen Bruder gefunden. Der hatte sich ebenfalls allein auf den Weg gemacht und war aus dem Flüchtlingslager nach Freetown gekommen. Er lebte von irgendwelchen Gelegenheitsjobs. Schule und Lernen haben ihn leider nie besonders interessiert. Mein Bruder überbrachte mir dann die traurige Nachricht, dass unser Vater kurz nach meinem Weggang gestorben war, und von unserer Mutter hieß es, sie sei wieder in Kailahun zurück.

Die Zeit bei meinem Bruder war nicht gut. Ich fühlte mich überhaupt nicht wohl bei ihm. Das ist an sich schon traurig, wenn man nach all den Jahren endlich wieder einen Familienangehörigen trifft und feststellen muss, wie fremd man sich ist. Mein Bruder hatte keinen guten Umgang, seine Freunde gefielen mir gar nicht, aber ihm war es egal. Er hatte wesentlich mehr Geld als ich, woher er das hatte, weiß ich nicht. Ich habe ihn auch nie danach gefragt. Jedenfalls verhielt er sich ziemlich abscheulich mir gegenüber, er brachte dauernd irgendwelche Mädchen mit und zwang mich dann, das einzige Bett zu räumen.

Jedes Mal, wenn er Besuch hatte, musste ich auf dem Boden vor der Tür schlafen. Ich fühlte mich von ihm getreten und behandelt wie ein Hund. Wir stritten uns auch oft, weil ich ja schließlich der Ältere war und seinen Lebenswandel gar nicht gut fand.

Aber es war sein Zimmer. Also beschloss ich, mir woanders eine Bleibe zu suchen. Das war nicht leicht, weil ich ja keine Arbeit hatte, doch ich muss sagen, ich hatte eigentlich immer Glück. Ich bin in all den Jahren auf meinem Weg guten Menschen begegnet, die mir immer weitergeholfen haben, wenn ich selbst nicht mehr weiterwusste.

Schließlich hörte ich von einer Familie, die einen Schlafplatz vermietete. Also ging ich zu ihnen hin und erklärte ihnen meine Lage. Sie sagten, ich könne bei ihnen schlafen, ohne zu bezahlen, und solle ihnen erst Geld geben, wenn ich selbst welches hätte. Das war ein großer Segen. Arbeit in einem Hotel zu finden, was ich mir sehr gewünscht hätte, war mitten im Krieg aussichtslos, also dachte ich, dann gebe ich eben Unterricht, wie mein Vater. Ich klapperte alle Privatschulen ab und sagte, ich könne Französischunterricht geben. Schon bald hatte ich drei oder vier Schülerinnen und mein Ruf als Französischlehrer sprach sich herum. Ich war damals sehr dankbar und glücklich, denn erstens hatte ich was zu tun und zweitens konnte ich mir wieder eine Mahlzeit leisten. Die Familie war so nett, dass sie sagten, ich solle einfach bei ihnen bleiben, ohne zu zahlen, und ihren Kindern dafür ein paar Worte Französisch beibringen.

Täglich gab ich nachmittags und abends meine Privatstunden. Dabei ging ich von Haus zu Haus, denn die Eltern wollten jetzt, wo sie sahen, dass ihre Kinder Fortschritte machten, alle Einzelunterricht.

Schließlich wurde eine Frau, die eine Apotheke führte, auf mich aufmerksam und bot mir einen Arbeitsplatz in ihrem Geschäft an. Ich hatte einen sehr guten Ruf und sie brauchte jemanden, der die ganzen Medikamente auspackte und abzählte. Sie erzählte mir, dass sie keinem mehr vertraut hatte, seit ihr ein paar Angestellte kleinere Mengen der Ware abgezweigt hatten, um diese dann selbst zu verkaufen. Zuerst wollte ich nicht, denn ich hatte ja meine Schüler und hoffte noch ständig auf einen Posten in einem Hotel. Aber sie überredete mich. Ich bekam ein kleines Gehalt, Essen und einen Wohnraum extra für mich. Darüber war ich dann doch sehr froh, denn bei der Familie hatte ich die ganze Zeit in engsten Verhältnissen auf dem Boden geschlafen.

So also hatte ich plötzlich zwei Jobs, den Laden vormittags, denn nachmittags war sie selbst da, und abends dann die Schüler. Zu der Zeit verdiente ich nicht schlecht, aber trotzdem war ich unzufrieden. Das Leben und die Atmosphäre in einem Hotel gingen mir ab. Schließlich kam noch ein Freund, der mir sagte, eine Privatschule habe sich nach mir erkundigt, ob ich nicht eine feste Anstellung als Französischlehrer haben wolle. Ich sagte zuerst ab, schließlich war ich ausgebildeter Hotelmanager und kein Lehrer! Aber er überredete mich, dann kamen die von der Schule auch noch und bettelten, ich solle zu ihnen kommen. Nun ja, wenn man so gedrängt wird, tut man es auch. Irgendwie fühlte ich mich auch geschmeichelt. Also nahm ich den Posten an. Die Apothekerin wollte trotzdem nicht auf meine Dienste verzichten und wir einigten uns, dass ich nun nachmittags den Laden übernehmen sollte. Ich wohnte und aß ja schließlich immer noch bei ihr.

So kam es, dass ich mit 17 Jahren auf einmal drei Arbeitsstellen hatte: in der Früh die Schule, dann die Apotheke und abends die Privatschüler, denn auch sie wollten nicht auf ihre Stunden verzichten. Und ich freute mich über das Geld. Allerdings wurde mir das Ganze dann doch bald zu viel. Die Schule begann um sieben Uhr, ich hatte eine Stunde Weg dorthin und musste schon um sechs Uhr aufbrechen. Und meine letzten Schüler abends waren um neun Uhr fertig, dann war es zehn Uhr, bis ich zu Hause war. Das jeden Tag. Mir wurde es körperlich einfach zu viel.

Während ich Lehrer an dieser Privatschule war, forderten mich meine Kollegen auch auf, zu ihren Versammlungen mitzugehen. Sie sagten, sie alle wären eine Gruppe und sie hätten gerne, dass ich einer der ihren würde. Ich war bis dahin Muslim gewesen. Aber sie gaben mir in dieser Zeit viele Schriften zu lesen, sprachen in kleinen Gruppen mit mir und dann, im Jahr 2000, zu Ostern, war es so weit. Sie sagten, jetzt musst du 40 Tage lang fasten und dich dann taufen lassen, dann bist du einer von uns. Sonst hätte ich meine Stelle nicht behalten können, das haben sie mir auch gesagt.

Nun gut, ich kannte das Fasten ja vom Ramadan, aber da darf man wenigstens nachts was essen! Jedenfalls habe ich 40 Tage gefastet, unterrichtet, den Laden geführt, die Privatschüler gehabt und dann an Ostern wurde ich feierlich getauft. Es war eine sehr harte Zeit für mich, mit einem wunderbaren Fest zum Abschluss, aber danach bin ich doch zusammengebrochen.

Sicher, man wechselt nicht so einfach die Religion. Ich habe es mir auch genau überlegt. Aber ich war ja sowieso nur noch von Christen umgeben und irgendwie übten sie schon einen spürbaren Druck auf mich aus. Aber überzeugt hat mich letztlich der Glaube, dass einen Gott beständig prüft und dass man in diesem Leben sehr viel Leid ertragen können muss, wenn man später im Himmel belohnt werden möchte. Doch, das glaube ich jetzt auch, außerdem lebe ich es ja. Ich bin davon überzeugt, dass diese ganzen harten Zeiten nur eine Prüfung Gottes für mich waren und er noch etwas mit mir vorhat. Dem Islam trauere ich nicht nach, ich fühle mich wohl als Neugeborener Christ.

Nun ja, die Geschichte ist noch nicht zu Ende. Eines Tages hörte ich nämlich, dass in Kenema eine Stelle in einem kleinen Hotel frei geworden war. Ich war zwar in Conakry in einem großen Hotel gewesen, aber mir war eine Stelle in einem kleinen Hotel trotzdem lieber, als weiterhin drei Arbeitsstellen gleichzeitig zu haben. Das Hotel in Kenema nahm mich. Ich bin jetzt für die Führung und das Personal im Haus verantwortlich. Da dieses Hotel so winzig ist, habe ich allerdings nicht viel zu tun. Vielleicht können wir noch mal ein Restaurant anbauen, damit ich auch meine Kenntnisse in der Gastronomie umsetzen kann. Doch momentan fehlt uns dazu das Geld. Im Augenblick überarbeite ich mich wirklich nicht, ich muss nur überwachen, dass die Angestellten ihre Arbeit tun, und die Gäste begrüßen und ihnen irgendwelche Wünsche erfüllen. Oder Beschwerden entgegennehmen.

Wenn ich so auf mein bisheriges Leben zurückschaue, dann muss ich sagen, die Jahre als Flüchtling haben mich stärker gemacht und die Zeit in Freetown als Rückkehrer war ebenfalls sehr anstrengend. Jetzt bin ich in Kenema zwar auch nur ein Vertriebener oder ein Rückkehrer, aber wenigstens bin ich einer, der Glück gehabt hat. Und wenn ich Heimweh bekomme, fahre ich nach Kailahun und besuche meine Mutter, wie jetzt. Hier wohnen und leben werde ich jedoch wohl nie mehr können.«

## *Und dann sind wir reich*

Am nächsten Morgen, kurz nach Sonnenaufgang, fahren wir die acht Kilometer an die Grenze zum Fluss. Es wird ein großer Tag für jene werden, die auf der anderen Flussseite schon auf uns warten. Rückkehrer kommen heim, Menschen aus Flüchtlingslagern in Guinea kehren zurück. Auf dem River Moa spiegelt sich die Sonne, der Strom fließt heute träge und sanft dahin. An dieser Stelle ist er vielleicht einen halben Kilometer breit, aber jetzt in der Trockenzeit ungefährlich. Die Rückführung wird vom UNHCR durchgeführt. Der Lastwagenkonvoi steht auf der hiesigen Seite schon bereit. Ein paar Einheimische und ein paar *Internationale* haben sich auch eingefunden – viel Publikum kommt so früh nicht, trotzdem sind alle Anwesenden angespannt.

Aus dem Wald marschiert plötzlich eine Kolonne Riesenameisen auf uns zu und beißt sich in Sekundenschnelle an uns fest. Die Bisse schmerzen sehr. »Der Busch ist wirklich gnadenlos«, ruft einer der Umstehenden entsetzt und schlägt auf die Ameisen ein. Das Warten wird uns so, wenn auch unangenehm, verkürzt. Dann tauchen plötzlich die ersten kleinen Gestalten auf der anderen Flussseite auf, ein fernes Hupen ertönt: Die mittlerweile 143. Operation kann beginnen.

Sechs rote leuchtende Punkte steigen drüben in das Kanu, die erste Gruppe Rückkehrer kommt. Das angespannte Warten beginnt. Alle haben rote Schwimmwesten an, man möchte vermeiden, dass jemand vor lauter Aufregung ins Wasser fällt und untergeht. Der Fährmann am Bug, ausgerüstet mit einem langen Stecken, beginnt vorsichtig im Wasser stochernd überzusetzen. Die Punkte werden größer, jetzt sind sie schon in der Mitte. Dann kommen sie noch näher. Auf unserer Seite greift ein junger Mann schon einmal aufgeregt zum Megaphon. Bis auf die kreischenden Vögel im Wald und das Plätschern am Flussufer ist es sonst ruhig. Die Umstehenden sind irgendwie gerührt.

Das Kanu legt an, die sechs Personen steigen aus. Sie haben einen verschreckten Blick. »Willkommen zu Hause!«, ruft ihnen der junge Mann jetzt mit dem Megaphon entgegen. Die letzten paar Meter watet das Grüppchen mit wackligen Knien durch den Fluss. Ein weiteres Kanu legt an, Hausrat und Plastiktüten der Rückkehrer werden an Land gebracht. Dann sieht man schon die nächsten sechs roten Punkte auf dem Fluss.

Rund zwei Stunden dauert die gesamte Operation. Kaum sind sie aus dem Wasser gestiegen, packen die Rückkehrer ihre Tüten, gehen die steile Böschung hinauf und verschwinden in den Lastwagen. Manche von ihnen haben Jahre auf diesen Augenblick gewartet, dennoch wirken sie jetzt alles andere als aufgeregt. Die Flussüberfahrt hat vielleicht zehn Minuten gedauert. Sie aber waren einen ganzen Lebensabschnitt fort. Nun können und wollen sie endlich wieder in ihre Dörfer zurück – oder in das, was von ihren Dörfern noch übrig geblieben ist.

Sinnah Kumba braucht Hilfe beim Aussteigen. Die kleine, zierliche Frau ist mit ihren 79 Jahren die Älteste des heutigen Transports. Sie steigt an Land, faltet die Hände und hebt sie dankbar zum Himmel empor. Ein junger Mann führt sie die Böschung hinauf, an den Ameisen vorbei, setzt sie behutsam in ein Auto, während alle anderen in den Konvoi drängen. Sinnah Kumbas Augen leuchten. Zehn Jahre hat sie in einem Flüchtlingslager in Guinea verbracht. Jetzt, zum Sterben, will sie wieder nach Hause. Sie winkt mich zu sich her, strahlt mich an, Tränen laufen ihr übers Gesicht. Sie redet ohne Unterlass, allerdings in ihrer Stammessprache, die ich leider nicht verstehe. Ich antworte ihr auf Englisch, sie spricht unbeirrt weiter, nimmt meine Hand in ihre runzeligen, schweren Hände und redet. Sie hat sich ihre schönste Bluse für diesen Tag angezogen. Sinnah sitzt überglücklich im Auto und leuchtet vor mir in strahlendem Pink.

Unten am Fluss steht derweil ein kleiner Junge verloren neben dem Kanu und weint. In dem Gedränge hat er seine Mutter verloren. Einer der Betreuer nimmt ihn liebevoll an der Hand und führt ihn zum Konvoi, wo die Mutter des Kleinen schon auf ihn wartet. Vier Jahre ist er alt und ab heute daheim. Der Junge, immer noch aufgelöst, krallt sich zunächst am Rock seiner Mama fest. Dann beruhigt er sich und begutachtet, interessiert und misstrauisch zugleich, die Lastwagen, die Menschen, den Dschungel. Die Tragweite dieser morgendlichen Kanufahrt wird ihm wohl erst in einigen Jahren bewusst werden.

Ein paar Jugendliche im Konvoi haben sich indessen schon dicht nebeneinander gesetzt. Sie können sich noch erinnern an früher, an Sierra Leone, ihr Dorf, an die Flucht. Sie haben nur die letzten fünf Jahre im Camp gelebt. Sie freuen sich auch, wieder in Sierra Leone zu sein, aber eher deswegen, weil ihre Zukunftspläne schon feststehen: Zuerst, sagen sie, wollen sie ins Dorf, die hier gebliebenen Verwandten begrüßen. Und dann möchten sie weiter in die Region Kono, zu den Diamantenminen. Schule? Brauchen sie keine. Mit dem Nötigsten, sagen sie, kämen sie zurecht. Schreiben, Lesen, ein bisschen Rechnen, das müsste genügen.

Die Edelsteine, die sie bald finden wollen, glitzern diesen 13- bis 15-jährigen Jungs schon verheißungsvoll in den Augen. Ja, es sei bestimmt schwere Arbeit, geben sie zu, körperlich gewiss anstrengend. Aber Diamanten versprächen eben schnelles Geld. »Und dann«, frage ich, »was macht ihr dann, wenn ihr welche gefunden habt?« »Dann verkaufen wir sie«, träumen sie laut, »und dann sind wir reich.«

Im Dorf bleiben, das Land bestellen? Kopfschütteln. Ein Handwerk erlernen? Zu langweilig. Sie sind entschlossen, es mit den Minen aufzunehmen. Die Konkurrenz wird ihnen dennoch nicht erspart bleiben. Immerhin sind bereits rund 10 000 Kinder in der Region Kono als Minenarbeiter beschäftigt. Das Leben dort ist hart, genauso wie im Busch. Aber das sind diese Kinder hier ohnehin gewohnt.

Schließlich setzt sich der Konvoi in Bewegung. Ein paar Feldarbeiter stehen am Wegesrand und schauen ihm ein wenig neidisch nach. Rückkehrende Flüchtlinge haben es besser als Dagebliebene. Sie bekommen Saatgut, für sich und ihre Dörfer, außerdem Hausrat, Schüsseln, Decken und eine Kerosinlampe. Sie werden medizinisch untersucht und erhalten eine warme Mahlzeit. Nach all den Jahren im Exil haben sie für ein paar Monate einen Vorsprung. Das müssen die Daheimgebliebenen erst verkraften. Da nützt es auch nichts, dass die Rückkehrer beteuern, nirgendwo sei es so schön wie zu Hause. »Warum seid ihr dann weggelaufen und habt euch nicht bei der Verteidigung unseres Landes engagiert?« Fragen, die sie sich mehr als einmal werden anhören müssen.

Hinter dem Zaun rund um Kailahuns Way Station drängen sich inzwischen laut palavernd die Schaulustigen. Manche der Rückkehrerinnen haben von der Flussüberfahrt noch ihre Duschhauben auf dem Kopf.

Eine Familie mit drei Kindern sucht aufgeregt ihre Habseligkeiten zusammen. Drei Säcke Getreide haben sie aus Guinea mitgebracht, zwei Stühle, eine große Kiste und zahlreiche schwarze Plastiktüten. Das Neugeborene hängt auf dem Rücken der Mutter, die sorgsam alle Teile ihres Hausrats um sich herum arrangiert. Ihr Mann geht aufgeregt auf und ab und fragt jeden Vorbeigehenden verzweifelt, wie er das alles bitte schön in sein Dorf transportieren soll.

»Ist das Ihr ganzer Besitz?«, frage ich ihn. »Ja«, antwortet er mir erschöpft. »Wir waren 13 Jahre weg. Unsere drei Kinder sind alle in Guinea geboren.« Er freut sich und ist überfordert zugleich. Seine Frau hat sich indessen in den Schatten gesetzt und füttert die kleine Tochter. Der siebenjährige Junge sitzt stumm auf einem der beiden Stühle und dreht und wendet die Kerosinlampe auf seinem Schoß hin und her. Die kleine Familie muss in den Norden des Landes, rund 200 Kilometer von Kailahun entfernt. Geld für ihren Bustransport bekommen sie von UNHCR gestellt. Trotzdem scheint dem Familienoberhaupt die ganze Aktion eine ungeheure Kraft abzuverlangen. In ihrem Dorf wollen sie in ihre Hütte zurück, ob die allerdings noch steht, wissen sie nicht.

»Wenn sie weg ist, muss ich eben eine neue bauen«, sagt der Vater, »und bis dahin helfen die Leute vom Dorf.« Die Ungewissheit treibt ihn umher, während seine Frau ständig die Plastiktüten wieder umstellt und zu einem überschaubaren Häufchen zusammenrückt.

Sinnah Kumba haben sie inzwischen auf eine Bank im Schatten gesetzt. Sie schaut der Familie bei ihren Räumarbeiten zu. Männer aus dem Konvoi haben ihr einen Teller Reis mit Kartoffelblättern gegeben, den sie nun unbedingt mit mir teilen will. Die Umstehenden lachen. »Sie hat niemanden mehr, alle ihre Kinder sind tot, aber sie wollte trotzdem unbedingt nach Hause zurück.« Wer sich denn dann um sie kümmere, frage ich. »Die Ältesten von ihrem Dorf.« Am Ende ist das wenigstens ein Anfang.

Die Rückkehrer wollen alle so schnell wie möglich in ihre Heimatorte. Der Weg dahin ist weit, die Strecke beschwerlich. In dem neuen Leben, das nun für sie beginnt, müssen sie sich ohnehin erst bewähren, wieder Vertrauen bei den Dorfbewohnern gewinnen und ehemaligen Tätern verzeihen. Sie werden nachsehen, was von ihrem früheren Besitz noch vorhanden ist, und dann vielleicht wieder das Feld bestellen.

Manche der ehemaligen Flüchtlinge kommen als regelrechte Aufbauhelfer in ihre Region zurück. Sie haben staatliche Gelder in der Tasche, um für ihre Gemeinde zum Beispiel Brunnen oder eine Schule zu bauen. Und sie bringen Saatgut für die ganze Gemeinschaft mit, was bestimmt auch so manche Neider in ihrer Heimat besänftigt. Trotzdem ist der Neuanfang keine Selbstverständlichkeit. Niemand kann einfach dort weitermachen, wo er vor Jahren aufgehört hat.

Sie alle wissen darum und möchten es dennoch versuchen. Nach Jahren in der Fremde, auf der anderen Seite des Flusses, möchten sie ihr Leben wieder selbst bestimmen. Sie haben die Hoffnung, es zu schaffen. Es müsse gehen, sagen einige. Es werde schon gehen, irgendwie, sagen die anderen. Und wenn nicht? »Dann ziehen wir in die Stadt.« Mir fallen wieder die abschüssigen Hügel von Freetown ein und ich wünsche ihnen für das Leben im Dorf viel Glück. Sie sagen: Hauptsache, nicht mehr Flüchtling sein, Hauptsache, wie auch immer, endlich wieder daheim.

# EINHEIMISCHE

## *Ich fühle mich unvollständig*

Über Sierra Leone, ja über der gesamten Region hängt ein großes Fragezeichen. Es liegt in der Luft und es steht in den Augen der Menschen geschrieben, wenn sie, immer noch überrascht, vom Gestern erzählen und gleichzeitig unsicher auf das Morgen hoffen. Ein Morgen, das besser werden soll, als das Heute. Doch bis dahin stellen sich den Menschen noch viele Fragen: Wird der Frieden wirklich halten? Werden die Politiker auch einmal etwas für uns tun? Wie wird es aussehen, ein Leben ohne Korruption? Vielleicht ergibt sich durch irgendeinen Zufall eine günstige Wendung für mein eigenes Schicksal? Vielleicht hat der Himmel ein Einsehen? Vielleicht ist diese Epoche jetzt doch eine großartige Chance, das Land neu zu gestalten? Aber wie soll das vonstatten gehen?

In den Augen der Menschen leuchtet beständig eine Mischung aus lebensfroher Aufbruchstimmung und Unsicherheit, was sie tun sollen. Gezwungen zu einem Leben im Zwischenzustand, der immer nur kleinste Schritte ermöglicht, können sie zwar planen und träumen, aber der Blick in die Zukunft bleibt vernebelt. Hinzu kommt der Verlust an Vertrauen, auch ein Kollateralschaden des jahrelangen Kriegs. Die Menschen haben oftmals nicht nur ihre Familien und liebsten Angehörigen verloren – sie haben auch zu weiten Teilen kein Selbstvertrauen mehr. So weiß man oft nicht, ob sich hinter manch pinkfarbener Fassade nicht doch ein verdunkeltes Inneres verbirgt. Wohin mit der Trauer und den Bildern des Grauens? Wohin mit dem Vergessen, wenn es keine greifbare Zukunft gibt?

In Kailahun werden die Jugendlichen so lange ihre Möbelstücke schleifen, bis feststeht, ob die Region sie nicht doch wieder auf eine nächste Geisterfahrt schickt. Und die Kinder werden sich im Fluss waschen, bis der Haushaltsplan der Regierung auch einmal ihren Ort im äußersten Busch mit einbezieht. Die Rückkehrer werden es so lange in ihren Dörfern versuchen, bis sie einen Arzt brauchen oder ein Schule, und dann, irgendwann, ebenfalls die verslumten Außenbezirke der Städte bevölkern. Denn in der Stadt liegt bekanntlich das Glück.

Als ich abreise, heißt es, der Präsident kommt zu Besuch. Die Leute in Kailahun halten das für einen guten Witz. John ist froh, dass wir wieder Richtung Hauptstadt fahren. Auch wenn der direkte Weg aus Kailahun hinaus derzeit nicht nutzbar ist und wir uns deswegen eine stundenlange Abkürzung quer durch den Busch antun müssen. Straßenarbeiten seien in Gang, heißt es. Die schlimmsten Schlaglöcher würden repariert. Schließlich müsse der Präsident bald hier durch!

»Unser Staatschef kommt in den letzten Winkel des Landes? Wunderbar! Dann soll er aber auch bitte die Straße hierher benutzen und nicht im letzten Moment doch noch mit dem Flugzeug kommen«, steigert sich mein Fahrer gleich wieder in seine finsteren Gedanken hinein. »Das Geld für den Straßenbau zwischen Kenema und der guineischen Grenze ist nämlich längst aus dem Ausland überwiesen«, weiß er mir zu berichten. »Und bitte: Wo ist der Asphalt?!« Schon sind wir wieder bei seinem Lieblingsthema.

Auf halber Strecke passieren wir eine Straßenkreuzung, die einzige hier mitten im Busch. Vor uns biegt ein Laster Richtung Norden, nach Kono, ab. Auf der offenen Ladefläche lassen sich in der prallen Sonne rund drei Dutzend Kinder und Jugendliche gehörig durchschütteln. »Da, die fahren alle zu den Minen«, sagt John. »Bei manchen liegt es ja in der Familie. Da haben schon die Väter nach den Steinen gesucht. Aber inzwischen werden auch viele

Straßenkinder in den Städten angeheuert oder sie kommen selbst, schlafen irgendwo und versuchen dann ihr Glück.« John schüttelt missbilligend den Kopf. »Das sollte sich der Präsident auch mal ansehen«, fügt er noch hinzu.

Da er sich wieder in seine Theorien über den zwangsläufigen Niedergang seiner Nation hineinsteigert, möchte ich ihn ein bisschen provozieren und frage, ob er nicht insgeheim auch Lust hätte, nach einem Diamanten zu suchen. Doch John winkt nur indigniert ab. »Bildung brauchen diese Kinder, nicht schnelles Geld«, antwortet er nun ganz ernst. »Ein Land, das nicht in die Bildung seiner Jugend investiert, hat keine Überlebenschance. Das hat schon Nelson Mandela gesagt!«

Wenn auch die Jungen auf dem Lastwagen noch eher von Goldgräberstimmung denn von Verzweiflung getrieben zu sein scheinen, so ist der Weg aus den Minen zurück für sie jetzt schon verbaut. Auch das schnelle Geld wird sich bald als Phantom herausstellen, denn der Lohn, den sie für einen Stein bekommen, reicht ihnen maximal für zwei bis drei Monate. Was sie erwartet, ist nichts weiter als eine moderne Form der Sklaverei. Das Einzige, was ihnen bleiben wird, während sie täglich für den Gegenlohn einer Mahlzeit den Boden durchpflügen, ist der Traum von Wohlstand und Glück.

In Kenema zurück, drückt mir der hiesige Lokalpoet eine handgeschriebene Hymne an seine Stadt in die Hand, in der er ausgerechnet die Kolonialzeit besingt. Im Krieg hat Mister William ein Auge verloren, jetzt hat er viel Zeit, die er in seinem kleinen Laden verbringt. Der ehemalige Journalist ist ebenfalls längst dem Fragezeichen auf der Spur, das spürbar auch über Kenema hängt.

»Dieser unerträgliche Staub hier legt sich jeden Tag auf uns und jeder wird darunter erstickt«, klagt er und klopft sich ockerrote Wolken von seinem Hemd. »Dieser Staub ist entwürdigend. Wir werden gezwungen, täglich im Schmutz zu leben, weil es keiner fertig bringt, eine Straße zu asphaltieren. Als hätte der Krieg nicht genug Leid angerichtet. Jetzt dürfen sich die Menschen auch noch jeden Tag mit ihrer eigenen Ohnmacht konfrontieren.«

Mister William schreibt schon lange keine Kolumnen für das Lokalblatt mehr, sondern verkauft nun Kleider, Schuhe, Kekse, Getränke und Dosenfisch. In seinen Musestunden rezitiert er englische Klassiker oder schreibt Gedichte.

Die gebildeten Sierra-Leoner wie er haben zusätzlich zu dem Fragezeichen auch noch viel Trauer im Blick. Ihr Leben ist ihnen zwischen den Fingern zerronnen. Alles zu verlieren, was einem lieb ist, darin haben sie sich ohnehin lang geübt. Aber den Glauben an sich selbst mangels materieller Mittel aufgeben zu müssen ist noch einmal eine andere Herausforderung. Mister William begleitet mich noch ein Stück. »Ich träume davon, Zugang zu einer Bibliothek zu bekommen. Die neuesten Forschungen in Soziologie zu lesen«, sagt er leise in die Dunkelheit hinein, während die Jungen auf den Motorrad-Taxis mit ohrenbetäubendem Lärm an uns vorbeirattern. »Ich sehne mich nach einem gehobenen, intellektuellen Austausch. Armut, das ist nicht nur täglich Hunger haben. Die Armut hier bricht nicht nur jeden Stolz, sie tritt auch die Würde des Geistes mit Füßen. Das ist oft schwerer zu ertragen und mit anzuschauen als die Kinder mit ihren aufgeblähten Bäuchen.« An einer kleinen Kreuzung verabschiedet er sich. Ein britischer Gentleman würde eine Dame bis vor ihre Haustür begleiten, entschuldigt er sich. Aber die Haustür ist weit. Und er muss nun doch wieder in seinen Laden zurück. »Afrika hätte so viel Potenzial«, sagt er noch zum Abschied, »leider nutzen wir es nicht.«

Am nächsten Tag, auf dem Weg zurück in die Hauptstadt, kommen wir durch Waterloo, einen Vorort Freetowns, der seinem Namen alle Ehre macht. So, wie Kailahun eine lebendige Durchgangsstation ist, ist Waterloo ein lebendiges Auffanglager. Zuerst lebten hier Binnenvertriebene zu Tausenden, dann kamen liberianische Flüchtlinge. Dann kampierten wieder Binnenvertriebene hier und heute bevölkern Menschen, die darauf warten, dass eines Tages alles besser wird, die Gegend. Doch ihr Warten zieht sich hin.

Waterloo wurde im Krieg, am berühmten 6. Januar 1999, ebenfalls von den Rebellen überfallen und seine Einwohner massakriert. Hunderte von Toten waren allein unter den Binnenvertriebenen an diesem Tag zu beklagen. Diejenigen, die in Waterloo mit dem Leben davongekommen sind, haben heute nicht nur Fragezeichen und Entsetzen im Blick, sondern auch eine ungeheure Wut. Dieser Wut aber schenkt derzeit niemand Gehör, denn die Gesellschaft schaut angestrengt nach vorne. Sie erhofft sich einen anhaltenden Frieden und ist dafür bereit, sich nachhaltig zu versöhnen. Manchen gelingt das freilich nur wider Willen. Andere gestehen, sie seien dazu nicht in der Lage. Diese Leute halten auch von Sierra Leones Sondergerichtshof nicht viel, der nach der zuvor ausgehandelten Generalamnestie für alle Beteiligten am Krieg dem Volk nun einen Hauch von Gerechtigkeit vermitteln will. »Wir können uns allenfalls bemühen, zu verzeihen«, sagen jene Zivilisten, denen der fatale Kreislauf in ihrer Region stets ihre Lebenspläne zunichte gemacht hat, »aber vergessen werden wir nicht.«

***

Die Zwangsamputierten Sierra Leones können sich noch nicht einmal im Vergessen üben. Täglich mit ihrer Verstümmelung und ihren Schmerzen konfrontiert, bleibt ihnen nichts, als sich stumm in ihr Schicksal zu fügen. Überall im Land hat die Regierung Camps errichten lassen, in denen sie seit Jahren leben. So, abgeschirmt unter sich, kommen sie wenigstens in den Genuss des schwachen Trostes: Sie sind nicht alleine mit ihrem Unglück.

Das MSF *Kriegsamputierten-Camp* in Aberdeen ist schon in der Auflösung begriffen. An den Ortsrändern hat die Regierung nämlich nun auch die ersten Häusersiedlungen fertig gestellt, die sie den Kriegsversehrten als Trost auf Lebenszeit zur Verfügung stellt. Ihr Dasein ist ohnehin ruiniert, also sollen sie nicht auch noch obdachlos werden.

Auf der kleinen Anhöhe klebt eine Wellblechhütte an der nächsten. Schmale Wege führen durch das Camp, aber immerhin weht vom Atlantik her eine frische Brise, die die hier zusammengepferchten Menschen wenigstens etwas Luft holen lässt. Hühner und ihre Küken laufen umher, im Schatten vor den Hütten sitzen Frauen und Männer. Verstümmelte Kinder mit einem amputierten Bein oder Arm hüpfen, manche auf Krücken, durch das Camp. Ihre Eltern behelfen sich, so gut es geht. An einem großen Stein in der Mitte des Camps hat man einen Wasserhahn angebracht – hier schrubben ein paar Frauen und Jugendliche mit viel Mühe ihre Wäsche. Der Stein ist ein Dorfbrunnen-Ersatz für Einarmige. Arbeit haben die Menschen hier keine.

Wie in jeder kleinen Gemeinde gibt es auch hier eine Versammlungshütte, zu der mich Siah Mansaray, der Vorsitzende des Camps, führt. Auf einer langen Bank sitzen bereits vier 17-Jährige, in deren Gesichtern sich eine Mischung aus Trotz und Unmut spiegelt, und möchten mir Auskunft geben. Sie haben, ebenso wie viele der Zwangsamputierten, ihre Geschichten auch schon anderen erzählt, vor ein paar Jahren sogar dem Generalsekretär der Vereinten Nationen, Kofi Annan, der nach dem Besuch bei ihnen geweint haben soll. Trotzdem wollen sie wieder und wieder über ihre Erfahrungen sprechen. Anklage erheben, gegen ein Schicksal, das sie nicht verstehen. Sie wollen Schuldige benennen, Mitleid und Empörung einfordern. Ihr Entsetzen sitzt so tief, dass auch das ständige Erinnern und Darüberreden nur noch mehr Schmerz und Wut zur Folge zu haben scheinen.

Siah Mansaray wurde damals, im Mai 1998, sein rechter Unterarm abgeschlagen. 28 Personen wurden an diesem Tag in seinem Dorf im Norden Sierra Leones ermordet. Dann ließen die Rebellen kleine Zettel herumgehen, auf denen geschrieben stand, wer von den restlichen Dorfbewohnern welchen Körperteil verlieren sollte. »Sie fingen mit einem kleinen Mädchen an«, erinnert sich Siah. »Das Kind war sechs Jahre alt. Eigentlich haben sie gesagt, sie wollten uns eine Hand oder einen Fuß abhacken, um uns davon abzuhalten, zu den Wahlurnen zu gehen. Was also sollte das mit diesem Kind? Wir haben sogar mit ihnen diskutiert, sie angefleht, das kleine Mädchen in Ruhe zu lassen, aber sie fanden Gefallen daran, uns alle zu quälen. Also mussten wir sie ihnen bringen, sie festhalten und dann wurde auch ihr die rechte Hand mit der Machete abgehackt. Wer sich ihnen nicht fügte, den würden sie töten, haben sie gesagt. So kamen wir alle der Reihe nach dran. Als sie fertig waren, verließen sie das Dorf. Wir blieben schwer verletzt zurück, einige von uns schafften es aber in das nächste Dorf. Als wir dort nach zwei Tagen ankamen, haben uns die *Ärzte ohne Grenzen* notdürftig versorgt. Das Mädchen allerdings starb auf dem Weg durch den Busch. Es ist uns verblutet.«

Siah war Bauer und ist Vater von vier Kindern. Seine Frau und seine eigenen Kinder wurden damals verschont. Nach der medizinischen Versorgung brachte man sie in Waterloo unter. Dort wurden sie dann erneut von den Kämpfen eingeholt. »Ich muss heute betteln gehen«, sagt er verbittert. »Wie soll ich auch mit einem Arm ein Feld bestellen?« Zurück könne er ohnehin nicht, da die Hütten seiner Verwandten im Dorf verbrannt wurden. Die Häuser, in die sie die Regierung nun bald umsiedelt, sind ihm kein Trost. »Eine Wohnung, das ist ja alles schön und gut. Aber wie soll ich denn künftig meine Familie ernähren? Die haben mein ganzes Leben zerstört.«

In der Versammlungshütte wartet indessen schon Alhaji Lamin, der älteste Vorsitzende des Camps, in dem seit Februar 1999 rund 250 Kriegsversehrte untergebracht wurden. Mit seiner Eisenprothese gibt er mir herausfordernd die Hand. Der Koranlehrer hat beide Unterarme verloren, im Januar 1999 in Freetown. »Die Rebellen sind in mein Haus gestürmt und wollten meine damals 13-jährige Tochter entführen. Einer sagte, er wolle sie zur Frau. Ich verweigerte ihm mein Kind. Da haben sie mich vor unser Haus geführt und mir unter einem Mangobaum die beiden Arme abgeschlagen. Als Strafe, sagten sie, weil ich nicht mit ihnen kooperiert habe. Meine Tochter konnte entkommen. Ich hätte mich eher umbringen lassen, als diesen Irren mein Kind zu überlassen. Nun lebe ich eben mit zwei Eisenprothesen, aber ihr ist wenigstens nie etwas passiert.«

Die unbändige Wut seiner Leidensgenossen teilt Mister Lamin nicht. Er hat versucht, sich seinen Humor zu bewahren, und ist stolz darauf, inzwischen mit seinen zwei Eisenarmen alle Tätigkeiten alleine verrichten zu können. »Wir Muslime haben gemeinsam mit den Christen Versöhnungsfeiern für die Kriegsversehrten organisiert. Es ist ja nun mal passiert. Da nützt es uns nichts, die Täter dauernd anzuklagen. Aber es sind damals leider nur wenige der Täter zu diesen Feiern gekommen. Offenbar schämen sie sich zu sehr für das, was sie uns angetan haben. Das einzig Wichtige, wofür wir uns jetzt in unseren Sondergremien einsetzen, ist, dass so etwas in Zukunft nie wieder passiert.«

Täter und Opfer, die Grenzlinie ist bei den Kriegsversehrten ebenso wie bei der Zivilbevölkerung verwischt. Ein ehemaliger Kindersoldat in Kenema hatte mir erzählt, dass er nun wieder in dem Ort lebe, in dem auch er, damals 13-jährig, einigen Bewohnern die Gliedmaßen amputieren musste. Einen Mann, dem er das Bein abgeschlagen habe, sähe er nun jeden Tag an einer Straßenecke betteln. Der Mann erkenne ihn nicht mehr, denn damals sei er ja noch ein Kind gewesen. Er betonte, dass er damals von seinen Anführern zu diesen Taten gezwungen worden sei, sonst hätten sie ihn getötet. Den schwer behinderten Mann nun allerdings jeden Tag sehen zu müssen, sei eine unglaubliche Strafe für ihn. Den Mut, mit dem Mann zu reden und ihn um Verzeihung zu bitten, habe er bis jetzt jedenfalls noch nicht aufgebracht.

Wenn auch der alte Gelehrte Lamin auf seine beiden Arme zu verzichten gelernt hat, für die Halbwüchsigen ist ihre Behinderung unerträglich. Sie machen auch kein Hehl daraus, dass sie sich schämen. Mamusu Toronka, die einzige Frau, die sich zu uns gesellt, hofft auf eine bessere Schulbildung für ihre Kinder. Der sechsfachen Mutter hat man ebenfalls 1999 die linke Hand abgeschlagen und die Rechte verletzt. Sie hatte angefangen, mit den Rebellen zu diskutieren, und vor deren Tat noch den Himmel um Hilfe angefleht. »Die Regierung sollte all unseren Kindern eine gute Ausbildung gewähren. Das ist die einzige Hoffnung für die Zukunft. Wir Frauen werden später einmal von unseren Kindern ernährt. Ich kann mit dieser Behinderung aber nicht mehr für sie arbeiten gehen und folglich kann nicht mal ich sie richtig ernähren.«

In einem Punkt sind sich alle einig: Selbst wenn die Schuldigen überführt würden oder ins Gefängnis kämen, würde das an ihrem Leben nichts mehr ändern. »Auch mir hat damals ein halbwüchsiger Junge die Hand abgeschlagen«, sagt Mamusu. »Ja und? Sogar wenn man ihm heute zur Strafe auch eine abschlagen würde, bekäme ich meine damit nicht zurück. Wir werden uns damit abfinden müssen. Aber unsere Kinder sollen nicht auch noch benachteiligt werden.«

Über die NCDDR-Programme sind die Versammelten hier geteilter Meinung. Ja, natürlich müsse man alle Täter von damals wieder in die Gesellschaft integrieren. Und auch Versöhnung halten manche von ihnen für möglich. »Aber warum werden die, die so viel Unrecht getan haben, jetzt privilegiert? Wer gestern getötet hat, wird heute mit einer Berufsausbildung belohnt. Und wir?«

Es ist Mittag. Die paar Holzbänke in der Hütte haben sich inzwischen noch einmal gefüllt. Suleiman, ein verbitterter 17-Jähriger, setzt sich neben mich und holt, bevor er zu reden anfängt, zaghaft seinen Armstumpf unter seinem Hemd hervor.

SULEIMAN, 17:

»Damals, nachdem das mit meinem Arm passiert war, habe ich mich unglaublich geniert. Ich habe ihn dauernd unter meinem Hemd versteckt. Ich habe mich für diesen Anblick schuldig gefühlt. Wir alle haben das Anrecht auf eine Prothese, mir haben sie auch eine angepasst. Ich benutze sie nie. Die ist mir noch um vieles peinlicher als dieser Stumpf hier. Außerdem erschrecken die Leute jedes Mal, wenn sie so ein Eisengerät sehen. Etwas Unnatürlicheres gibt es nicht.

Mich haben sie am 6. Januar 1999 erwischt. Die Jungs, die das getan haben, waren damals so alt wie wir. Allein das ist schon eine Erniedrigung, aber wir lebten halt im Krieg. Ich war an dem Tag, als sie die Stadt angriffen, mit meinen Geschwistern und ein paar Freunden zu Hause. Als wir dann den Lärm und die Tumulte hörten, wollten wir uns zuerst verstecken, aber dafür war es schon zu spät. Die Rebellen überwältigten uns und behaupteten, wir seien eigentlich Kamajohs. Wir stritten das ab, aber es hatte keinen Sinn. Mit denen war nicht zu reden. ›Gut, wenn ihr keine Kamajohs seid, dann kommt jetzt sofort mit uns mit‹, brüllten sie uns an. In unserer Gruppe gab es überhaupt keine Kamajohs, nur Zivilisten. Dann zwangen sie uns mitzukommen. Eines der Kinder hielt die ganze Zeit ein Gewehr auf uns gerichtet, wir hatten natürlich Angst und versuchten, sie zu beschwichtigen, aber das half alles nicht.

Sie haben uns zunächst in ein Lagerhaus in der Nähe gebracht, wo wir uns alle auf den Boden setzen mussten. Wir waren zu neunt. Dann haben sie uns einen nach dem anderen gefesselt. Das eine Kind hielt immer noch sein Gewehr auf uns gerichtet. Weil wir mit ihnen nicht mitkämpfen würden, bekämen wir nun die ›Behandlung‹, sagten sie. Zuerst fragten sie uns, auf welchen Körperteil wir am liebsten verzichten würden. Einer sagte, er könne vielleicht auf eine Zehe verzichten, aber da haben sie nur gelacht. Wir mussten selbst sagen, was sie uns abschlagen sollten. Und wer vor lauter Angst nicht sprechen konnte, dem haben sie gedroht, ihn umzubringen. Dann fingen sie an. Sie hatten ein Brett, das sie auf eine Kiste legten. Der Erste von uns musste seinen Arm auf das Brett legen und dann haben sie ihm den Arm mit der Machete abgehackt. So kamen wir alle der Reihe nach dran. Das Zuschauen und die Angst vor dem Schmerz, dann die Schreie von denen, die gerade dran waren, waren grauenvoll. Aber sie zwangen uns zuzuschauen. ›Wenn du nicht hinschaust‹, haben sie gesagt, ›bringen wir dich um.‹ In diesen Momenten dachte ich, dass es wohl besser sei, sie brächten mich um, als diese Tortur auszuhalten.

Aber dann war ich an der Reihe. Sie haben meinen linken Unterarm auf das Brett gelegt, mich festgehalten und dann zugeschlagen. Der Arm war natürlich nicht mit einem Schlag ab. Sie mussten mehrmals mit dem Messer auf ihn einschlagen, bis er dann von dem Brett fiel. Ich bin nicht ohnmächtig geworden. Und den Schmerz habe ich in diesem Augenblick auch nicht gespürt. Wir alle standen unter Schock, da spürt man zuerst gar nichts, im Gegenteil, ich war sogar hellwach. Als sie mit uns allen fertig waren, ließen sie uns in der Lagerhalle liegen und sind weitergezogen. Wir alle waren bei Bewusstsein und versuchten, uns halbwegs zu verbinden. Dann hat jeder für sich allein Hilfe gesucht. Mein Arm hat sehr stark geblutet. Ich habe mir dann notdürftig mein Hemd um die Wunde gewickelt und habe versucht, in ein Krankenhaus zu gelangen. Das war an diesem Tag natürlich aussichtslos, denn da tobten sie ja alle durch die Stadt.

Ich bin dann einfach Richtung Krankenhaus gelaufen. Wo ich damals die Kraft dazu herbekommen habe, weiß ich bis heute nicht. Auf meinem Irrweg durch die Stadt haben mich schließlich die ECOMOG-Truppen aufgegriffen und mich in einem Militärwagen in ein Krankenhaus gefahren. Dort gab es aber nichts. Keine Medikamente, keine Ärzte. Sie haben mich einfach auf dem Gang sitzen lassen.

Nach zwei Tagen bin ich dann notoperiert worden. Weil sich die Wunde entzündet hatte, mussten sie mir bei der Operation sogar noch ein weiteres Stück meines Unterarmes abschneiden. Damals hatte ich unbeschreibliche Schmerzen, aber es gab keine Medikamente dagegen. Sie hatten nicht mal Wasser zu trinken und Essen gab es im Krankenhaus natürlich auch keins. Was dann folgte, war eine furchtbare Zeit.

Ich war bis dahin auf einer Schule gewesen, traute mich dann aber mit dem Armstumpf nicht mehr hin. Heute bereue ich das, aber damals habe ich mich einfach nur geschämt. Außerdem hatte ich ständig Schmerzen. Die Ärzte sagten, sie müssten mich noch mal operieren, denn wieder hatte sich der Knochen entzündet. Und wieder wurde mir ein weiteres Stück abgenommen, bis zum Ellbogen. Ich bin inzwischen viermal operiert worden. Schmerzen habe ich immer noch. Aber meine inneren Schmerzen sind um vieles größer.

Um uns Zwangsamputierte haben sich vor allem die *Ärzte ohne Grenzen* gekümmert und eine andere NGO hat auch versucht, uns psychologische Hilfestellungen zu geben. Aber mir haben diese Gespräche nicht viel genutzt. Ich fühle mich seither einfach entstellt. Ich schäme mich immer noch, dass es uns nicht gelungen ist, diese Tortur zu verhindern. Dass wir so schwach waren und es uns einfach gefallen lassen mussten. Ja, sie haben uns mit dem Gewehr bedroht, und wenn jemand eine Waffe hat, dann kann man sowieso nur das tun, was derjenige will. Ich weiß das alles, wenn ich darüber nachdenke. Aber es macht mich wütend. Jeden Tag, wenn ich in der Früh aufwache, sehe ich diesen Armstumpf. Ich will die Prothese nicht. Und sich mit einem Arm anzukleiden, zu kochen und überhaupt zu leben ist sehr umständlich. Und jeden Morgen ärgere ich mich von neuem. Was soll denn jetzt aus mir werden? Ich war seit diesem Tag auf keiner Schule mehr. Ich habe keine Ausbildung. Meine ganze Zukunft haben diese Scheißkerle ruiniert. Und sie gehen jetzt wieder durch die Straßen spazieren und sagen, damals war eben Krieg. Für mich aber ist das Leben gelaufen.

Seit diesem 6. Januar 1999 bin ich nur noch traurig. Ich glaube, ich habe eine Depression. Und ich fühle mich unvollständig. Das klingt zwar komisch, denn klar ist man mit nur einem Arm unvollständig, aber ich fühle das innerlich. Etwas fehlt mir. Sie haben einen Teil von mir genommen. Und ich weiß nicht, wie ich ohne diesen Teil nun den Rest meines Lebens auskommen soll. Wenn ich die anderen sehe, und wir sind ja viele hier, dann tröstet mich das überhaupt nicht. Jeder von uns Zwangsamputierten ist mit seinem Schicksal letztlich allein. Das wird sich auch nicht ändern, wenn wir alle jetzt eine Gratiswohnung bekommen. Ich pfeife auf die Wohnung.

Das Schlimmste für mich ist, dass wir alle hier zehn Jahre Krieg erlebt haben. Zehn Jahre Tod und Gewalt und so viele Menschen haben alles verloren. Aber der Krieg ist vorbei, jetzt haben wir sogar Frieden. Nur für uns ist es nicht vorbei. Wir werden täglich an dieses Grauen erinnert und die Leute aus dem Volk meiden uns auch schon, weil sie nicht mehr erinnert werden wollen.

Wenigstens traue ich mich jetzt meinen Armstumpf frei herumzutragen. Ich verstecke ihn nicht mehr ständig unter meinem Hemd. Ich glaube, das ist schon ein erster Schritt. Sollen sie doch sehen, was man mit mir gemacht hat. Was aber jemals aus mir werden soll, das weiß ich überhaupt nicht.«

Als ich das Camp später noch einmal besuche, sehe ich Suleiman am Campbrunnen stehen und mit seinem rechten, gesunden Arm seine Turnschuhe waschen. Er kommt auf mich zu und lässt seinen Armstumpf gleich wieder unter dem Hemd verschwinden. Wir reden ein paar Worte, dann holt er ihn wieder aus dem Hemd hervor und lächelt verschüchtert.

Osman, ein Lehrer Anfang dreißig, der den Verlust seiner Finger inzwischen im Alkohol ertränkt, kommt zu uns und fügt noch etwas für ihn sehr Wichtiges hinzu: »Wenn Sie das aufschreiben, dann schreiben Sie bitte, dass wir keine Feiglinge waren.« Osman hatte sich damals gewehrt und versucht, die Jungen im Gefecht zu überwältigen. »Die hatten Militäruniformen an, bei mir damals waren es nicht die RUF.«

Ein Einziger der Jugendlichen hier, die alle ihre Geschichte noch einmal erzählen wollen, hat für seine Wut ein hoffnungsvolles Ventil gewählt. Mohammed ist 19, hat 1998 in Kenema seinen rechten Unterschenkel verloren und sich danach erst recht um eine Schulausbildung bemüht. Jetzt kämpft er um ein Stipendium für die Universität. Seine Chancen stehen nicht schlecht. »Ich möchte Rechtsanwalt werden«, sagt er todernst. »Damit hier wenigstens einer für unsere Zukunft und unsere Rechte kämpft.«

***

John zieht es vor, die Lage der Kriegsversehrten nicht zu kommentieren. Das Thema überfordert ihn. Sich über Missstände aufregen, das tut er gern, zumal seine Klagelieder über die Lage der Nation ja doch immer in einer Liebeserklärung an Sierra Leone enden. Außerdem behält er gerne Recht. Genießt seinen Triumph, wenn die Dinge genau so eintreffen, wie er sie vorhersagt. Den Stau zum Beispiel, in dem wir mitten in einem Randbezirk Freetowns wieder einmal stecken, hat er vorhergesagt. Aber im Falle der Kriegsversehrten kann niemand Recht behalten. Die Zwangsamputierten haben der ganzen Gesellschaft einen Teil ihrer Selbstachtung geraubt. John setzt sich täglich, im Straßenverkehr und in seinen eigenen Bemühungen, sich und seine Familie bestmöglich durchzubringen, mit der Absurdität der Wirklichkeit auseinander. Aber die Sinnlosigkeit der Gewalt damals kann er sich auch nicht erklären. Und es beunruhigt die Menschen immer wieder, wenn sie mit dieser wandelnden Anklage konfrontiert werden, die in der Innenstadt Freetowns an den Straßenrändern steht und um Geld und Nahrung bettelt. Es irritiert sie, die Kriegsversehrten in improvisierten Rollstühlen jeden Tag herumfahren zu sehen. Täglich werden sie an die Gräuel erinnert und kennen den Grund nicht, haben keine Antwort, keine Erklärung parat, warum es nicht genügte, dass die meisten damals umgebracht oder vertrieben wurden. Die Frauen, Männer und Kinder, von denen sehr viele irgendwelche sichtbaren Narben aus dem Krieg davongetragen haben, sind froh, dass es sie damals nicht erwischt hat. Sie sagen, wenn sie von den Zeiten damals erzählen: »Ich habe meinen Arm gerettet.« Oder das Bein. »Hier, bei mir haben sie nur zugestochen, aber nichts abgetrennt.« Dann lachen sie für Momente, kopfschüttelnd, freuen sich für einen Augenblick, um bei der Begegnung mit einem, der weniger glimpflich davongekommen ist, doch wieder zu erschrecken. Es ist das Entsetzen vor dem, was da unter ihnen gewohnt hat, vor dem, was in ihren Mitmenschen und oft genug auch in ihnen selbst vielleicht immer noch steckt.

## *Ich verstecke mich immer, wenn ich weinen muss*

In einem kleinen Fischerdorf südlich von Freetown sind die Folgen des Kriegs ebenfalls noch lange nicht vorbei. Ein 14-jähriges Mädchen bringt ihre Mutter meilenweit in die Notaufnahme für Kriegsversehrte. Die Mutter wurde damals nach ihrer Zwangsamputation nicht richtig verarztet und kämpft seither mit wiederkehrenden Infektionen. Der Vater ist vor einiger Zeit gestorben. Das Mädchen hat noch zwei kleinere Geschwister. Sie nimmt sie vorsichtshalber in die Notaufnahme mit, ist doch der Weg in ihre Hütte zurück zu weit. Die Mutter wird operiert, ist aber bereits viel zu geschwächt. Nach drei Tagen bangen Wartens stirbt sie. Das Mädchen nimmt ihre beiden Geschwister und weiß, dass sie nun über Nacht zum Familienoberhaupt geworden ist. Überfordert und allein gelassen mit ihrer Trauer, setzt sie sich an den Strand. Die beiden Kleinen haben Hunger. Sie eigentlich auch, aber das zählt jetzt nicht. Also schärft sie ihnen ein, auf sie zu warten, und macht sich auf den Weg in die Ortschaft, um etwas Essen aufzutreiben. Die Leute aus dem Fischerdorf geben dem Mädchen nicht nur einen Teller Reis, sondern nehmen sie und ihre Geschwister ein paar Tage bei sich auf. Dann schlägt man ihr vor, in eine nahe gelegene christliche NGO zu wechseln, die – halb Missionsstation, halb Waisenhaus – Gestrandete jeden Alters und jeder Herkunft bei sich aufnimmt. Das Mädchen ist einverstanden, bezieht mit ihren Geschwistern ein Zimmer in diesem Heim und fügt sich fortan ohne weiteres in ihre Rolle als jüngster Familienvorstand.

Dutzende von Kindern und Erwachsenen hat das *Family Homes Movement* (FHM) in den letzten Jahrzehnten betreut und den Kindern unzählige Pflegefamilien besorgt. Flüchtlinge, Binnenvertriebene, Kriegsversehrte, Obdachlose, Behinderte, ehemalige Kindersoldaten, Christen und Muslime, Täter und Opfer haben neue Adressen und somit einen neuen Halt bekommen.

Wie viele Kinder und Familien derzeit unter seiner Obhut leben, überschaut Father Guiseppe Berton schon längst nicht mehr. Die augenblickliche Situation in der Region allerdings hält sich der Xaverianer dafür umso klarer vor Augen: »Wir haben noch keinen Frieden«, stellt er gänzlich leidenschaftslos fest, »wir haben lediglich keine Kämpfe mehr.« Seit 1964 lebt der gebürtige Italiener in Sierra Leone, hat Diktatoren kommen und gehen sehen, ist während des Kriegs geblieben, als alle anderen Hilfsorganisationen eiligst das Land verlassen haben. Der alte Herr hat in Afrika seine eigene Lebensphilosophie als Priester verwirklicht. Fern von den »großen Fischen« wollte er sein, erzählt er amüsiert, fern vom Vatikan und seiner Machtpolitik, die er weder teile noch jemals verstanden habe.

»Die Menschen zählen für mich. Jeder Einzelne. Welchen Glauben sie haben, wer sie sind oder was sie getan haben, interessiert mich nicht.« Sein FHM hat früher zeitweise unter der Leitung von UNICEF demobilisierte Kinder aufgenommen und sie zu ihren tatsächlichen Familien zurückgeführt oder zu Pflegeeltern gebracht.

Heute, nachdem das offizielle Programm beendet ist, zieht er es vor, wieder seinen eigenen Weg zu gehen.

»Die großen internationalen Organisationen machen mir immer mehr den Eindruck, als würden sie die Menschen nur noch verwalten«, sagt er ein wenig enttäuscht. »Ich aber habe es hier mit Einzelschicksalen zu tun: mit einem Waisenkind, einem Zwangsamputierten, einem ehemaligen Kindersoldaten, mit Vertriebenen ohne Obdach, mit allein stehenden Minderjährigen, deren Eltern bis heute nicht gefunden wurden. Mir geht es nicht um Erfolgszahlen, wie viele Menschen ich weitervermitteln konnte, sondern um die jeweiligen Personen. Ich lebe mit ihnen. Sie brauchen nicht nur ein Dach über dem Kopf und ihren täglichen Teller Reis. Sie brauchen Stabilität. Und die kann ihnen nur die Gemeinschaft bieten, ihr Volk, ihre Mitmenschen. Deshalb fördere ich auch die Familien und versuche, dass sie wieder eine Struktur bekommen. Die Region hier hatte keinen Bürgerkrieg. Wir hatten einen Familienkrieg. Und wieder Frieden finden geht nur durch Zusammenleben und Dialog.«

Father Bertons Unbeugsamkeit gegenüber jeglichen Autoritäten und sein konsequent individueller, manchmal störrischer Weg haben ihm unter den Internationalen den Ruf eines widerspenstigen Paters eingebracht. Die Einheimischen landauf, landab dagegen verehren ihn. Während des Kriegs nahm er es zeitweise auch mit den Rebellen auf. Als diese bei ihren Angriffen in Freetown auch sein Ordenshaus überfielen, entschuldigten sie sich erst bei ihm, um ihn dann ein paar Tage lang als Geisel zu behalten. Berton nutzte die Gelegenheit, »seinen Jungen«, die er aus früheren Zeiten teilweise persönlich kannte, gehörig die Meinung zu sagen. »Manche von denen kannte ich, weil sie in der Provinz Makeni in unserer Missionsstation zur Schule gegangen waren. Und dann stehen sie plötzlich da und bedrohen mich mit einem Gewehr! Das ist doch lächerlich. Am liebsten hätte ich sie geohrfeigt und sie alle auf die Schulbank zurückgeschickt.«

Die Rebellen taten »ihrem« Pater nichts, dafür brachten andere vier seiner Nonnen um. Als ihnen seine unermüdlichen Predigten über die Sinnlosigkeit ihres Kriegs jedoch zu anstrengend wurden, ließen sie ihn und ein paar weitere Geiseln wieder laufen. Nach dem Krieg fanden einige von ihnen sogar Zuflucht in seinem FHM. »Nachdem es vorbei war, standen sie wieder vor der Tür und wollten bei mir wohnen. Sie konnten ja sonst nirgendwo hin. Natürlich habe ich sie hereingelassen. Aber ich habe die hier lebende Gemeinschaft entscheiden lassen, ob sie Kindersoldaten, die grauenvolle Verbrechen begangen haben, unter sich dulden wollten. Die Familien zögerten erst, sagten dann aber ja.«

Ganz so einfach verlief die Integration der ehemaligen Rebellen und Milizenkinder doch nicht. Getrieben von ihren Ängsten und Aggressionen gingen sie gelegentlich im Streit aufeinander los – was den gutmütigen Pater zum Handeln bewog. »Einen von ihnen habe ich nach einem Kampf, den er provoziert hatte, schweren Herzens rausgeschmissen. Ich sagte: ›Wenn du dich hier nicht wie ein zivilisierter Mensch benehmen kannst, dann geht es eben nicht.‹ Ich verwies ihn von unserem Gelände.« Der Junge trieb sich dann zehn Tage neben der Missionsstation herum. Am Schluss bettelte er so lange, bis er wieder aufgenommen wurde. Nach einer förmlichen Entschuldigung vor den damals rund 200 in der FHM lebenden Menschen beteuerte er, sich endgültig zu bessern. Seither geht es halbwegs bergauf mit ihm.

Ich gehe mit ein paar der hier lebenden Kinder ein Stück am Strand spazieren. Der Atlantik gibt sich an dieser unberührten tropischen Küste den Anschein, ein sanftes, friedvolles Gewässer zu sein. Doch der Schein trügt. Kaum setzt man den Fuß ins Wasser, reißt einen eine unbarmherzige Strömung davon. Die Kraft der Wellen ist gewaltig. Sie überspülen mit Leichtigkeit alles, was ihnen in den Weg kommt. Jedes Jahr ertrinken auch geübte Schwimmer in der Brandung. Ein paar Internationale kommen am Wochenende zum Joggen und Baden hierher, ansonsten gibt es nur unberührte Natur. Und die zerbombten Häuser der früheren Touristensiedlungen in der Umgebung.

»Hier stand mal ein Club-Dorf, ein Nobelressort, für ausländische Gäste«, erzählt Michael und zeigt mir die Überreste der einstigen Strandvillen. An einer Stelle ist noch ein Badezimmer zu erkennen, ein paar Fliesen kleben zersprungen an einer stehen gebliebenen Wand. »Und hier hat die Bombe eingeschlagen«, tönt die zehnjährige Fatmata lebhaft und hüpft auf einem Bein durch den kleinen Krater. Sie erinnern sich genau. Heute kommen die Kinder in dieses Geisterdorf zum Spielen. Die stehen gebliebenen Bungalows dienen dem FHM als Unterkünfte für die Vertriebenen.

Am Horizont sieht man die Fischerboote vom Fang zurückkehren. Lang gezogene Kähne, die Männer auf dem Boot sehen vom Festland aus wie ein Schattenspiel. Mit langen Stäben lenken sie das Boot dem Ufer zu – an Bord den besten Fisch Westafrikas. »Wir hier am Meer leben gut«, meint ein Fischer, der wenig später am Strand sein Netz repariert. »Wir sind nicht so arm wie die Leute in der Stadt. Und Fisch zu essen gibt es für uns immer genug.«

Fisch ist neben Reis und Palmöl das Grundnahrungsmittel in Sierra Leone. Er verkauft sich sowohl unter den Einheimischen auf dem Land als auch unter den Internationalen in der Stadt. So haben sich manche der Waisen in der FHM schon öfter von den Seeleuten mitnehmen lassen. Für diejenigen, die keine Angst vor dem Meer haben, scheinen Fischer oder Matrose aussichtsvolle Berufe zu sein.

»Die Familienoberhäupter beschließen hier, was das Kind später einmal werden soll, wir halten uns nicht an irgendein Programm«, erklärt der Pater später. »Wenn wir zum Beispiel Waisenkinder zu Adoptiveltern in der Stadt vermitteln, dann übernehmen die Kinder meist deren Beruf. Schreiner und Schneider gibt es ja nun wirklich genug! Bei den Mädchen ist es genauso, obwohl die Ausbildung von Mädchen in Westafrika leider immer noch nicht ernst genommen wird.«

Berton hält die Eltern oder Pflegeeltern zwar dazu an, ihre Kinder auf die Schule zu schicken, dazu gezwungen werden sie jedoch nicht. Manche der Waisen, die er früher selbst in der Missionsstation aufzog, sind inzwischen erwachsen geworden und haben ihrerseits Kinder ohne Angehörige adoptiert. Er sieht darin einen fruchtbaren Kreislauf, schließlich haben tausende von Familien in Sierra Leone während und nach dem Krieg spontan allein stehende oder vertriebene Kinder bei sich aufgenommen.

»Ich lebe zwar seit 40 Jahren hier, aber ich bin trotzdem ein weißer Gast geblieben. Ich gehöre nicht zu dieser Gesellschaft«, sagt Berton, »und deswegen möchte ich mich auch nicht in die hiesige soziale Struktur einmischen. Sie funktioniert auf ihre Weise und nach ihren ureigensten Gesetzen. Das hat nichts mit unserem westlichen Bild von Familie oder Ordnung zu tun. Jeder in Sierra Leone ist über ein paar Ecken mit jedem verwandt. Die Leute brauchen keine Regeln aus dem Westen. Wir müssen ihnen nicht beibringen, wie man es ›besser‹ macht. Die Völker hier haben ihre sozialen Traditionen, und solange diese intakt sind, gibt es auch eine Zukunft für sie. Der Krieg hat sie zutiefst verstört. Aber wenn ich mir gleichzeitig anschaue, welche Lebenskraft und Freude diese Kinder hier trotz ihrer Not aufbringen, dann mache ich mir eigentlich keine großen Sorgen.«

Die Kinder wie auch die Erwachsenen lieben »ihren« Berton. Er ist ihnen Leitfigur und Großvater in einem. Dabei versucht der Pater, sich immer mehr zurückzuziehen, um keine Abhängigkeiten entstehen zu lassen. »Das hier soll eine Durchgangsstation sein. Ein Platz, an dem sie Kraft schöpfen und ihr Leben stabilisieren können. Aber dann müssen sie auch wieder fort, in ihr eigenes Leben hinein. Wer hier hängen bleibt, der hat verloren.«

Dass sich die Gesellschaft dennoch langsam wandelt und viele Kinder in Afrika absichtlich von zu Hause davonlaufen, weil sie die Schläge und Misshandlungen ihrer Eltern nicht mehr ertragen oder weil sie schlicht und ergreifend eine Schulausbildung wollen, will der Pater nicht so gerne wahrhaben. Was daran liegen könnte, dass er einer ganz anderen, europäischen Generation entstammt. Für den Geltungsdrang seiner weitaus jüngeren afrikanischen Priesterkollegen dagegen kennt er kein Pardon. »So, wie ich das Christentum verstehe, hat uns Jesus beigebracht, dem Nächsten zu dienen. Und nicht umgekehrt!«, sagt er plötzlich gar nicht mehr gutmütig, sondern streng. »Nächstenliebe lautet die Botschaft. Und alle, die nur an die Macht streben, sind leider weit von ihr entfernt.«

Pünktlich nachmittags um vier kommt ein Lehrer ins Heim und bringt den Kleinsten der rund 60 Kinder das Alphabet bei. Lautes Glockengebimmel kündigt ihn an. Vier- bis Achtjährige kommen heran, die Größeren stellen die Bänke und die Tafel auf. Dann drängen sich die Kinder auf den drei Bänken und sprechen im Chor Buchstaben und einfache englische Wörter nach. Zwischendurch singen sie ein Lied, mit dessen Hilfe sie den Stoff leichter auswendig lernen. Im Haus erhalten derweil die Größeren Schulstunden. Hier sitzen Zwölfjährige neben 17-Jährigen und lernen gerade Multiplizieren und Dividieren, danach haben sie Biologie und Erdkunde.

Nahezu jeder in diesem Land hat zehn Jahre verloren. Nachholen lässt sich vieles nicht mehr, aber notdürftig aufholen, das geht. Die Kinder und die jungen Erwachsenen setzten dort wieder ein, wo der Krieg oder die Vertreibung sie herausgerissen haben, je nach Wissensstand in Klasse fünf oder eins. Die fortgeschritteneren Kinder teilt der Lehrer in Gruppen ein. So kann er mehrere Jahrgänge nebeneinander unterrichten. Während die einen ein Bild malen, schreiben die anderen ein Diktat. Für den Lehrer aus der Stadt kommt dieser Unterricht einer seiner zahllosen Privatstunden gleich.

Anthony, ein 16-Jähriger aus dem Norden, zeigt mir stolz sein Heft. Alle Fächer hat er darin zusammengetragen, jedes Fach vom anderen nur durch ein paar weiße Blätter getrennt. Ein zweites Heft ist unerschwinglich für den Jungen. Anthony fühlt sich wohl in der FHM, er genießt sein Zimmer, das er sich mit fünf anderen teilt, und den täglichen Nachmittagsunterricht. Hin und wieder übernimmt er Aushilfsarbeiten. Zukunftsvisionen für sein Leben hat er noch keine. Als ich ihn nach seinen Eltern frage, winkt er ganz schnell ab und antwortet nur verstört: »Eltern? Nein, nein.« Ich erfahre später, dass er es während der letzten Kriegsjahre allein bis nach Freetown geschafft hat, nachdem man seine Angehörigen umgebracht hatte und sein Dorf niedergebrannt worden war.

Immer noch werden Kinder hier abgegeben oder »liefern sich selbst ein«, wie mir manche gestehen. Ein Dach über dem Kopf und eine Mahlzeit sind ihnen gewiss. Bleiben können sie letztlich, solange sie wollen. Doch auch hier, wie im restlichen Land, spürt man, dass die Jugend kaum Zukunftschancen hat. In die Schule gehen, die Schule beenden, das ist das Ziel, das ich von den Kindern und den Anfang 20-Jährigen am häufigsten höre. Was danach kommt, darüber denken viele hier lieber nicht nach. Denn was soll noch kommen?

»Es gibt keine Arbeit für uns, wo sollen wir denn hin?«, klagen die Großen, die es deshalb vorziehen, die Idylle im Fischerdorf zu genießen, und sich lieber um Gelegenheitsjobs bemühen als um eine dauerhafte Arbeit. Ihren Lebensunterhalt müssen sie nämlich selbst bestreiten, das ist eine der Grundregeln von der FHM.

Ein ehemaliger Kindersoldat, etwa 20 Jahre alt, den ich frage, ob er sich schon bereit fühle, es »draußen« alleine zu versuchen, schaut mich verunsichert an und antwortet: »Und wer kümmert sich dann um mich?« Er will nicht zurück in sein Dorf im Norden, weil er sich vor der Rache seiner Stammesangehörigen fürchtet. Er ist davon überzeugt, dass sie ihn eines Tages für die von ihm begangenen Abscheulichkeiten liquidieren. Die Drogen, die man ihm während seines Einsatzes in seine offenen Wunden gerieben hat, haben ihn restlos zerstört. In seinen nächtlichen Albträumen und am Tag verfolgen ihn noch immer die Bilder des Kriegs. Ein paar seiner Mitschüler sind deswegen sehr besorgt um ihn.

Isabel, ein 17-jähriges Flüchtlingsmädchen aus Liberia, das seit zehn Jahren unter der Obhut der FHM groß geworden ist, träumt dagegen davon, bald in ihr eigentliches Heimatland aufzubrechen und dort ihre Verwandten zu suchen. Mir wird gesagt, die seien verschollen und jahrelange Nachforschungen hätten zu keinem Ergebnis geführt. Aber Isabel, die auch schon die Eröffnung ihres eigenen Friseursalons plant, hält an ihrem Wunschtraum fest. »Ich kann mich noch genau an meine Mutter erinnern«, erzählt sie mir mit leuchtenden Augen. »Sie hielt mich fest an der Hand, als wir damals davongelaufen sind. Und dann waren da plötzlich so viele Menschen. Ich habe sie verloren. Und seitdem habe ich sie nicht mehr wieder gesehen. Sie muss doch noch irgendwo sein.« Isabel lässt sich von den schlechten Nachrichten aus Liberia nicht beirren. Sie sagt, sie glaube an den Tod ihrer Eltern und Verwandten erst, wenn sie tatsächlich keinen von ihnen mehr gefunden habe.

»Wir haben natürlich keinen unmittelbaren Ausnahmezustand mehr hier«, sagt Berton, »dafür aber eine anhaltende Notlage. Sollte sich der Frieden nach dem Abzug der UN-Truppen stabilisieren, müssen wir allerdings zusehen, dass sich die Notlage nicht in einen Dauerzustand verwandelt.«

Kein leichtes Dasein haben auch die poliokranken Kinder, die in jüngster Zeit sogar heimlich von ihren Eltern hier »abgegeben« worden sind. Sehr zum Verdruss von Father Berton, der nicht der letzte Helfer für alle ungelösten Probleme der Familien werden will. Manche der Kinder haben in ihren Dörfern nie eine Behandlung erhalten, für die Kleineren ist es mit viel Glück und dem Entgegenkommen von Ärzten gelungen, ihnen zumindest aufbauende operative Eingriffe und ein paar Krücken zu finanzieren.

Die Kranken und geistig oder körperlich Behinderten haben es in dieser Region besonders schwer. Im Krieg würden alle Gesetze des menschlichen Umgangs außer Kraft treten, hat der berühmte Kriegsfotograf James Nachtwey einmal gesagt. Das gilt ebenso für Gesellschaften, in denen permanente Armut herrscht, auch dort gibt es für die Schwächeren weder Verständnis noch Mitgefühl.

JIMMY, 6:

»Ich bin kein Waisenkind, meine Eltern leben im Norden. Ich komme dort aus einem kleinen Dorf. Ich bin hier, weil sie mich ins Krankenhaus gebracht haben. Da war ich jetzt schon ein paar Mal. Manche Kinder ärgern mich deswegen und machen sich lustig über mich. Ich mag das gar nicht. Ich habe mich mit denen auch schon angelegt. Es macht mich wütend, wenn sie meine Krücken verstecken oder dumme Sprüche sagen und so. Ich kann dann auch sehr böse werden und habe sie gehauen. Die wissen jetzt, dass ich mir nicht alles gefallen lasse. Aber es sind nicht alle so, ein paar Freunde habe ich hier auch. Das Schönste für mich hier ist, dass ich in die Schule gehen kann. In meinem Dorf gibt es keine Schule. Wir haben schon alle Buchstaben gelernt, die kann ich schon schreiben. Ich kann auch schon ein paar Wörter schreiben, darauf bin ich richtig stolz. Aber das sage ich nicht laut, denn die anderen glauben immer noch, dass ich gar nichts kann, nur weil meine Beine so komisch sind. Ich übe viel Schreiben, ich mache auch meine Hausaufgaben immer ganz schnell. Jedes Mal, wenn ich in der Schule ein Wort richtig schreibe, sind die anderen Kinder überrascht. Das freut mich dann.

Ich möchte eigentlich schon gerne hier bleiben, wegen der Schule. Ich glaube, mein Vater hat einen Brief geschickt und gefragt, ob ich noch länger dableiben kann. Wahrscheinlich muss ich auch noch mal ins Krankenhaus zurück. Davor habe ich schon Angst, denn sie tun mir immer weh. Aber meine Krücken finde ich gut. Und dass ich jetzt alleine stehen und gehen kann.

Ich bin vorher auch schnell vorwärts gekommen, einfach auf dem Boden gekrabbelt. Das mache ich manchmal immer noch, aber dann schimpfen mich die Leute. Treppen hochsteigen kann ich auch schon alleine. Ich mag auch nicht, dass mir jemand dabei hilft. Ich will alle Sachen alleine machen.

Das, was mir nicht gefällt, ist, wie mich die Menschen bisher behandelt haben. Ich lasse es mir nicht anmerken, aber es tut mir weh. Vor allem die Erwachsenen waren bisher nicht gut zu mir. Ich musste immer draußen schlafen und dann bin ich irgendwo untergekrochen, denn in der Nacht ist es kalt. Ich habe sehr gefroren, aber sie haben mir keine Decke gegeben. Du brauchst so was nicht, haben sie gesagt. Das hat mich sehr traurig gemacht. Ich musste mich auch immer alleine waschen und anziehen. Dabei hat mir niemand geholfen. Und oft haben sie meine Sachen überhaupt nicht gewaschen. Wenn ich ganz allein war, dann habe ich deswegen oft geweint. Ich verstecke mich immer, wenn ich weinen muss. Ich will nicht, dass mich dabei irgendjemand sieht.

Was mich auch traurig macht, ist, dass mich der Lehrer in der Schule nicht gut behandelt. Er schlägt uns mit einem Stock, wenn wir was falsch machen, und zu mir ist er eigentlich nie nett. Ich finde es nicht gut, wenn die Erwachsenen einfach zuhauen. Die sollten das nicht tun. Ich weiß schon, warum sie zu mir so sind, trotzdem ist es ungerecht. Wenn ich in der Schule bin, dann denke ich nur an das, was ich gerade lerne, und das hilft mir.

Was ich sonst am liebsten mag, ist Singen und Spielen am Strand. Ich mag es sehr, mich in den Sand zu legen und auf die Wellen zu warten, bis sie mich überspülen. Ich habe keine Angst vor dem Meer. Manche Kinder trauen sich nicht ins Wasser, aber ich traue mich schon. Dafür bewundern mich meine Freunde. Und Malen, das gefällt mir auch sehr gut. Am Strand male ich manchmal Bilder in den Sand. Und dann kommt das Wasser und wischt sie weg.

Ich gehe auch sehr gerne in den Chor. In unserer Kirche gibt es einen Chor, nur für Kinder, da singe ich immer mit. Dort lassen mich die anderen Kinder auch in Ruhe. Ich erzähle nie irgendjemandem, wie ich mich fühle. Die Erwachsenen fragen mich auch nicht.«

Kinder, die einfach weggegeben werden, gibt es auch in den Familien, die nicht durch eine Krankheit oder Behinderung überfordert sind. Wenn das Essen nicht reicht, werden die Kleinen eben an andere Familien gegeben. Für die Betroffenen besteht ihre Familie daher aus einer Anzahl mehrerer Sippen. Ein Junge erzählt mir, dass er seine Mutter zwar kennt, aber nur zu einer seiner beiden Pflegemütter ein gutes Verhältnis habe. »Wenn meine leiblichen Eltern heute sterben würden, ich glaube, ich wäre gar nicht traurig«, sagt er trocken. »Sie haben mich weggegeben, da war ich fünf. Dann blieb ich bei einer anderen Familie, bis die mich auch weggegeben haben, mit acht. Zwischen acht und 15 war ich in der Stadt, bei einer kreolischen Familie. Die Frau aus dieser Familie ist für mich meine Mutter. Ich gehe auch immer noch zu ihr, wenn ich ein Problem habe. Sie sorgt sich auch immer noch sehr um mich. Meine leiblichen Eltern besuche ich auch manchmal. Aber ich spüre keine Nähe zu ihnen. Wir waren neun Kinder. Zwei von uns wurden weggegeben, die anderen blieben bei unseren leiblichen Eltern. Kontakt habe ich heute nur noch zu zweien meiner Brüder.«

Father Berton hofft, dass die Strukturen, die den Menschen vor dem Krieg Halt gaben, langsam wieder entstehen, und er ermuntert sie, sich gegenseitig bei der schwierigen Versöhnungsarbeit zu unterstützen. »Wir haben Muslime und Christen innerhalb einer Familie, Täter und Opfer, Exrebellen und Exmilizen. Das Land, die ganze Region zerfallen, wenn sie nicht wieder in ihre alten Formen zurückfinden.«

Die halbwüchsigen Jungen haben sich an ein paar Nachmittagen Taschengeld verdient. Die Mauer des Anwesens, die vom Meerwasser angegriffen war, musste repariert werden und der Boden vor dem Eingang brauchte ein paar neue Pflastersteine. Es ist ihr Werk, das sie nun in der untergehenden Abendsonne stolz betrachten. Sie fühlen sich wichtig und gebraucht. Es ist Sonntag. Sie führen mich zufrieden umher, zeigen mir, was sie geleistet haben, und verkünden, dass sie nun gemeinsam in die nächste Ortschaft gingen, um am einzigen Fernseher der ganzen Umgebung ein Fußballspiel anzusehen. Einer der wenigen glanzvollen Höhepunkte in ihrem alltäglichen Dasein. Beschäftigung und Anerkennung – auch sie bilden eine mögliche Struktur für eine doch so hoffnungsfrohe Jugend.

## *Wir wollen künftig Frieden!*

Es ist Wochenende, schwül und heiß. Am breiten Sandstrand von Freetown vergnügen sich ein paar Einheimische, vor allem aber ganze Scharen von *Internationalen.* Am Ende der Bucht haben kürzlich zwei neue Hotels eröffnet, ein erstes sichtbares Zeichen für den Glauben an den Frieden.

Die Inhaber der Hotels sind Libanesen, die immer noch wenigen Gäste überwiegend Geschäftsleute. Zahlreiche Mitarbeiter von NGOs und internationalen Organisationen müssen auch in den überteuerten Hotels leben, da sich die Wohnungsnot in der

Hauptstadt nicht einmal mit Schmiergeldern aus der Welt schaffen lässt.

Inzwischen kenne ich ein paar der hier tätigen Italiener, Franzosen, Briten und Kanadier. Man trifft sich zwangsläufig an einschlägigen Stellen immer wieder. Sie genießen die Schönheit der Küste und bedauern es, dass sie in einer so schönen Umgebung so viele anscheinend unlösbare Probleme zu bewältigen haben. Manche von ihnen sind enttäuscht, andere nur erschöpft und müde. Sie alle sagen, es sei eine Herausforderung für sie, gegen die langsam mahlenden Mühlen der staatlichen Bürokratie anzutreten. Jeder von ihnen ist nur für einen begrenzten Zeitraum hier, der ein paar Monate bis maximal drei Jahre umfassen kann. Sie wollen etwas erreichen, deshalb verlangen sie Effizienz. Sie alle haben ganz konkrete Vorstellungen, wie das Land künftig auszusehen habe, was die Regierung eigentlich tun und lassen müsste und welche Maßnahmen dafür zu ergreifen sind. Sie arbeiten seitenweise Papiere aus und sind inzwischen sehr frustriert, weil ihre Bemühungen nicht die schnellen Resultate zeigen, die sie sonst gewöhnt sind.

Manche klagen, sie verstünden das Verhalten der Einheimischen nicht. Andere beschweren sich, sie könnten weder ihrem Koch noch ihrem Fahrer trauen. Eine neu angereiste internationale Kraft weist die Frage eines Einheimischen nach einer eventuellen Arbeitsstelle mit der Antwort zurück, sie brauche keinen Jungen zum Putzen, denn der Houseboy sei in der Miete ihres Hauses schon inbegriffen. Eine Sozialarbeiterin aus Italien ist völlig konsterniert, dass die Kinder, mit denen sie hier »freies Malen« üben will, immer nur dieselben Häuser zeichnen und nie eine Sonne. Die Kinder hier hätten einfach keine Fantasie, ist ihr fassungsloses Fazit.

Der Tenor nahezu aller lautet: »Wir können den Leuten hundertmal sagen, was sie zu tun haben – nichts funktioniert.« *Internationale*, die schon etwas länger im Land sind oder bereits andere Krisengebiete kennen, schmunzeln über die übereifrigen Kollegen, die ja doch bald wieder gehen, und erklären die Reaktion der

Einheimischen mit deren Lethargie und einer gewissen Abhängigkeitsmentalität.

»Manche NGOs haben sich sofort nach dem Ende des Kriegs auf dieses Land gestürzt und alles in die Hand genommen«, sagt mir ein europäischer Vertreter von UNAMSIL in einem Gespräch. »Die Einheimischen wussten teilweise überhaupt nicht mehr, was da vor sich geht. Sie haben zugesehen, was die Weißen machen, und es geschehen lassen. Man hat von Anfang an allenfalls ein paar Minister, aber nicht die Leute auf der Straße in den Wiederaufbau des Landes mit einbezogen. Nun glauben sie, ihre Probleme würden schon irgendwie geregelt werden. Das führt dann eben nicht nur zu einer gewissen Apathie, sondern vor allem zu Desinteresse.« Hinzu kommt, dass sich jede NGO ihre eigenen Zielgruppen suchte und in der Regel Programme für Kinder, Jugendliche oder Frauen anbot, sodass sich nie die gesamte Gesellschaft angesprochen fühlte.

Diejenigen unter den Entwicklungshelfern, die mit frischem Elan und Interesse an den hier lebenden Menschen etwas bewegen wollten, sind inzwischen ebenfalls enttäuscht, weil ihnen die notwendige Resonanz fehlt. Andere dagegen haben nie den Kontakt zur Bevölkerung gesucht. Ich frage einen Briten, der schon eineinhalb Jahre hier ist, ob er auch ein paar private Freunde unter den Sierra-Leonern gefunden hätte. Er meint überrascht: »Nein, wieso?« Und etwas später fügt er lapidar hinzu: »Die wollen doch alle nur was von mir. Ich will auch gar keine Freunde unter den Leuten hier haben. Eigentlich kenne ich außer den anderen Weißen in meinem Büro niemanden so richtig hier.«

Die Straßenkinder Freetowns haben trotz der Haltung einiger Internationaler gerade in diesen Kreisen eine Einnahmequelle entdeckt. Wie sonst an gängigen Touristenzielen ziehen sie am Wochenende den Strand auf und ab, verkaufen selbst gemachte Ketten und Snacks, lassen sich verscheuchen, kommen aber ungerührt wieder. Das Leben auf der Straße hat auf ihren Gesichtern herbe Spuren hinterlassen. Ebenso herb und bitter fordern sie die Ausländer auf, ihnen irgendein Stück abzukaufen. Hübsche Mädchen schlendern umher und bieten offen oder diskret ihre Dienste an. Meist sind es dieselben, die man Arm in Arm am Strand mit UN-Soldaten oder anderen Internationalen umherziehen sieht.

Einige Straßenkinder haben sich als »Folkloretruppe« verkleidet. Mit weiß bemalten Gesichtern, wilden Hüten und in Strohkostüme gehüllt, klappern sie mit Rasseln und Trommeln eine Snack-Bar nach der anderen am Strand ab, sehr zum Verdruss der Menschen, die hier nichts weiter wollen als in Ruhe ihr Bier trinken.

Die intellektuellen Einheimischen können mit so manchen Bemühungen der Weißen nichts anfangen und tun sich oft mit deren Verhalten schwer. »Was soll das?«, fragt mich ein ehemaliger Journalist gereizt. »Wollen uns die Europäer etwa wieder neu kolonialisieren?« Das diplomatische Parkett ist in den letzten Jahren rutschig geworden. An der Elfenbeinküste beispielsweise haben die Franzosen als ehemalige Kolonialmacht ihren Ruf verloren. Ein Teil der Bevölkerung macht sie für den Zusammenbruch ihres Staates verantwortlich und fordert jetzt erst recht uneingeschränkte Hilfe. Der andere Teil fordert aus eben diesen Gründen ihren sofortigen Abzug, will die weißen Männer dort nie wieder sehen.

Wer um Hilfe ruft, hat in der Regel ein Problem, mit dem er nicht alleine zurechtkommt, glaubt man. Das gibt der ganzen Legion von Helfern aus den Industriestaaten gewiss ihre Legitimation. Nur leider schießen viele dabei über das Ziel hinaus. Den »armen« afrikanischen Völkern, die offenbar nicht alleine klarkommen, soll nämlich nicht nur geholfen werden. Sie sollen umerzogen werden. Form annehmen. Einem Bild entsprechen, das sich eine weit von ihnen weg lebende Gesellschaft nach ihren Vorstellungen zurechtgezimmert hat. Die menschlichen und interkulturellen Zusammenstöße erfolgen meist am Rande dieser sehr delikaten Linie. Herablassendes Mitleid ist nicht die Lösung, wird aber dennoch sehr häufig zur Schau gestellt.

»Ja, es gibt wirklich viele, die hier in NGOs und Internationalen Organisationen gute Arbeit leisten und versuchen, etwas für uns zu tun«, sagt mir ein Lehrer aus Freetown. »Aber viele andere braucht man nur anzusehen, um zu wissen, was sie hier wollen. Manche kommen wegen der Karriere, um viel Geld zu verdienen – auf unsere Kosten. Und die anderen kommen, um sich mal so richtig gut zu fühlen. Denn sie müssen uns Afrikanern ja erst beibringen, richtige Menschen zu werden. Es scheint ihnen, als lebten wir alle immer noch auf Bäumen. Sie dagegen machen sich groß, stellen sich auf ein Podest und blicken unter dem Vorwand des Helfenwollens doch nur verächtlich auf uns herab. Sie erkennen uns nicht als ebenbürtig an. Sie halten uns klein, damit sie sich immer wieder überlegen fühlen können. Und unsere Leute fallen immer wieder darauf rein.«

So ist manch guter Ansatz der »zivilisierten« Welt nicht selten an mangelndem mitmenschlichem Gespür und einer ungeheuren interkulturellen Inkompetenz gescheitert. »Wenn wir Geberländer schon das Geld in Strömen hierher fließen lassen, dann wollen wir auch, dass damit was Anständiges gemacht wird«, betont dagegen der UNAMSIL-Beauftragte. Diese Haltung ist verständlich. Dennoch hat es bisher keiner der ausländischen Repräsentanten geschafft, der ungeheuerlichen Korruption in der Region nachhaltig Einhalt zu gebieten oder Strukturen einzuführen, die es ermöglichen, dass die Gelder auch tatsächlich ihre Zwecke erfüllen. Gegen die breiten Grauzonen, in denen sich Profitgier und Ausbeutung breit machen, wurde offensichtlich noch kein Heilmittel gefunden. So kann in diesen Gegenden letztlich jeder schalten und walten, wie er will. Für diejenigen internationalen Organisationen und NGOs, die ihren Auftrag ernst nehmen, ist das oft genug sehr entmutigend.

***

Vom Strand zurück fahren nur Sammeltaxis, also stelle ich mich an den Straßenrand. Jedes Auto, das noch einen Platz hat, fährt langsamer, wenn irgendwo ein potenzieller Passagier steht. Stimmt die Richtung oder das Fahrtziel, zwängt man sich einfach hinein.

Ich habe Glück und schon das dritte Auto nimmt mich mit. Ich steige vorne ein, zu einer jungen Frau, die auf ihrem Kopfteller gebratenen Fisch transportiert. Hinten im Wagen sitzen drei weitere Mitfahrer, aber keiner spricht. Der Taxifahrer rast unter der Palmenallee dahin. Die Windschutzscheibe dieses Wagens ist zur Hälfte zersplittert und so bietet sich uns nur ein Ausblick mit schwarzen Strichen auf das tiefblaue Meer. Eine Strecke kostet 400 Leonis, mal fünf Passagiere – ein lukratives Geschäft für die Fahrer, wenn sie nur oft genug die gefragtesten Strecken außerhalb bedienen und die Innenstadt samt ihrem Verkehrschaos meiden.

Weiterfahren kann ich dann allerdings nur mit dem öffentlichen Bus, denn dort, wo ich hin will, fährt kein Taxi mehr. John fällt mir ein und meine Eskapade freut mich. Meine selbstständigen Ausflüge mit den öffentlichen Verkehrsmitteln seiner Stadt nimmt er nämlich stets nur mit Missbilligung und einem indignierten Kopfschütteln zur Kenntnis.

Dabei ist das öffentliche Transportsystem nicht nur ein Mittel, um irgendwohin zu gelangen, es ist Versammlungsstätte, Kontaktbörse und psychotherapeutische Anlaufstelle in einem. Hilfe zu bekommen ist nirgendwo einfacher als unterwegs im Bus. Wer ein Problem hat, erzählt es einfach ungefragt während der Fahrt – unter den vielen Passagieren ist immer jemand, dem eine Lösung einfällt oder der weiß, an wen man sich in diesem Fall wenden könnte. Die Mitreisenden spenden Trost, gegebenenfalls vermitteln sie auch Jobs.

Mein Bus, der in die Außenbezirke Freetowns nur etwa jede halbe Stunde fährt, ist schon fast voll. Ich bekomme gerade noch den vorletzten Platz, als 39. von 40 möglichen Passagieren. Das Gefährt war früher vielleicht einmal ein Transporter, nun sind die Reste seiner äußeren Hülle aufmunternd in den Farben Gelb, Grün, Weiß und Pink gestrichen und wir fahren unter dem Motto: »Gott schütze die Passagiere«.

Da es draußen bereits Nacht ist und drinnen stockdunkel, sehe ich in dem Wagen erst einmal nichts. Ein Soldat der sierra-leonischen Armee ist so freundlich, schaltet sein Handy ein und leuchtet mir zu meinem Sitz. Es gibt fünf schmale Blechbretter auf denen sich pro Reihe acht Leute mit ihren jeweiligen Schüsseln, Tellern und Tüten drängen. Wir sitzen zwar aus Platzgründen mehr auf- denn nebeneinander, aber das macht nichts. Vorne hat der Fahrer schon das Radio auf Hochtouren gestellt, rund die Hälfte der Passagiere singt und klatscht zu den beliebten Hits.

So still wie sonst in den Taxis ist es hier bei weitem nicht. Keiner in diesem Bus kennt sich, aber alle diskutieren. Den jugendlichen Fahrer reißt die Musik auf einmal dermaßen mit, dass er das Gaspedal zeitweilig mit einer Tanzfläche verwechselt. Er beschleunigt und bremst abrupt, fährt zackige Schlangenlinien um die Schlaglöcher herum, sofern er sie noch rechtzeitig erkennt, sonst donnert er mitten durch die Straßenkrater hindurch. Die Passagiere dagegen, vieles gewöhnt, finden trotz der guten Musik seinen Fahrstil alles andere als lustig. Wir werden ohnehin schon durchgeschüttelt, aber ihr Leben verlieren, das wollen sie hier nicht. So sind wir noch keine zehn Minuten unterwegs, als alle Leute an Bord gleichzeitig, lautstark und aufgeregt ihre Meinung zu der Lage, in der wir uns befinden, kundgeben. Den Jungen am Steuer indessen rührt das überhaupt nicht.

»Kein Sinn für Verantwortung!«, ruft ein Mann in Reihe drei und meint damit den Fahrer. Doch schon ist das Stichwort für die anderen gegeben. Wir sind binnen Kürze mitten in einer Diskussion über Politik. Alle Skandale, in denen Verantwortungslosigkeit im Spiel war, werden beschrieben. Jeder redet mit jedem, erzählt die Geschichten aber überwiegend nur sich. Die Missstände in der öffentlichen Verwaltung werden aufgezählt, die nicht eingehaltenen Versprechungen der Politiker. Einen Mann erinnert die ganze Lage an die Zeiten während des Kriegs, eine ältere Frau fängt an von den Problemen in ihrer Familie zu erzählen. Irgendjemand scheint während des Palaverns den Fahrer beleidigt zu haben, der nämlich bremst jetzt auf offener Strecke abrupt und ruft nach hinten, dass jeder sofort aussteigen könne, dem sein Fahrstil nicht passe. Die Menge lacht, ist aber dann für einen Augenblick ruhig, bereits nach wenigen Metern aber wieder in ihre Gespräche vertieft. Als wir nach einer dreiviertel Stunde schweißgebadet an unserem Ziel aussteigen, verabschieden sich die Reisenden lachend voneinander. Manche schalten ihre Taschenlampen an, um nach Hause zu finden, wieder andere verschwinden im Dunkel der Nacht. Und ganz plötzlich ist es mitten im Urwald nur noch still.

ABIGAIL, 16:

»Ich wohne zurzeit außerhalb von Freetown bei meiner Tante. Sie ist die Einzige aus unserer Familie, die in der Nähe der Hauptstadt wohnt. Meine Eltern sind im Krieg umgebracht worden, von den Soldaten, nicht von den Rebellen. Ich hatte mich versteckt und sie dann tot gefunden. Wir konnten nichts mehr für sie tun. Also flüchtete ich dann mit meinen Geschwistern nach Waterloo. Dort lebten wir bei wieder anderen Verwandten. Unsere Familie ist eben sehr groß. Aber dann wurde Waterloo auch angegriffen und wir Kinder fanden Hilfe bei *Safe the Children* einer NGO. Die haben Pflegefamilien für uns gefunden und uns auf die verschiedenen Familien verteilt. Damit hatte ich dann einen Wohnort in der Stadt.

Aber in der neuen Familie gefiel es mir nicht. Zum einen vermisste ich meine Geschwister und meine eigenen Leute. Und dann waren die Leute auch nicht besonders nett zu mir. Sie gaben mir die ganze Hausarbeit, dabei war es ausgemacht, dass ich jeden Tag in die Schule gehen sollte. Den Platz dafür hat mir auch die NGO vermittelt. Die Schule war weit von ihrer Wohnung entfernt und sie wollten das Geld für den Bus nicht ausgeben. Außerdem sagte mein Pflegevater, dass ich keine Schule brauchen würde. Ich habe protestiert, darauf hat sich unser Verhältnis nur noch verschlechtert. Insgesamt habe ich es eineinhalb Jahre bei der neuen Familie ausgehalten. Wann immer ich konnte, habe ich meine kleineren Geschwister besucht, denn die waren auch in der Stadt untergebracht. Gott sei Dank ging es ihnen besser als mir. Ich habe noch ein paar Versuche bei meiner Pflegefamilie wegen der Sache mit der Schule gemacht, aber die blieben stur. Sie gaben mir nur noch mehr Pflichten, die ich für sie zu erledigen hatte. Ich fühlte mich wie ein Dienstmädchen. Freundliche Worte hatten sie keine für mich übrig. Die Betreuer von der NGO haben noch ein paarmal nach mir geschaut. Am Anfang sagte ich, es sei alles in Ordnung, denn da dachte ich, wir würden uns schon irgendwann aneinander gewöhnen. Aber als ich dann immer trauriger und unglücklicher wurde, bin ich selbst zu der NGO gegangen und habe ihnen erzählt, dass man mich nicht gut behandelt. Inzwischen wurde meine Tante gefunden. Sie haben ihr die Lage erklärt und sie gefragt, ob sie mich bei sich aufnehmen würde. Meine Tante stimmte zu, also lebe ich jetzt hier bei ihr. Sie lebt allein, denn ihr Mann ist auch tot. Ich helfe ihr natürlich auch, aber sie hat mir nicht verboten, zur Schule zu gehen. Meine Tante entwirft Stoffmuster und färbt sie. Davon können wir ganz gut leben. Sie unterstützt meinen Wunsch, eine gute Bildung zu bekommen, Gott sei Dank sehr. So gesehen hat sich für mich jetzt doch noch alles zum Guten gewendet. Mit meiner Pflegefamilie habe ich keinen Kontakt mehr. Sie waren beleidigt, als mich die Leute von der NGO dann weggebracht haben. Ich nehme mal an, dass sich die Frau inzwischen ein neues Dienstmädchen zugelegt hat.

Der einzige wirkliche Nachteil, den ich jetzt habe, ist der, dass ich jeden Tag viele Stunden unterwegs bin, um in die Schule und wieder zurückzukommen. Unser Unterricht fängt um acht Uhr an. Da ich nun so weit draußen wohne, muss ich schon den Bus um sechs Uhr nehmen. Und an der Endstation muss ich noch mal umsteigen, denn meine Schule liegt von dort noch mal weit entfernt. Ich gehe auf eine Mädchenschule, sie hat einen sehr guten Ruf, unsere Lehrer geben sich wirklich Mühe. Und so fahre ich lieber jeden Tag vier Stunden mit dem Bus, als hier auf die Dorfschule zu gehen, wo der Unterricht eben nicht so gut ist.

Für eine richtige Ausbildung bin ich bereit, sehr viel Mühen auf mich zu nehmen. Und seit ich hier draußen bei meiner Tante wohne, geht es mir auch innerlich wieder besser. Ich vermisse meine Eltern und meine Geschwister natürlich immer noch, aber im Allgemeinen fühle ich mich schon sehr viel wohler. Meine Freundinnen wohnen alle in der Stadt, sie haben nicht so einen weiten Weg wie ich, aber wir sehen uns ja ohnehin täglich in der Schule, also ist das nicht so schlimm für mich. Mir fehlen jetzt nur noch zwei Jahre, bis ich den Schulabschluss machen kann. Ich habe sehr gute Noten, darauf ist auch meine Tante stolz. Nach der Schule möchte ich unbedingt studieren. Ich möchte einmal Ärztin werden. Das ist natürlich noch ein weiter Weg dahin, aber ich glaube schon, dass ich das schaffen kann. Mit den Leuten von der NGO habe ich auch noch immer Kontakt. Sie haben mir gesagt, dass ich mich mit meinen guten Noten sogar um ein Stipendium bewerben kann. Hier, in Sierra Leone, oder in einem anderen afrikanischen Land.

Ich bin, was meine Zukunft betrifft, eigentlich ganz zuversichtlich. Die furchtbaren Zeiten sind vorbei und ich versuche, nicht mehr an das zu denken, was ich während des Kriegs alles erlebt habe. Jedes Mal wenn eine Erinnerung kommt, dann schiebe ich sie weg und denke an die Zukunft. Ich habe noch sehr viel vor. Und im Augenblick bin ich sowieso noch mit der Schule beschäftigt. Ans Heiraten denke ich überhaupt nicht. Irgendwann später möchte ich schon mal eine Familie haben, aber erst, wenn ich fertige Ärztin bin. Das kann wirklich warten. Mein Glück ist, dass man meine Tante gefunden hat und dass sie mich in allem unterstützt. Sonst freilich hätte ich wahrscheinlich keine Chance, meine Pläne zu verwirklichen.«

Auf dem Weg nach Aberdeen hat nun John das Radio auf Hochtouren laufen. Wir hören eine Sendung der UNAMSIL-Radiostation, die freien Gruppen, wie etwa den »Talking Drums«, den Buschtrommeln, regelmäßig Sendezeit zur Verfügung stellt. Es läuft gerade ein Hörspiel. Darin geht es um einen ehemaligen Kamajoh der zivilen Verteidigungsmiliz, der nach langer Abwesenheit wieder in seine Ortschaft zurückgekehrt ist. Dort beschuldigen ihn die Dorfbewohner, sie im Stich gelassen zu haben. Sie glauben, er hätte nach dem Krieg in der Stadt haufenweise Geld verdient und wolle sie an seinem persönlichen Aufschwung nicht teilhaben lassen. Der ehemalige Dorfheld verteidigt sich, versucht mühsam zu erklären, dass es in der Stadt nicht so einfach sei, wie man sich das auf dem Land vorstelle. Doch die Leute sind skeptisch, tragen ihre jeweilige Meinung in die Familie zurück und diskutieren. Im Laufe des Hörspiels kommen so gut wie alle Positionen zu Wort. Jeder Zweifel, jede Angst, die den Rückkehrer und seine Gemeinschaft plagen, werden aufgegriffen, bis schließlich die neue Dorfautorität eingreift und alle dazu aufruft, nach vorne zu schauen und nicht die Vergangenheit aufzurechnen. Nur so könne sich das Land von dem durchlebten zehnjährigen Schock erholen.

John liebt diese Programme. Sie würden den Menschen sehr viel Nützliches beibringen, sagt er, und vor allem ihre Wünsche und Hoffnungen thematisieren. Mangels sonstiger Möglichkeiten, sich abzulenken, hören die Leute täglich sehr viel Radio. Auf dem Land besitzt häufig nur einer einen Apparat, der schart dann aber eine ganze Horde Zuhörer um sich, die den Sendungen aufmerksam lauscht.

Auch die Presse hat sich allmählich wieder von der früheren Gleichschaltung erholt. Die Kolumnisten der acht wichtigsten Tageszeitungen nehmen kein Blatt vor den Mund. Und wenn ein regierungsnahes Medium die Arbeit des Staates zu sehr lobt, dann folgt der Gegenbeweis in einer anderen Zeitung schon am nächsten Tag.

»Früher durften wir nicht so schreiben, wie wir wollten«, sagt mir ein altgedienter Journalist. »Wir haben uns aber trotzdem nicht einschüchtern lassen und unser Möglichstes versucht. Dann war es aber vorbei. Als die Rebellen 1999 vor Freetown standen und jeder wusste, dass sie angreifen würden, haben wir das geschrieben. Daraufhin kam die Zensurbehörde und hat uns vorgeworfen, wir würden mit unseren Lügen nur das Volk demoralisieren. Sie befahl uns, keine schlechte Stimmung zu verbreiten, man hätte die Lage schließlich im Griff. Ja, und dann kam der 6. Januar 1999, da hat sich ja dann gezeigt, dass wir Recht hatten. Trotzdem haben damals viele von uns ihre Posten verloren. Die guten Leute sind sowieso schon vor dem Krieg alle ins Exil, nach Großbritannien oder, wer Glück hatte, in die USA.«

Rückkehrer aus diesen fernen Regionen gibt es noch keine. Sie haben sich zu sehr an andere Lebensumstände und Verhältnisse gewöhnt, um mit der gegenwärtigen Wirklichkeit Sierra Leones noch einmal zurechtzukommen. Dafür steht hier eine äußerst ambitionierte junge Generation in den Startlöchern und wartet nur darauf, dass man ihr endlich Verantwortung übergibt. Diejenigen, die das nicht abwarten können, engagieren sich unterdessen in den zahlreichen lokalen NGOs, die weniger die Vergangenheit aufarbeiten als die Zukunft mitgestalten wollen. Unterricht für erwachsene Analphabeten wird von ihnen angeboten und Seminare für Konfliktmanagement werden organisiert. Neue Formen des gewaltlosen Miteinanders werden eingeübt, über Radioprogramme, ambulante Theatergruppen oder Workshops. Frauengruppen, die sich während des Kriegs über interreligiöse Dialogprogramme gefunden haben, treffen sich weiterhin und versuchen sich in ihren ersten Schritten als Kleinunternehmerinnen zu unterstützen.

Andere Gruppierungen setzen auf gesundheitliche Aufklärung und engagieren sich freiwillig in der Aids-Prävention, einem Thema, dem man hier noch kaum Beachtung geschenkt hat, weil die meisten die Existenz dieser Seuche für nichts weiter als ein böses Gerücht aus der westlichen Welt halten. Die Meinung der Jugendlichen zum Thema Aids ist so erschreckend wie einfach: Die Weißen würden sterben und gäben dafür Afrika wieder einmal die Schuld. In Sierra Leone stürbe keiner an Aids. Diese fatale Propaganda kommt ursprünglich von der Regierung Südafrikas, einem Land, zu dem Sierra Leone seit jeher enge Beziehungen pflegt. Für die Betroffenen ist das eine Katastrophe, wobei diese Einstellung an ihrem Schicksal nichts ändert, denn Zugang zu den lebensverlängernden Medikamenten haben sie hier sowieso nicht.

Ein paar wenige Sierra-Leoner der jungen Generation haben die Tiere und die Umwelt im Blick. Sie arbeiten an der Auswilderung von Schimpansen – denn durch den Krieg und die Rodung des Urwalds haben auch diese Tiere ihr natürliches Lebensumfeld längst verloren. Wieder andere pflanzen an Wochenenden Stecklinge in den verbrannten und gerodeten Busch, um auch dem Urwald eine Zukunftschance zu geben. Die Tropenhölzer in der gesamten Region sind nämlich jahrzehntelang nur in riesigen Mengen abgeholzt und exportiert, nicht aber wieder aufgeforstet worden.

Wo man auch hinblickt, immer steckt die junge Generation hinter solchen Projekten. Junge Menschen zwischen 20 und 30, die den Krieg mit seinem gesamten Grauen bewusst erlebt haben und nun nur noch von der »einen Welt« und ganz ernsthaft vom Weltfrieden reden.

Die verschiedenen UN-Truppen haben je nach ihrem Herkunftsland auch Projekte mitinitiiert. So, wie sich die Pakistanis etwa um den Wiederaufbau der islamischen Einrichtungen kümmerten, engagierten sich die UN-Soldaten aus Kenia stark in den christlichen Gemeinden. Auf diese Weise sind gerade mit den Truppen aus anderen afrikanischen Ländern neue Verbindungen entstanden, die die Menschen ermutigten, den Glauben an eine stabile afrikanische Zukunft nicht zu verlieren.

»Wir haben uns in den letzten beiden Jahren bei euch so gut aufgenommen und so wohl gefühlt«, sagt ein gerührter kenianischer Offizier im Namen seines Kontingents auf einem Abschiedsfest, das eine katholische Gemeinde für die Abreisenden organisiert hat, »dass wir zumindest ausschließen können, dass Kenia und Sierra Leone jemals gegeneinander Krieg führen werden.« Aber er nutzt seine Rede auch zu einer Ermahnung: »Wir in Ostafrika sind bei weitem nicht so von der Natur begünstigt worden wie ihr in Sierra Leone. Bei uns muss jeder Bauer sehr hart um sein Überleben kämpfen. Der Boden ist nicht so fruchtbar, die Dürreperioden kommen immer häufiger wieder – ihr müsst diesen Reichtum, den ihr besitzt, erst noch schätzen lernen, glaube ich. Geht auf eure Felder zurück und geht gut mit ihnen um.« Die anwesenden Sierra-Leoner sind angesichts seiner Worte so gerührt, dass sie ihn mit Tränen in den Augen beklatschen.

Die Gemeinde von Aberdeen hat für die Kenianer eine große Party organisiert. Als Auftakt dafür dient ein zweieinhalb Stunden langer Abschiedsgottesdienst, der weniger einer katholischen Messe denn einem großen Fest gleicht. Die Kenianer haben mit dem Kirchenchor dafür extra Lieder in ihrer eigenen Sprache, in Swahili, einstudiert. Die Gemeinde erscheint dazu in Prachtkleidern, wie üblich am Sonntag, auch die kleinen Kinder kommen in ihren schönsten Gewändern. Der Chor und die Musiker geben zu diesem besonderen Anlass ein spontanes Gospelkonzert, zu dessen Rhythmen die ostafrikanischen UN-Soldaten mit Früchten und symbolischen Geschenken beladen in einem euphorischen Tanz zum Altar ziehen.

Ihr eigentliches Abschiedsgeschenk, für das sich der Priester der Gemeinde überschwänglich bedankt, ist ein neues Blechdach für das zerstörte Pfarrhaus, das hier demnächst wieder entstehen soll. Die Kenianer haben nicht nur große Summen dafür gespendet, sondern gleich die Blechteile in die Kirche mitgebracht. Der Pfarrer nutzt die Gunst der Stunde und sagt zu seiner Gemeinde auffordernd, jetzt, wo sie schon ein Dach hätten, könnte ja das Haus auch nicht mehr weit sein. Das Stichwort genügt und sofort werden die Kinder wieder mit großen Körben umhergeschickt. Alle Anwesenden spenden so viel sie können für den Bau des künftigen Pfarrhauses. Die Blechteile machen noch einmal die Runde durch die Kirche, begleitet von tosendem Applaus und einer fröhlichen, kenianischen Zugabe des Chors. Hinterher gibt es Getränke, ein paar Speisen und es wird so lange gefeiert, bis sich die Kenianer alle zutiefst gerührt verabschieden.

»Wir versuchen eben, unser Leben so fröhlich wie möglich zu gestalten«, sagt mir eine Frau aus der Gemeinde, die das Fest mit organisiert hat. »Ein paar Blechteile für ein Dach sind Grund genug für uns, ein Fest zu feiern. Die Leute hier haben es in ihrem Alltag immer noch schwer genug, aber sie lassen sich nicht unterkriegen. Der Krieg, der Schrecken, diese ganze Gewalt, die wir miterlebt haben, dann die Vertreibungen, die vielen Toten – keiner von uns wird das jemals vergessen, aber wir wollen einfach nicht mehr daran denken. Das ist Vergangenheit. Was jetzt zählt, ist die Zukunft, wie man zum Beispiel an der heutigen Sammlung sieht: Wir haben zwar noch kein Haus, aber immerhin schon wieder ein Dach. Das ist ein Anfang. Wir erleben hier andauernd solche Anfänge.«

So versuchen kleine Gruppen überall im Land an ihrem Stück Zukunft selbst aktiv mitzubauen. Ob Muslime, Christen oder lokale NGOs, der Regierung wird dabei viel Aufbauarbeit abgenommen, denn all diese Projekte werden von den Bürgern in Eigeninitiative und ausschließlich ehrenamtlich mitgetragen. Den Menschen sind diese Engagements Halt und Aufgabe zugleich. Sie zeigen mir stolz, was sie selbst geschafft haben, hier einen Garten angelegt, dort ein Haus instand gesetzt, und als Dank finden sie unter den Gleichgesinnten immer wieder Trost und Mut. So entsteht unter den zehntausenden von Entwurzelten allmählich eine ganz neue Art von freiwilligem Familienverbund, einer, der nicht wie sonst nur auf dem Verwandtschaftsgrad, sondern auf gemeinsamen Interessen und dem gleichen Glauben beruht.

Meine Nachbarn auf Zeit in Aberdeen haben während meines Aufenthalts nicht nur Neugierde, sondern auch reges Interesse an meinen Erlebnissen entwickelt. Ob ich glaube, dass der Frieden hält, fragen sie mich. Ob ich den Menschen in Europa bitte ausrichten könnte, dass sie die internationale Präsenz in ihrem Land zu schätzen wüssten. Mittlerweile sind sie auch so weit, mir strikt von libanesischen Restaurants abzuraten. Jetzt, wo ich selbst wüsste, dass für den Preis einer Mahlzeit dort zwei Personen eine Woche lang leben könnten, sei ein Besuch in einem dieser Läden auch in ihren Augen nicht mehr zu verantworten. Sie verraten mir, wo ich einheimische Restaurants finde, halten aber auch das für keine gute Idee, sondern ziehen es vor, mich zu sich nach Hause einzuladen.

So wird mir einmal in der Umgebung Freetowns vor einer halb zerfallenen, ehemaligen Lagerhalle ein Hocker feierlich in den Schatten gestellt. In der Halle haben vier vertriebene Familien, rund 20 Personen, eine Notunterkunft gefunden. Quer durch die Halle sind ein paar Wäscheleinen gespannt, an denen haben die Frauen Tücher befestigt, um so ihre verschiedenen Haushalte voneinander zu trennen. Ein Stück Stoff als Zimmerwand, ein großes Handtuch als Eingang zu einem Hauch von Privatsphäre. Sie sind damals aus dem Westen Sierra Leones hierher geflüchtet, können nicht wieder zurück und versuchen nun hier, in dieser Lagerhalle, den Start in ein neues Leben zu finden. Vor dem Schuppen steht ein winziger Kerosinkocher, in der Hocke davor sitzt eine junge Frau und hantiert mit der Reisschüssel herum. Sie holt aus einem Plastikbottich frisches Wasser, wäscht einen Löffel darin, und stellt ihre Mahlzeit, einen Teller Reis mit gebratenem Fisch, zufrieden vor mich hin.

Ein anderes Mal bittet mich ein Nachbar zum afrikanischen Frühstück. Es gibt einen Teller Reis mit Chili-Bohnen, und er betont noch, dass dies für seine Familie die einzige Tagesmahlzeit sei und dass ich bestimmt merken werde, wie sehr sie einen sättige.

John fährt mit mir zu einer bestimmten Stelle am Markt und zeigt mir, wo es in Freetown die besten Kartoffelblätter zu kaufen gibt. Mit einem riesigen Bündel Grünzeug im Arm kommt er strahlend wieder zurück. »Man muss sich eben in jeder Situation zu helfen wissen«, sagt er triumphierend. John zeigt mir überhaupt nur noch Schleichwege und Hintereingänge, damit ich verstehe, wie man als Sierra-Leoner im Alltag überlebt. »Es ist schwer und es wird jeden Tag schwerer«, lautet immer noch sein Lieblingsspruch, den er jedes Mal mit einem herzlichen Lachen zu unterstreichen pflegt.

Bei einer anderen Gelegenheit bin ich abends bei einer Familie eingeladen, die einen der wenigen Fernseher in der Umgebung besitzt. Etwa 20 Nachbarskinder sitzen schon dicht gedrängt auf dem Boden des winzigen Wohnraums und warten auf die heutige Kinovorführung. Am beliebtesten sind hier die nigerianischen Soaps, mit ihren Stars und Helden der westafrikanischen Filmindustrie. In diesen Filmen geht es meistens um Liebe und Eifersucht, noch öfter jedoch behandeln sie mit ausgesprochener Dramatik alltägliche Familiengeschichten. An diesem Abend möchten die Anwesenden aber einen amerikanischen Film sehen. Darin geht es um einen 14-jährigen Jungen in einem amerikanischen Provinznest, dessen Vater die Familie verlässt, um künftig mit seinem Freund zusammenzuleben. Der Junge verkraftet die Homosexualität seines Vaters nicht und durchlebt daraufhin alle möglichen Stadien psychischer Instabilität. Alle in seiner Umgebung kümmern sich jetzt nur noch um ihn. Seine Eltern, der neue Freund des Vaters, seine Lehrer, die Schulfreunde und natürlich der Psychotherapeut, zu dem man ihn schickt.

Die anwesenden Kinder im Zimmer folgen dem Geschehen fassungslos. Die fünf Erwachsenen, die sich ebenfalls zum Kinoabend eingefunden haben, sitzen nachdenklich und auch ein wenig amüsiert da. Gegen Ende des Films und nach einem dramatisch inszenierten Selbstmordversuch ist der Junge halbwegs bereit, seine neue Familiensituation anzunehmen. Die Moral des Films schließlich lautet, dass auch homosexuelle Väter Anspruch auf ein selbstbestimmtes Leben haben. Für eine amerikanische Kleinstadt ist das sicher ein Gewinn. Die Zuschauer des Abends jedoch bleiben zutiefst befremdet zurück. »Die Menschen in der westlichen Welt haben eben ganz andere Probleme als wir«, sagt einer der Nachbarn. »Die haben offenbar auch Zeit, über alles sehr lange zu reden.«

Die anwesenden Kinder können mit dem Psychodrama um den Jungen überhaupt nichts anfangen und sind enttäuscht, deswegen eine Folge der nigerianischen Serie versäumt zu haben. Ein anderer Zuschauer meint trocken: »Den Leuten geht es zu gut. Deshalb können sie sich ausschließlich mit sich selbst beschäftigen. Bei all den Problemen, die in der Welt zu lösen sind, ist es ihnen immer nur wichtig, wie sie sich gerade fühlen. Und wie man sieht, bringt ihnen das gar nichts. Glücklich wirken die meisten Weißen nämlich nicht.«

Als Gegenprogramm holt mir mein Gastgeber einen zensierten Dokumentar-Videofilm hervor, schickt den Rest seines Kinopublikums nach Hause, verriegelt die Tür und zeigt mir eine halbstündige Sendung über die Hinrichtung einiger Oppositioneller während des Kriegs. Man hört und sieht, wie die Offiziere von ECOMOG unter der Leitung eines nigerianischen Offiziers reihenweise Todesurteile aussprechen und den Angeklagten nicht einmal die von ihren Anwälten geforderte Anhörung gewähren. Nach dem Urteil werden die Angeklagten in einem Laster zu einem Hof gefahren und standrechtlich erschossen. Ihre Familien sieht man wie versteinert im Gerichtssaal sitzen. »Davon spricht heute niemand mehr«, sagt mir mein Gastgeber verbittert. Er hatte persönliche Freunde unter den Hingerichteten. »Und wenn jemand wüsste, dass ich dieses Video besitze, wäre es auf der Stelle aus mit mir.«

Mir ist nach dem Anblick dieses Berichts nur noch übel angesichts der Willkür, mit der hier Macht und Recht missbraucht wurden.

***

Indessen wird in Aberdeen eine große Party vorbereitet. Zahlreiche Nachbarn und auch die Kinder, denen ich auf der Straße begegne, laden mich dazu ein. Schon eine Woche vor dem Fest, das wiederum die Gemeinde organisiert und dessen Erlös diesmal Kindern zugute kommen soll, die kein Geld für die notwendigen Schulausgaben haben, läuft die Planung auf Hochtouren.

In einer allgemeinen Abstimmung melden sich Freiwillige zu Wort, die manche der notwendigen Aufgaben übernehmen möchten. Ich bin auch zu der Abstimmung eingeladen und mir wird erklärt, dass jedes Treffen von Arbeitsgruppen nach dem »Bus-Prinzip« funktioniert: Einer wirft ein Thema auf, alle Beteiligten äußern gleichzeitig und lautstark ihre Meinung dazu und am Ende hat man tatsächlich ein Ergebnis.

Jemand soll für das Fest die Musik organisieren, andere die Getränke, wieder andere wollen sich um die Speisen kümmern, ein paar junge Leute sorgen für die Beleuchtung. Zu dem Abend wird immerhin der gesamte Stadtteil erwartet, bei weitem nicht nur Kirchenmitglieder. Ein paar Leute malen Plakate und hängen sie im Stadtteil auf, andere ziehen einfach von Haus zu Haus, um auch noch die verschlafensten Anwohner einzuladen. Das Fest ist für die Veranstalter eine willkommene Gelegenheit, um zu testen, wie gut die einzelnen Leute zusammenarbeiten. Ob die Koordination stimmt. Ob man sich auf ein paar von ihnen auch wirklich verlassen kann.

Irgendwo hat man in einem Schuppen noch ein paar bunte Lampions aufgetrieben, die quer über eine freie Fläche gespannt werden sollen. Drei schiefe Holzbretter dienen als improvisierte Bühne. Ein Diskjockey wird ernannt, und auch wenn das Fest noch ein paar Tage entfernt ist, liegt die Vorfreude darauf schon spürbar in der Luft. Die Kinder aus der Nachbarschaft üben die ganze Woche eifrig Breakdance zu den Klängen aus einem ausgedienten Kassettenrekorder, die Jugendlichen experimentieren mit ihren Sonnenbrillen und Baseballkappen herum – jeder möchte an dem großen Abend schließlich so cool wie möglich aussehen. Die Frauengruppen treffen sich zu Kochaktionen, der Männerclub beruft vorsichtshalber noch einmal ein Sondertreffen ein. Bis es dann endlich so weit ist.

Samstagabend – die Lampions leuchten grün, blau, gelb und pink. Ein paar Plastikstühle stehen im Halbkreis um den Platz, der Diskjockey fängt an, auf der Bühne zu agieren. Es ist acht Uhr abends, der Platz füllt sich mit kleinen Kindern und ihren Eltern, der eigentliche Ansturm der jungen Gäste jedoch wird erst ab Mitternacht erwartet. Erste Takte schallen aus den Lautsprechern, dann fällt kurzzeitig der Strom aus. Allgemeine Empörung, so lange, bis der Generator wieder funktioniert. Die Menge tanzt den ganzen Abend ausgelassen zu den Hits der westafrikanischen Musik. Unbeschwert genießen sie das gelungene Fest, treffen alte Bekannte wieder, reden, haben Spaß. Ein Fotograf geht umher, macht unter dem Applaus der Umstehenden Blitzaufnahmen von verliebten Pärchen. Außer einer Libanesin und mir ist keiner von den *Internationalen* hier.

An diesem Abend treffe ich zwei Schwestern wieder, die mir schon angekündigt hatten, dass auch sie mir ihre Geschichte unbedingt noch erzählen wollen. Böse Erinnerungen auf einem so fröhlichen Fest?, frage ich sie. Eben deshalb, lautet ihre Antwort. Weil sie sich eigentlich auch nicht mehr erinnern möchten und nun froh sind, einfach wieder das Leben genießen zu können. So eine Party und eine Erzählung vom Krieg würden durchaus zusammenpassen, sagt Alice, die Ältere der beiden. Erst recht an einem Abend wie diesem, denn es sei ja nun schließlich alles vorbei.

ALICE, 17, und ihre Schwester VICTORIA, 13:

ALICE: »Dass wir beide, meine Schwester und ich, heute hier zusammen auf dieses Fest gehen können, ist überhaupt schon eine Geschichte für sich. Wir wurden nämlich gemeinsam entführt und dann wieder getrennt, und als ich dann ein zweites Mal entführt wurde, haben wir uns durch einen ganz glücklichen Zufall wieder gefunden. Aber ich sollte die Geschichte lieber von vorne erzählen.

Wir haben noch zwei ältere Schwestern und einen kleinen Bruder, von denen wir aber nicht wissen, wo sie heute sind. Unser Vater stammte aus Liberia, unsere Mutter aus Sierra Leone. Als kleine Kinder haben wir alle in der Nähe der Grenze in Liberia gewohnt. Dort ist der Krieg ja zuerst ausgebrochen und mein Vater, der in den Minen arbeitete, ist eines Tages nicht mehr nach Hause zurückgekommen. Was mit ihm passiert ist, ist bis heute ungewiss.

Unsere Mutter hatte große Angst um uns, also beschloss sie, die Rückkehr unseres Vaters nicht mehr abzuwarten, und zog mit uns allen nach Sierra Leone, in das Dorf ihrer Eltern, um. Wir haben bis heute nie wieder etwas von unserem Vater gehört und wissen auch nicht, ob er noch lebt.

Als dann auch in Sierra Leone der Krieg ausbrach, war unser Dorf eines der ersten, das von den Rebellen überfallen wurde, denn wir lebten ganz im Nordosten. Ich war damals sieben Jahre alt und Victoria, meine Schwester, drei. Der Angriff kam am frühen Morgen, wir hatten noch geschlafen, und als man die Rebellen im Dorf hörte, liefen meine Mutter und alle Bewohner so schnell sie konnten davon. Wir rannten alle in den nächsten Ort, irgendjemand hatte dabei meine kleine Schwester auf den Arm genommen. Wir waren so überrascht und alles ging so schnell, dass wir nur ans Wegrennen dachten. Als wir schließlich im nächsten Dorf waren, fand ich unsere Mutter nicht mehr. Ich weiß nicht, ob sie woanders hingelaufen ist oder ob ihr etwas zugestoßen ist. Seit diesem Morgen jedenfalls habe ich unsere Mutter und unsere anderen Geschwister nicht mehr wieder gesehen.

Unsere Nachbarn kümmerten sich um uns beide, aber schon nach drei Tagen überfielen die Rebellen auch diesen Ort. Ich musste zusehen, wie sie einige der Leute umbrachten, und ich habe auch gesehen, wie sie die Frauen vergewaltigten. Die Rebellen haben das alles ganz offen getan. Ich habe das alles miterlebt, als wäre ich in einem Traum, und mich die ganze Zeit eigentlich nur um meine kleine Schwester gesorgt.

Wir waren insgesamt vielleicht 50 Kinder. Uns haben sie angeordnet zu gehorchen, und als sie fertig waren, befahlen sie uns allen, mit ihnen mitzukommen. Wir mussten mit ihnen zu Fuß nach Kailahun gehen. Victoria nahmen sie auch mit, obwohl sie so klein war. Sie haben einfach alle Kinder des Ortes entführt. Die Größeren von uns Kindern mussten die Beute der Rebellen tragen. Mir gaben sie auch einen ganz schweren Sack auf den Kopf.

In Kailahun wurden wir auf verschiedene Rebellen verteilt, meine kleine Schwester brachten sie zu mir. Darüber war ich sehr froh, weil ich ja für sie verantwortlich war. Wir blieben ein paar Jahre in diesem Lager, Kailahun war für die Rebellen ja so etwas wie ihre Hauptstation.

Ich musste für sie die Hausarbeit erledigen, kochen, putzen, Wasser holen und so. Die Leute waren ziemlich grob zu mir, aber vergewaltigt haben mich die Männer nicht.

Unser Lager wurde damals häufig angegriffen, ich hatte ständig Angst, dass meiner Schwester etwas passiert. Bei einem dieser Angriffe schließlich kamen ein paar Soldaten der sierra-leonischen Armee zu uns und befreiten so viele Kinder, wie sie konnten. Ich wurde von ihnen mitgenommen, aber meine Schwester ließen sie zurück. Ich war zwar froh, endlich von den Rebellen weg zu sein, aber das Schicksal meiner Schwester ging mir die ganze Zeit nicht mehr aus dem Kopf. Wir befreiten Kinder wurden dann mit Helikoptern nach Freetown geflogen. Dort übergaben uns die Soldaten an *Safe the Children*, einer NGO. Die Leute von der NGO kümmerten sich um uns, versorgten die Kranken und suchten nach unseren Verwandten. Bei mir konnten sie einen Onkel finden, der in Freetown lebte. Zu dem wurde ich sofort gebracht, ich war inzwischen neun oder zehn. Er war sehr glücklich, mich lebendig wieder zu sehen.«

VICTORIA: »Als ich so ganz allein ohne meine Schwester in Kailahun bei den Rebellen zurückgelassen wurde, ging es mir nur noch ganz schlecht. Alles, woran ich mich aus jener Zeit erinnern kann, ist, dass ich andauernd Angst hatte. An meine Mutter und an meine anderen Geschwister kann ich mich nicht mehr erinnern, ich war ja so klein, als sie mich entführten. So bin ich praktisch bei den Rebellen aufgewachsen. Ich wusste, dass ich bei ihnen bleiben muss, aber ich wusste auch, dass sie nicht meine Familie waren. Nachdem sie meine Schwester befreit hatten, musste ich ihre ganze Arbeit übernehmen. Ich habe die ganze Zeit geweint und mich gefürchtet. Mein einziger Trost damals war, dass ich unter den anderen entführten Kindern eine Freundin fand, Fatmata. Ich habe damals mitbekommen, wie sie die größeren Mädchen bei uns vergewaltigt haben. Mir ist damals aber auch nichts passiert.

Wir waren insgesamt 15 Kinder bei unserem Anführer, Mädchen und Jungs. Die Großen mussten mit dem Gewehr kämpfen und die Kleinen arbeiten. Wir schliefen getrennt in zwei Räumen, die Mädchen in einem und die Jungen in einem anderen. Die Frauen des Anführers haben mich gezwungen, Holz im Wald zu holen und zu kochen. Außerdem haben sie mich gezwungen, alle möglichen Dinge zu tun, die ich nicht tun wollte und manchmal auch nicht konnte. Ich bin von ihnen sehr misshandelt worden. Sie haben mich bei jeder Gelegenheit geschlagen oder angeschrien und ich habe immer nur geweint und gebetet, dass mich Gott aus dieser Situation befreien möchte. Vor allem nachts, wenn ich vor lauter Angst nicht schlafen konnte, habe ich viel gebetet und mich nach meiner Schwester gesehnt. Ich hatte täglich Angst davor, dass sie mich umbringen würden, denn sie haben mir ständig damit gedroht.«

ALICE: »Ich wohnte also bei meinem Onkel, als die Rebellen 1998 dann auch Freetown überfielen. Die ganze Zeit dort hatte ich große Angst, weil wir von überallher attackiert wurden. So viele Bomben fielen und auf den Straßen wurde gekämpft. Keiner fühlte sich sicher. Als die Rebellen dann nachts kamen, mussten wir wieder ganz plötzlich fliehen. Mein Onkel rannte mit mir auf die Straße, wo schon alle Menschen panisch davonliefen, weil die Bombenangriffe ja weitergingen. Die Menschen sprangen in Autos, mein Onkel stieg auch in eines ein, das uns aus der Stadt hinausfahren sollte. In den Autos saßen sehr viele Leute, ich war nicht schnell genug, mein Onkel packte mich zwar noch ganz fest am Arm, um mich hineinzuziehen, aber der Fahrer fuhr los und ich blieb auf der Straße liegen.

Es dauerte nicht lange, bis mich die Rebellen aufgriffen und wieder mit anderen Kindern mitnahmen. Ich dachte, ich erlebe einen bösen Traum. Zum zweiten Mal von denselben Leuten entführt! Was uns dann erwartete, war noch mal schlimmer. Wir wurden auf einen Lastwagen gepackt, der fuhr uns in den Norden nach Makeni. Dort ließen uns die Rebellen raus und befahlen uns, zu Fuß weiter durch den Busch nach Kono zu gehen. Das war eine sehr weite Strecke. Wieder mussten wir das Gepäck tragen. In diesen Tagen habe ich gar nichts gespürt. Ich war nur verärgert, dass mir alles noch mal von vorne passiert ist, und so geschockt, dass ich einfach mitgelaufen bin. Wäre ich zurückgeblieben, hätten sie mich getötet.

In Kono blieben wir drei Tage, dann kam die Anordnung, wir sollten weiter nach Kailahun. Also, ich bin wirklich durch halb Sierra Leone zu Fuß gegangen! Als wir nach Kailahun kamen, wurden wir wieder auf verschiedene Rebellen verteilt. Sie sagten mir, ich solle wieder die Hausarbeit übernehmen. Und am nächsten Tag, als ich zum Graben ging, um dort Wasser zu holen, sah ich meine kleine Schwester! Wir waren überglücklich, uns wiederzusehen, fielen uns um den Hals und weinten die ganze Zeit. Ich lief zurück und bat unseren Anführer, meine Schwester zu uns zu holen. Das hat er mir sogar erlaubt. So konnten wir wenigstens wieder beisammen sein. Der Anführer war eigentlich ganz in Ordnung, er ging aber dann bald darauf nach Kono zurück.

Wir blieben bei seiner Frau, die im Gegensatz zu ihm ganz gemein zu uns war. Wenn sie uns schlug, mussten wir uns nackt auf den Boden legen. Sie ließ dann immer zwei Jungs kommen und sah dabei zu. Manchmal hatten wir solche Wunden von den Schlägen, dass sie uns verarzten mussten. Wir bekamen dann eine Spritze, aber sonst nichts. Drei Jahre blieben wir bei den Rebellen in Kailahun, bis die UN-Truppen kamen und uns befreiten. Ich kannte das ja alles schon, aber meine Schwester hat eigentlich ihr ganzes Leben bei diesen furchtbaren Leuten verbracht. Wieder wurden wir in Helikoptern nach Freetown geflogen und wieder kümmerten sich die Leute von *Safe the Children* um uns. Zunächst wurden wir alle in ein Krankenhaus eingeliefert und unsere Wunden wurden behandelt. Dann sind wir beide im FHM bei Father Berton untergekommen. Er hat uns damals unsere neuen Pflegeeltern besorgt.

Die neue Familie ist sehr gut zu uns, wir beide fühlen uns bei ihnen sehr wohl. Sie schicken uns auf eine gute Schule, obwohl sie auch eigene Kinder haben, aber mit denen verstehen wir uns ebenfalls sehr gut. Unsere neuen Eltern sind so nett, dass wir beide sogar Mama und Papa zu ihnen sagen. Wir haben sehr großes Glück gehabt.«

VICTORIA: »Für mich ist das alles ein Zeichen, dass meine Gebete erhört wurden. Ich wünsche mir nur, dass wir vielleicht trotzdem eines Tages unsere echten Eltern wieder finden. Vielleicht lebt unser Vater ja noch?«

ALICE: »Ich bin in der Zwischenzeit einigen Rebellen aus der Zeit in Kailahun wieder begegnet. Sie grüßen mich, wenn sie mich auf der Straße sehen. Ich grüße zurück. Ich finde ja schon, dass diese Leute eigentlich bestraft gehörten, aber man hat uns gesagt, wir sollten verzeihen können und uns alle wieder versöhnen. Also versuchen wir auch, das zu tun. Das Einzige, was mich wirklich sehr stört, ist, wenn überall von uns Kindersoldaten gesprochen wird. Es müsste korrekt heißen: vom Krieg betroffene Kinder. Wir sind gezwungen worden. Ich habe in all den Jahren kein einziges Kind getroffen, das bei diesem Wahnsinn freiwillig mitgemacht hat.«

Unser Gespräch an diesem Abend, meinem letzten in Sierra Leone, ist gar nicht traurig, sondern außerordentlich schön. Victoria ist sehr verschüchtert, aber ihre große Schwester nimmt sie liebevoll überall mit hin. Die beiden sind den ganzen Abend unzertrennlich, lachen viel und vergnügen sich.

Alice kommt später noch einmal mit einer Cola zu mir und erzählt mir, dass sie aktives Mitglied des Kinderparlaments sei. Wie sie so dasitzt, ist sie selbst längst kein Kind mehr, sondern eine hübsche, intelligente und sympathische junge Frau. Sie will Ärztin werden, sagt sie und ihre ernste Schwester möchte Jura studieren, das stehe für beide jetzt schon fest. Und weiterhin zusammenbleiben möchten sie künftig auch. Die Zukunft, sagt sie, bereite ihnen überhaupt keine Sorgen.

ALICE: »Wir vom Kinderparlament in Sierra Leone haben unsere Forderungen per Radio UNAMSIL auch schon an die Regierung gestellt. Die Sendung heißt ›Voice of the Children‹ und es hat mir überaus Spaß gemacht, dabei mitzuwirken. Wir haben der Regierung gesagt, dass wir alle eine freie Schulbildung wollen. Eine gute Erziehung. Manche Leute sind nämlich zu arm, um sich das leisten zu können. Dann haben wir gesagt, dass endlich alle Kinder ihre Rechte bekommen sollen. Dass die Regierung künftig vermeiden soll, dass Kinder entführt und einfach in den Krieg geschickt werden. So etwas gehört verboten. Wir haben der Regierung unsere Forderungen im Dezember 2003 auch auf einem Papier überbracht. Und wir haben ihnen dabei gesagt, wir wollen künftig Frieden.«

## *Abkürzungen*

| | |
|---|---|
| APC | All People's Congress Party |
| CAFF | Children Associated with Fighting Forces – Kinder, die in bewaffneten Gruppierungen Mitglieder waren |
| CDF | Civil Defence Forces – Zivile Verteidigungsmiliz von Sierra Leone |
| CVT | Center of Victims of Torture – eine NGO |
| DCI | Defense for the Children International – eine NGO |
| ECOMOG | Economic Community of West African States Monitoring Group – Westafrikanischer Staatenverbund, dessen Streitkräfte auf Seiten der sierra-leonischen Regierung gegen die Rebellen kämpften |
| FHM | Family Homes Movement – eine christliche NGO |
| IRC | International Rescue Committee – eine NGO |
| Kamajoh | umgangssprachlich für ein Mitglied der CDF |
| MSF | Médicins sans Frontières (Ärzte ohne Grenzen) |
| NCDDR | National Committee for Disarmament, Demobilization and Reintegration – Nationales Komitee zur Entwaffnung, Demobilisierung und Reintegration von ehemaligen Kindersoldaten |
| NGO | Non Governmental Organization – Nichtregierungsorganisation |
| NMJD | Network Movement for Justice and Democracy |

| | |
|---|---|
| RUF | Revolutionary United Front – Vereinigte Revolutionäre Front; Rebellenbewegung unter Foday Sankoh |
| SBU | Small Boys Unit |
| SLPP | Sierra Leonean People's Party |
| UNAMSIL | United Nations Assistance Mission in Sierra Leone – in Sierra Leone stationierte UN-Friedenstruppen |
| UNHCR | United Nations High Commissioner for Refugees – Flüchtlingshilfswerk der Vereinten Nationen |
| UNICEF | Kinderhilfswerk der Vereinten Nationen |
| WFP | World Food Program |

# *Danksagung*

Ohne die logistische Unterstützung von UNHCR und das persönliche Engagement zahlreicher Menschen in Afrika wäre dieses Buch in der vorliegenden Form nie zustande gekommen. Sie alle haben meinen Recherchen nicht nur nachhaltiges Interesse entgegengebracht, sondern auch mit viel Freude die Entstehung dieses Buches begleitet. Mein außerordentlicher Dank gilt daher:

UNHCR Genf und Büro Berlin;
Idrissa Conteh, Catherine Harding, Emile Martyn, Marbey Sartie, James Sesay, Mohammed Tejan-Cole, Moses Zombo (UNHCR Sierra Leone);
Jean-Claude Legrand, UNICEF Westafrika;
SLADEA, Freetown;
den Bewohnern von St. Michael's Lodge sowie A. Kapindi, J. Kay und P. J. B. Tucker.

## *Kontakt- und Informationsadressen*

UNHCR Deutschland
Wallstr. 9–13
10179 Berlin
E-Mail: gfrbe@www.unhcr.ch

**Für Spenden**
Deutsche Stiftung für UNO-Flüchtlingshilfe e.V.
Wilhelmstr. 40
53111 Bonn
E-Mail: info@dsuf.de
www.uno-fluechtlingshilfe.de
Spendenkonto: 2000 88 50, Sparkasse Bonn
BLZ 380 500 00

UNICEF Deutschland
Höninger Weg 104
50969 Köln
E-Mail: info@unicef.de
www.unicef.de

**Für Spenden**
UNICEF
Stichwort: Aktion für Kriegskinder
Spendenkonto: 300 000, Sozialbank Köln
BLZ 370 205 00

Family Homes Movement (FHM), Sierra Leone
Procura Missionari Saveriani
Viale S. Martino 8
I – 43100 Parma, Italien

Kindersoldaten und Kinderarbeit
Coalition to Stop the Use of Child Soldiers
PO Box 22696,
London N4 3ZJ / United Kingdom
E-Mail: info@child-soldiers.org
www.child-soldiers.org

Defense for Children International – Sierra Leone Section
Head Office: 44 Siaka Stevens Street
Freetown, Sierra Leone
E-Mail: dcisl@yahoo.com

Branch Office: #1 Kallon Lane
Kenema, Sierra Leone
E-Mail: dcislken@yahoo.com

terre des hommes Deutschland e.V.
Ruppenkampstr. 11a
49084 Osnabrück
E-Mail: info@tdh.de
www.tdh.de

**Bildnachweis:**

*Tafel 1:* CORBIS SYGMA/Patrick Robert
*Tafel 2, 3, 5, 6, 7, 8:* Annette Rehrl
*Tafel 4:* CAFF-Bilder Tobanda: Annette Rehrl,
Narben (RUF-Initialen): UNICEF/Giacomo Dirozzi
Kindersoldat mit Gewehr: UNICEF/Giacomo Pirozzi

Kindia
GUINEA
Conakry
Gt. Scarcies
Mongo
Northern
Kambia
Mabole
Makeni
Rokel
Freetown
SIERRA
Moyamba
Atlantischer
Ozean
Southern
Province
Bonthe
Sherbro
Sierra Leone
AFRIKA